ESTUDIO DE MISIONES REGNUM

Líbranos del mal:
la corrupción y el desafío para la fe y la iglesia cristiana en América Latina

Prefacio de la Serie

Los estudios de Misiones Regnum nacen de la experiencia vivida de cristianos y comunidades cristianas en misiones, especial, aunque no exclusivamente, en las iglesias de rápido crecimiento entre los pobres del mundo. Estas iglesias, además de su propio crecimiento, tienen más para decirnos. Están logrando, por la causa para Cristo, un impacto significativo en sus propias culturas y generando 'productos culturales', que expresan la realidad de la fe, esperanza y amor cristiano en sus sociedades.

Los Estudios de Misiones Regnum son, con frecuencia, el fruto de investigaciones rigurosas del más alto estándar internacional y siempre de un compromiso cristiano auténtico en la transformación de personas y sociedades. Y los estudios son para beneficio de todo el mundo. La formación de la teología cristiana, misiologia y práctica en el siglo XXI dependerá en gran medida de la participación activa de iglesias crecientes que contribuyan expresiones, bíblicas y culturalmente apropriadas, de práctica cristiana que informen al cristianismo mundial.

ESTUDIO DE MISIONES REGNUM

Líbranos del mal:
la corrupción y el desafío para la fe y la iglesia cristiana en América Latina

Roberto Laver

Primera edición 2018 de Regnum Books

International Regnum es un sello de Oxford Centre for Mission Studies
St. Phillip y St. James Church
Woodstock Road
Oxford OX2 6HR, UK
www.ocms.ac.uk/regnum

09 08 07 06 05 04 03 7 6 5 4 3 2 1

British Library Cataloguing in Publication Data
Un registro de catálogo para este libro se encuentra disponible en el British Library

ISBN: 978-1-506477-88-6

Configurado por Words by Design

Distributed by 1517 Media in the US and Canada

Contenidos

PARTE 2: LA SOLUCIÓN DE LA CORRUPCIÓN

Para Nora, mi esposa y compañera de vida
Para Laura, Esteban y Larissa

Agradecimientos

He sido muy bendecido por las contribuciones recibidas de varios excelentes exestudiantes, amigos y colegas. Quiero agradecer primeramente a Christopher Ellison, graduado de la Facultad Fletcher de Derecho y Diplomacia. Chris me estuvo acompañando desde el inicio del trabajo del libro asistiéndome especialmente con investigación empírica y la revisión de borradores iniciales de los capítulos.

Varios capítulos del libro tienen origen en mi trabajo como investigador académico desde el 2012 al 2014 en la Facultad de Derecho de Harvard y en el Centro de Ética Edmond J. Safra, de la misma universidad. Rebecca Wolozin, exestudiante y graduada de las Facultades de Derecho y de Educación de Harvard, asistió especialmente con los capítulos sobre corrupción judicial y el rol de la fé y la iglesia cristiana para un cambio cultural. Otros excolegas de la Universidad de Harvard, que leyeron borradores iniciales de algunos capítulos y ofrecieron comentarios valiosos, incluyen a Gustavo H. M. de Oliveira, Talia Fisher, Mark Somos, Heidi Carrell, Emily Bromley y Dieter Zinnbauer. Mención especial hago para mi compatriota y excolega Mariano Mosquera.

Debo hacer un reconocimiento especial a Larry Harrison, ya fallecido exacadémico de Harvard y de la Facultad Fletcher, y co-editor con Samuel Huntington de la obra "Culture Matters". Como pocas personas, Larry entendió la importancia crucial de la cultura en el desarrollo, y el aporte de la religión en la formación de valores y normas culturales. El leyó con mucho interés y entusiasmo algunos borradores iniciales y contribuyó con excelentes ideas y sugerencias. Le agradezco inmensamente por su inspiración y aliento.

Dos personas que han contribuido inmensamente en la última etapa de elaboración del libro, y a las cuales debo un agradecimiento enorme, son Benji Moncivaiz y Ximena Sinay. Benji es mi asociado en Fides, la organización que hemos formado este año para apoyar y equipar a líderes cristianos y la iglesia a promover una cultura de integridad pública. Benji ha sido un ayudante idóneo e incansable en la corrección de los borradores finales de todos los capítulos incluyendo el trabajo tedioso de los gráficos y las notas. Ximena Sinay ha sido mi editora y correctora extraordinaria que no solamente mejoró notablemente la redacción del texto sino que además aportó una evaluación crítica de los argumentos del libro, que fue extremadamente beneficiosa.

Por último, agradezco a mi familia, especialmente mis hijos Laura y Esteban, mi hija política Larissa, y mi esposa y compañera de vida Nora, quien no solamente se ha convertido en una experta en temas de anticorrupción sino que ha aguantado dulcemente años de pilas de libros, artículos, papeles y otros escombros. Ahora me toca la limpieza.

Prólogo

En septiembre de 2016 participé de un encuentro pionero con líderes y representantes de organizaciones cristianas, de varios países y regiones, sobre la iglesia y la lucha contra la corrupción. El encuentro tuvo lugar en los hermosos claustros del Centro de Estudios de Misiones de Oxford, Inglaterra. Éramos un grupo de alrededor de veinte personas con distintas trayectorias profesionales incluyendo académicos, ejecutivos, teólogos, abogados, médicos y misioneros. La gran mayoría del grupo está involucrado en iniciativas concretas en sus propias comunidades para promover la integridad pública y reducir la corrupción, tanto dentro del seno de la iglesia como en la sociedad general. Al mes siguiente, octubre de 2016, tuve ocasión de participar en las reuniones anuales del Fondo Monetario Internacional (FMI) y el Banco Mundial en la ciudad de Washington. En un panel sobre corrupción, el director legal del Fondo expresó que la lucha contra la corrupción requería fundamentalmente del fortalecimiento de los valores y normas sociales de una sociedad. Para alguien como yo, que he trabajado gran parte de mi vida profesional con organismos internacionales, éste era un verdadero y asombroso reconocimiento. No podía dejar de pensar en lo esencial y oportuno de nuestro encuentro en Oxford.

Centro Oxford de Estudios de Misiones

De alguna manera, las semillas de este libro fueron plantadas hace más de dos décadas. En ese tiempo, yo me encontraba trabajando como abogado del Banco Mundial. Fui asignado a formar parte de los primeros equipos de proyectos en reforma judicial en América Latina. Estas iniciativas intentaban, entre otras cosas, reducir la corrupción judicial en los países de la región. Mi experiencia como oficial del Banco Mundial en estos proyectos fue intelectualmente muy estimuladora. La Justicia era un sector totalmente nuevo para el Banco Mundial y la oportunidad de tener un impacto en las sociedades más plagadas por la corrupción era muy grande. Sin embargo, la experiencia fue en otro nivel intensamente frustrante. El desafío de la corrupción judicial, así como la corrupción en general, requería un enfoque holístico que excediera la óptica estrecha, formalista y tecnocrática del Banco Mundial. Las cuestiones profundas de la ética social, los valores y normas culturales y sociales, tan evidentes y fundamentales, no eran relevantes, mucho menos prioritarios, para los economistas del Banco Mundial. Como se verá, los resultados hablan por sí mismos.

Este libro es producto de, y refleja, una convergencia de mis diversas trayectorias personales y profesionales en las áreas del Derecho, del Desarrollo Internacional y de la misión integral de la iglesia cristiana. Como abogado, investigador y consultor en el campo del desarrollo internacional, he tenido la oportunidad de trabajar extensamente en temas de gobernabilidad, estado de derecho y anticorrupción. He evaluado y participado en diversos proyectos de reforma anticorrupción. Conozco, en teoría y en la práctica, los enfoques, métodos y herramientas de los organismos internacionales de desarrollo para combatir la corrupción. Y he visto de primera mano, y padecido, las limitaciones de las soluciones "seculares" a la corrupción. Por otra parte, mi experiencia en el campo de las misiones me ha permitido afirmar, entender y apreciar mejor la responsabilidad y potencial de la iglesia cristiana, como comunidad de creyentes, de ser agente de una transformación integral de la sociedad. Estoy convencido que la iglesia debe modelar conductas y prácticas de integridad y jugar un rol activo y protagónico en la lucha contra la corrupción.

No hay duda de que la corrupción es tema preeminente en el mundo actual. En prácticamente todos los países, uno lee a diario en los periódicos alguna noticia de corrupción. De acuerdo a encuestas realizadas entre 2014 y 2016, ha sido considerado el problema más serio y el tema más hablado en todo el mundo.[1] En la Argentina, mi país de origen, como en tantos otros

---

[1] "Corruption Tops the List as the World's Most Important Problem According to WIN/Gallup International's Annual Poll", *WIN/Gallup International*, 28 febrero 2014, accedido el 21 de marzo de 2017, http://www.gallup-international.bg/en/Publications/71-Publications/181-Corruption-Tops-the-List-as-the-World%E2%80%99s-Most-Important-Problem-According-to-WIN-Gallup-nternational%E2%80%99s-Annual-

países latinoamericanos, es noticia de todos los días. La corrupción es un fenómeno universal que afecta a personas, instituciones y naciones. No es particular de ningún grupo de individuos, cultura o país. Todos las sociedades la padecen, aunque de distintas formas e intensidades. Es una enfermad social, un virus que ataca las estructuras y cimientos vitales que permiten que una sociedad funcione y se desarrolle política, económica y socialmente. No asombra que haya atraído la atención de organismos internacionales, políticos, activistas y académicos.

James D. Wolfensohn, Presidente del Banco Mundial 1995-2005

A mediados de la década del '90, veinte años antes de que este libro se escribiera, el entonces presidente del Banco Mundial James Wolfensohn elevó el problema de la corrupción, al que llamó "un cáncer", al centro de la agenda global. Desde entonces, la lucha contra la corrupción se ha convertido en una gran industria involucrando organizaciones internacionales como las Naciones Unidas, el Banco Mundial, el Fondo Monetario Internacional, el Banco Interamericano de Desarrollo, la Unión Europea, la Organización para la Cooperación y el Desarrollo Económicos (OCDE), Transparencia Internacional y otras agencias regionales y bilaterales. Reformas anticorrupción se han implementado –y aún se

Poll.; "Where next for Avaaz in 2014? Setting the agenda", *Avaaz: the World in Action*, (n.d.), accedido el 21 de marzo de 2017, https://secure.avaaz.org/en/poll_results_2014/?slideshow.

continúan realizando– en la mayoría de los países con resultados poco promisorios. Miles de programas y miles de millones de dólares se han invertido en proyectos propiciando nuevas normas legales, instituciones, procesos y campañas para combatir la corrupción, sin producir cambios sustantivos y sostenibles. Esta industria de la anticorrupción ha estado dominada por marcos teóricos, lógicas y modelos economicistas y tecnocráticos. Si la corrupción es un cáncer, los investigadores y médicos son los economistas. Frente al fracaso de las reformas tradicionales, hay un creciente reconocimiento de que la corrupción no se va a reducir a menos de que encontremos nuevos enfoques y métodos eficaces para cambiar las normas sociales de corrupción en los países y comunidades respectivas.

Mientras la corrupción ocupa un lugar central en la agenda global "secular", la iglesia permanece en gran medida ajena al discurso y a las intervenciones para combatirla, a pesar de la profunda dimensión ética y de justicia social de este fenómeno. La corrupción ha impregnado nuestras sociedades latinoamericanas, debilitando y erosionando la confianza social. El abuso de la confianza y el interés público son moneda corriente. Nos aprovechamos de la confianza pública con total desmedro de lo meritorio y el bien colectivo. Nuestra realidad diaria está marcada por prácticas corruptas en todo sector y nivel de la sociedad. Como ejemplos: la obra pública contratada a amigos y leales al poder de turno, empleados públicos "fantasma", el ausentismo de maestros y profesores, médicos y farmacéuticos que cobran sobreprecios y retornos, beneficios públicos que se conceden ilegítimamente por coimas, privilegios exorbitantes para miembros de algún sector favorecido por los gobernantes de turno, compra de títulos o diplomas, evasión de las tasas de importación, coimas a policías para evitar una multa, impunidad por dinero, amiguismo o lealtad política, conexiones de servicios púbicos clandestinas, trato preferencial en la justicia por amiguismo o influencia –y la lista sigue y sigue.

Entendamos bien que la corrupción no es un problema que atañe solamente a los políticos y dirigentes. Si bien es un fenómeno complejo y multi-causal, la corrupción, o al menos ciertas formas de la misma, es producto de un problema cultural profundo, de una sociedad que convalida y legitima ciertos patrones de conducta disfuncionales al interés público y al bien común. Los políticos y dirigentes, en gran medida, repiten y reflejan conductas que la sociedad misma convalida en todos sus ámbitos. Y no nos debería sorprender tanto que, cuando llegan al poder, los políticos y dirigentes no cambien sus comportamientos. Éste es un problema y desafío que nos implica a todos.

Si bien hay prácticas corruptas que generan el oprobio y rechazo moral de la sociedad en general, existen otras que son toleradas, si no legitimadas y aceptadas, por grandes segmentos en las sociedades latinoamericanas. La lealtad hacia familiares y amigos prevalece frecuentemente sobre los principios de justicia e imparcialidad. Con frecuencia buscamos alguna "palanca" para obtener ventajas, privilegios u obviar una carga o sanción, en desmedro de lo que corresponde debidamente a nuestros prójimos o que conviene a la comunidad toda. Esperamos este trato favorable y favoritismo de parte de los miembros de nuestro círculo o tribu y sancionamos informalmente al que no acata estas expectativas. Así, estos comportamientos corruptos de favoritismo, nepotismo e influencia indebida se convierten en norma social, generalmente en contraposición con normas formales que prescriben la imparcialidad e integridad.

Por más ingeniería institucional y legal que hagamos, no vamos a reducir estas formas de corrupción mientras tengamos poca valoración personal y social de la ética pública. Si observamos lo sucedido con la función pública, se han dictado en los últimos años en la mayoría de los países latinoamericanos diversas normas para lograr un servicio civil más profesional y basado en mérito como leyes sobre el empleo público, leyes de procedimiento administrativo, mejoras en la coordinación horizontal y vertical en el sector público, instituciones reguladoras, compras electrónicas e iniciativas de gobierno electrónico. Asimismo, se han creado nuevas entidades de fiscalización y control como oficinas u comisiones contra la corrupción y defensorías del pueblo. A pesar de todos estos avances legislativos y otras reformas institucionales, el sector público sigue muy susceptible a normas informales de favoritismo, influencia indebida e impunidad.

La corrupción es un tema de gran relevancia para la fe cristiana y la misión de la iglesia y cada creyente. Una sociedad corrupta es una sociedad sin solidaridad y amor al prójimo, en particular hacia aquellos que más padecen los costos de este cáncer social, los más pobres y marginados, los que están afuera de los círculos de poder, influencia y favoritismo. A Dios le incumbe que actuemos con imparcialidad y sin favoritismo y usemos "pesos y medidas honestas" (Proverbios 20:10). Nuestras sociedades, muchas llamadas cristianas, se asemejan a aquélla de los tiempos del profeta Miqueas. Vivimos en sociedades con muy baja confianza interpersonal, donde reina con frecuencia el privilegio, el favoritismo, el tratamiento preferencial como norma social en las relaciones entre ciudadanos y entre ciudadanos y gobernantes y líderes en todos los ámbitos. Existe lo que algunos expertos llaman una ética particularista y no una ética universalista. La lucha contra la corrupción es más que una cuestión política o económica. La integridad pública es una virtud, una ética de vida social que permite el desarrollo equitativo de las sociedades y la realización del potencial de cada ser humano. Éste es el mensaje de Miqueas y de otros profetas del Antiguo Testamento.

La comunidad internacional se está despertando a la realidad de que el problema de la corrupción no se va a solucionar solamente con reformas de sistemas políticos e institucionales. Hacen falta cambios culturales y éticos profundos y líderes que sean modelos de integridad. Entonces debemos preguntarnos: ¿Cuál es el papel de la iglesia y sus líderes? ¿Cuáles son sus desafíos y oportunidades para promover la integridad pública? ¿Cuál es nuestra ética pública como creyentes? ¿De qué manera nos comprometemos socialmente para lograr una sociedad más íntegra?

Este libro trata sobre el problema de la corrupción y la necesidad de encontrar nuevas soluciones a este flagelo social. Su mensaje central es que la corrupción tiene raíces éticas y culturales, mayormente ignoradas o marginadas por los enfoques y reformas propiciados por los organismos internacionales, y que la iglesia ofrece, no sin desafíos propios, una vía alternativa y potencial de renovación de valores y normas sociales. La literatura especializada sobre la corrupción es abundante y crece día a día. Hay trabajos desde las más variadas disciplinas, aunque dominan los estudios de economistas. Sin embargo, hay un vacío de trabajos sobre el potencial papel de la iglesia. Este libro intenta suplir este vacío en parte y ser una ayuda para abrir un diálogo, una conversación, sobre el papel de la fé y la iglesia con un énfasis en América Latina.

No es un libro de teología de la gobernabilidad o de la corrupción. Más bien es un libro que, sobre la base de un análisis minucioso de la agenda global de anticorrupción, argumenta por qué la iglesia tiene el potencial de ayudar a transformar sociedades corruptas, algo que las reformas tradicionales no han logrado. El libro intenta llegar a una audiencia amplia de lectores, incluyendo a líderes de iglesias e instituciones religiosas, miembros de organizaciones misioneras en el área humanitaria y de desarrollo, líderes de ONGs cristianas y de otra índole, profesionales en el sector público, a nivel internacional, nacional o local, o del sector privado ocupados en el área de gobernabilidad y anticorrupción –además de académicos, activistas y todas aquellas personas interesadas y preocupadas por la problemática de la corrupción y la búsqueda de soluciones.

El libro se divide en dos grandes partes: el problema de la corrupción y la solución de la misma. La primera parte abarca cuatro capítulos sobre el contexto global, el concepto, las mediciones y los costos y causas de la corrupción. El Primero se ocupa de los eventos y factores que llevaron a que la lucha contra la corrupción ocupara un lugar central en la agenda global. Si bien la corrupción no es un fenómeno nuevo ni mucho menos, prácticamente no era tema de discusión en los organismos internacionales de desarrollo, ni mucho menos objeto de análisis y reforma, antes de mediados de la década del '90.

El Segundo trata sobre la cuestión básica, pero elusiva y de discusión continua, del significado y alcance de la corrupción. El Tercero ilustra los métodos más importantes que utilizan los organismos internacionales y académicos para medir este fenómeno. Por último, el Cuarto presenta una síntesis de los costos y las causas de la corrupción a la luz de la literatura especializada.

La segunda parte del libro –que contiene cinco capítulos– describe las reformas anticorrupción de las últimas décadas, sus lógicas y resultados, la marginación de los factores culturales y éticos de dichas reformas y el papel potencial de la iglesia en promover la ética pública y reducir la corrupción. El Capítulo Quinto explica el marco teórico, las estrategias y programas anticorrupción propiciados y apoyados por los organismos internacionales y organizaciones no gubernamentales, reformas institucionales que, como se verá, no han dado resultados positivos. El Sexto argumenta que la corrupción es un fenómeno cultural y ético, aspectos marginados en las reformas tradicionales. Se demuestra, con evidencia empírica, cómo la corrupción requiere de soluciones de cambio cultural, no sólo tecnocráticas. El Séptimo toma el caso de la Justicia como ilustrativo de los valores y normas sociales que legitiman y promueven la corrupción. El Octavo propone a la iglesia, a sus líderes y comunidades como agentes potenciales para renovar valores y códigos de conducta social que sustenten a las instituciones de una sociedad. Mientras se explican las razones por las cuales la iglesia debería tener un papel protagónico, también se reconocen los desafíos y barreras significativos que tiene para ser "sal y luz". El capítulo termina por proponer dos áreas de acción para la iglesia en su misión de promover una sociedad con mejor gobernabilidad e integridad pública. Un último capítulo, el Noveno, ofrece unas breves conclusiones finales.

Capítulo Primero
La corrupción en la escena internacional: de tema tabú a eje central de la agenda global de desarrollo

"Seamos claros: debemos atacar el cáncer de la corrupción."

(James D. Wolfensohn, presidente del Banco Mundial, 1 de Octubre de 1996)[1]

La corrupción sigue siendo uno de los impedimentos más importantes para el desarrollo político, económico y social de los países. En las últimas dos décadas, la gran mayoría de los países en desarrollo han hecho reformas anticorrupción tales como establecer procesos más transparentes en la gestión pública, crear nuevos mecanismos de control, tanto gubernamentales como sociales, e implementar sistemas de contratación de funcionarios públicos por concurso y mérito. Sin embargo, y a pesar de dichas reformas, estos países, tal como lo demuestran las mediciones de corrupción, no logran salir del círculo vicioso de este flagelo. Desde 1995, la organización no gubernamental Transparencia Internacional (Transparency International) emite anualmente su Índice de Percepción de la Corrupción (conocido por sus siglas en inglés como CPI).[2] Aun

---

[1] James D. Wolfensohn, "Población y Desarrollo", discurso ante la Junta de Gobernadores, Washington, D.C., 1 octubre 1996, accedido el 21 de marzo de 2017, https://openknowledge.worldbank.org/bitstream/handle/10986/25081/16138sp.pdf?sequence=6&isAllowed=y

[2] Transparencia Internacional es una organización internacional no gubernamental, establecida en 1993, con el propósito de aumentar la concientización sobre la corrupción y el diseño e implementación de medidas para combatirla. Tiene más de 90 entidades nacionales y un secretariado internacional en Berlín. El Índice de Percepción de la Corrupción (IPC) es una medición global de los niveles de percepción de la corrupción en el sector público. Clasifica a los países y territorios en base a la percepción de la corrupción en su sector público. El puntaje de un país o un territorio indica el nivel de corrupción percibido en su sector público en una escala del 0 al 100, en donde 0 significa que un país se percibe como altamente corrupto y 100 significa que un país se percibe como poseedor de un elevado nivel de integridad. La calificación de un país indica su posición en relación con otros países y territorios incluidos en el índice. El IPC del 2016 incluye 176 países y territorios. Para mayor información, visite http://cpi.transparency.org/. Entre otros indicadores de gobernabilidad y corrupción ampliamente reconocidos se incluyen el Índice de Fuentes de Soborno (disponible en www.transparency.or/surveys/index; Indicadores de Gobernabilidad del Banco Mundial (disponible en www.worldbank.org/wbi/governance/data); Índice de Libertad Económica de la Fundación Heritage (disponible en

reconociendo sus limitaciones, el CPI ofrece una aproximación de los niveles de corrupción que se perciben en el sector público a nivel nacional. Si se realiza un análisis de los resultados que el CPI ha arrojado a lo largo de los años, se observa que seis países –Dinamarca, Nueva Zelanda, Finlandia, Suecia, Países Bajos y Singapur– se han ubicado entre las primeras diez posiciones con puntajes finales cercanos a 100 (elevado nivel de integridad), con muy poca variación año tras año.

La gran mayoría de los países siguen estancados en un círculo vicioso de corrupción elevada y generalizada, con calificaciones en el CPI por debajo de 50 (el punto medio) y sin mostrar mejora significativa año tras año. Esto se aplica para la gran mayoría de los países latinoamericanos. Como sostienen muchos especialistas en el tema, la corrupción constituye una forma de vida en esas sociedades. No obstante, cabe destacar que las naciones con puntajes más altos en el CPI no siempre fueron modelos de integridad pública. Al contrario, les tomó un tiempo y esfuerzo considerables lograr tener sociedades y gobiernos donde las prácticas corruptas no fueran tan frecuentes ni estuvieran tan arraigadas.[3]

El punto central yace entonces en entender las transformaciones que permitieron y facilitaron una transición en dichos países, desde una situación de instituciones políticas débiles y corrupción elevada y generalizada en la sociedad hasta una de instituciones políticas modernas con corrupción reducida. Se puede afirmar que éste es uno de los interrogantes más apremiantes que confrontan los organismos internacionales de desarrollo, los académicos y los reformistas. El surgimiento de este interrogante evidencia un incremento en el grado de interés respecto a la problemática de la corrupción. Hasta hace no mucho

---

www.heritage.org/research/features/index); y el Informe de Competitividad Global del Foro Económico Mundial (disponible en www.weform.org/gcr). Para una guía detallada sobre las mediciones de corrupción, ver la Guía del PNUD para la Medición de la Corrupción: United Nations Development Programme, "A Users' Guide to Measuring Corruption", (United Nations, 2008), acceder en http://www.undp.org/content/dam/aplaws/publication/en/publications/democratic-governance/dg-publications-for-website/a-users-guide-to-measuring-corruption/users_guide_measuring_corruption.pdf. Para un análisis sobre las mediciones de corrupción: Nathaniel Heller, "Defining and Measuring Corruption: Where We Have Come from, Where We Are Now and What Matters for the Future", en *Corruption, Global Security, and World Order,* ed. Robert I. Rotberg. Washington, D.C.: Brookings Institution Press, 2009.

[3] En su última obra, el influyente politólogo Francis Fukujama describe la complejidad y dificultades en el desarrollo político de las naciones más desarroladas incluyendo Dinamarca, Alemania, Estados Unidos y el Reino Unido. Véase: Francis Fukuyama, *The Origins of Political Order: From Prehuman Times to the French Revolution* (New York: Macmillan, 2011).; Francis Fukuyama, *Political Order and Political Decay: From the Industrial Revolution to the Globalization of Democracy* (New York: Macmillan, 2014).

tiempo, desde los sectores oficiales se hablaba muy poco sobre la corrupción. La palabra "C" era considerada un tabú, tal como lo atestiguan varios expertos y mi propia experiencia.

Cuando me incorporé al Banco Mundial[4] a fines de la década del '80, la corrupción no era reconocida oficialmente como una cuestión clave y central en la falta de desarrollo económico y social de los países. En las publicaciones internas del Banco Mundial, tales como los documentos de proyectos, no se hacía referencia de forma explícita a la corrupción –ni mucho menos se analizaban sus formas, causas determinantes y efectos en la economía. No hay dudas acerca de que la gerencia del Banco Mundial estaba en general al tanto de la existencia y magnitud de la corrupción en los países prestatarios; sin embargo, el asunto excedía los límites del mandato legal del Banco, tal como se interpretaba en ese momento.[5]

La palabra "C" era considerada una cuestión política e interna de los países, por fuera de la injerencia legítima del Banco Mundial según su convenio constitutivo.[6] A pesar de que el Banco Mundial siempre ha tenido mecanismos y resguardos legales para evitar y sancionar el uso indebido de fondos de sus préstamos a los países miembros y que sus préstamos pueden suspenderse o cancelarse en caso de malversación o algún otro tipo de uso indebido, es importante resaltar que no había reconocido abiertamente a la corrupción como uno de los principales obstáculos para lograr un desarrollo equitativo y reducir la pobreza y, por lo tanto, no se lo abordaba como tal. Pero el Banco Mundial no estaba sólo en esta postura: lo acompañaban otros organismos internacionales, como los bancos regionales de desarrollo y las agencias bilaterales en los países donantes.

---

[4] El Banco Mundial se refiere normalmente a dos agencias: el Banco Internacional de Reconstrucción y Fomento (BIRF), establecida en 1944, y la Asociación de Fomento Internacional (AFI), establecida en 1960. Ambas entidades apoyan el desarrollo económico y social y el alivio de la pobreza en países en desarrollo. El BIRF se enfoca en países de ingreso medio y el AFI trabaja con países de menores ingresos.

[5] Augusto Lopez Claros, "Removing Impediments to Sustainable Economic Development: The Case of Corruption" (Documento de Trabajo No. 6704, World Bank, 2013). [Refiriéndose a un entorno similar en el Fondo Monetario Internacional a fines de la década del '80]

[6] Artículo IV, Sección 10 de los Estatutos del Banco Mundial: "El Banco y sus oficiales no interferirán en los asuntos políticos de un miembro; ni sus decisiones serán influenciadas por el carácter político del miembro respectivo o miembros respectivos. Solamente consideraciones económicas serán relevantes en sus decisiones y dichas consideraciones serán consideradas imparcialmente a efectos de lograr los objetivos del Artículo 1". Ver: World Bank, "Convenio constitutivo del BIRF", (Grupo del Banco Mundial, Washington, D.C., 16 febrero 1989), Artículo IV Sección 10, accedido el 21 de marzo de 2017, http://go.worldbank.org/03MBEH9RA0.

Sin embargo, la situación tuvo un giro radical y profundo a partir de la década del '90. De ser un tema tabú, la lucha contra la corrupción pasó a constituir un tema clave y central de la agenda global de desarrollo. En referencia al alivio de la pobreza y la equidad, el presidente del Banco Mundial llegó a afirmar en 1997 que, para su institución,"no hay nada más importante que la corrupción".[7] Para el final de esa década, varios organismos internacionales de desarrollo ya tenían sus estrategias anticorrupción y una cartera activa y creciente de actividades y proyectos para combatirla. A su vez, los países americanos y los países europeos ya habían celebrado convenios respectivos de lucha contra la corrupción.

¿Cómo un tema tan marginal e ignorado por la comunidad internacional se convirtió en piedra angular de la agenda global de desarrollo? ¿Qué motivó este interés creciente y repentino acerca del fenómeno de la corrupción? ¿Se debió a que la corrupción a nivel mundial aumentó considerablemente durante aquellos años? ¿O es que, repentinamente, la comunidad internacional le otorgó importancia clave a un fenómeno que siempre había existido pero que también se había ignorado? Los factores determinantes de esta explosión del tema de la corrupción fueron varios.[8]

Antes de entrar en el análisis de los factores que catapultaron a la corrupción como tema de la agenda global, cabe destacar que no fueron líderes o instituciones religiosas los que impulsaron el movimiento de lucha en su contra. En los inicios de este movimiento, la corrupción no era una preocupación mayor de las distintas denominaciones cristianas en general. Salvo posibles excepciones, la iglesia no tenía una voz profética declamando la corrupción como un pecado e injusticia social con consecuencias profundamente negativas para el desarrollo íntegro de las personas y las sociedades. La lucha contra la corrupción no era vista (y,

---

[7] World Bank, "Helping Countries Combat Corruption: Progress at the World Bank since 1997" (World Bank, Washington, D.C., 2000), 6.

[8] Es importante destacar que en la década del '90 no fue la primera vez que se trató de colocar a la corrupción en la agenda global. Estados Unidos quiso que fuera un tema clave en la década del '70: tras los escándalos de Watergate en 1972 y de la empresa Lockheed unos años después, se aprobó en 1977 la Ley de las Prácticas Corruptas Extranjeras (en inglés *Foreign Corrupt Practices Act* o FCPA, por sus siglas en inglés). Esta normativa criminalizó los sobornos de empresas estadounidenses a funcionarios públicos extranjeros. A pesar de la presión del gobierno estadounidense y de la repercusión del caso Lockheed, pocos países sancionaron leyes similares al FCPA y nunca fue tema central de la agenda global hasta la década del '90. Ver: Sarah O'Byrne, "There is Nothing More Important Than Corruption: The Rise and Implementation of a New Development Idea" dissertation, Johns Hopkins University, Baltimore, enero de 2012, UMI Dissertation Publishing (No. 3525138), 9-10.

aunque ha habido progresos, sigue sin ser vista acabadamente) como esencial a la misión integral de la iglesia.

Factores que elevan la corrupción a tema central de la agenda global

Durante la década del '90 existieron dos momentos o eventos catalíticos en la lucha contra la corrupción a nivel mundial. El primero fue la creación de la ya mencionada organización no gubernamental Transparencia Internacional (TI), en 1993, y el segundo fue la pronunciación del famoso discurso (comúnmente conocido como el discurso del "cáncer de la corrupción") por parte del presidente del Banco Mundial de aquel entonces, James Wolfensohn, ante la asamblea anual de dicha entidad y del Fondo Monetario Internacional, en octubre de 1996.

Transparencia Internacional, con sede en Berlín, Alemania, fue fundada por Peter Eigen y Fredrik Galtung, dos exfuncionarios del Banco Mundial profundamente frustrados por la postura adoptada en esa época por parte de los organismos internacionales de desarrollo ante el reto de la corrupción.[9] TI se convirtió en la organización no gubernamental más influyente a nivel internacional en la lucha contra la corrupción. A través del mencionado CPI y de otras innumerables actividades que realiza a través de todas sus oficinas nacionales ha jugado un papel único en elevar la concientización sobre la corrupción entre los líderes políticos y gobiernos, empresas multinacionales, organismos internacionales de desarrollo y el público en general. Y también ha tenido gran influencia en la adopción de los convenios anticorrupción de la Organización para la Cooperación y el Desarrollo Económico (OCDE) y de las Naciones Unidas.

El segundo evento o momento catalítico, el discurso de Wolfensohn, fue cuando se expresó públicamente que la lucha contra "el cáncer de la corrupción" y la mejora de la gobernabilidad pasarían a constituir temas centrales de la estrategia de desarrollo del organismo bajo su dirección. En palabras del propio presidente: "En cada país es la gente la que demanda acciones contra la corrupción. Ellos reconocen que la corrupción desvía recursos de los pobres hacia los ricos, aumenta el costo de las empresas, distorsiona el gasto público y disuade a los inversores extranjeros. También

---

[9] En palabras de Peter Eigen, en el Banco Mundial durante la década del '80, proyectos de gran magnitud ("large-scale projects") eran aprobados por una "alianza profana" ("unholy allliance") entre contratistas, grupos de interés y algunas autoridades poderosas lobistas y esto resultaba en sobornos cuantiosos pagados a funcionarios públicos en todas las regiones. Ver: Peter Eigen, "A Coalition to Combat Corruption: TI, EITI and Civil Society", en *Corruption, Global Security, and World Order,* ed. R. I. Rotberg (Washington, D.C.: Brookings Institution Press, 2009), 418.

saben que la corrupción erosiona el apoyo necesario para programas de ayuda humanitaria y de desarrollo. Y todos sabemos que es el mayor obstáculo al desarrollo sostenible y equitativo".[10]

Wolfensohn admitió que el Banco Mundial se encontraba impedido legalmente de interferir en los asuntos políticos de sus países miembros; sin embargo, prometió que dicho organismo no toleraría la corrupción en sus propios programas y proyectos. En su discurso, Wolfensohn invitó a Transparencia Internacional a proveer asistencia al Banco en el diseño de estrategias anticorrupción y dio un fuerte respaldo y apoyo a la elaboración de mediciones cuantitativas e indicadores de gobernabilidad por parte de sus propios funcionarios. Este hito marcó el fin de la llamada "era de la prohibición".[11]

El Banco Mundial, en gran medida, ha sido el actor principal (el "semillero" o *hotbed*[12]) en la definición y promoción del discurso anticorrupción y las políticas y prescripciones para combatirla. Su iniciativa fue seguida por otros organismos internacionales de desarrollo. En 1997, el Fondo Monetario Internacional afirmó oficialmente que la corrupción sería tratada como un factor económico y, por consiguiente, como una cuestión legítima dentro de su mandato legal. Ese mismo año, el Fondo suspendió un préstamo a Kenia aduciendo graves deficiencias en la transparencia y rendición de cuentas de recursos públicos. Los Bancos de Desarrollo Interamericano, Asiático y Africano adoptaron políticas y estrategias anticorrupción similares a la del Banco Mundial. A comienzos del nuevo milenio, la mayoría de las agencias bilaterales de desarrollo ya habían incorporado lineamientos sobre anticorrupción en sus propias estrategias corporativas. En 2004, el gobierno de Estados Unidos creó la Corporación del Reto del Milenio (Millenium Challenge Corporation o MCC, por sus

---

[10] Augusto Lopez Claros, "Removing Impediments to Sustainable Economic Development: The Case of Corruption". (Documento de Trabajo No. 6704, World Bank, 2013), 7.

[11] El Banco Mundial, en su estrategia de anticorrupción, se refiere al período anterior a 1996 como la "era de la prohibición". Ver: World Bank, "Strengthening World Bank Group Engagement on Governance and Anticorruption: Main Report" (World Bank, Washington D.C., 21 marzo 2007), 39, accedido el 21 de marzo de 2017, http://documents.worldbank.org/curated/en/426381468340863478/Main-Report.; Peter Eigen, fundador de Transparencia Internacional, se refiere al discurso mencionado del presidente Wolfensohn como un momento determinante ("a decisive threshold"). Ver: Peter Eigen, "A Coalition to Combat Corruption: TI, EITI and Civil Society", en Corruption, Global Security, and World Order, ed. R. I. Rotberg, 416-429 (Washington, D.C.: Brookings Institution Press, 2009), 421.

[12] Janine R. Wedel, "Rethinking Corruption in an Age of Uncertainty", Annual Review of Law and Social Science, 8(1) (2012): 453-498, 462.

siglas en inglés), una agencia federal de asistencia al desarrollo internacional que establece el control de la corrupción como el criterio más importante para que los países accedan a sus fondos.

Los dos hitos mencionados, la creación de Transparencia Internacional y el discurso de Wolfensohn, no ocurrieron en el vacío, sino que son parte de un proceso transformador en el que la corrupción pasó de ser un tema de interés marginal e indiferente a ocupar un lugar central en la agenda global. ¿Qué fue lo que dio origen a este proceso transformador? ¿Qué factor o factores influyeron para que los organismos internacionales de desarrollo centraran su atención en la lucha contra la corrupción?

Un análisis de la literatura académica acerca del surgimiento de la corrupción como tema central en la agenda internacional permite identificar varios factores que pueden haber determinado o influido en este proceso.[13] Siguiendo a Sarah O'Byrne, académica del Centro de Estudios Avanzados de Gobierno de la Universidad John Hopkins, se puede hablar de tres categorías de factores, relacionados e interconectados entre sí, a saber:

1. Una nueva era en la política global caracterizada por el fin de la Guerra Fría y la creciente democratización y globalización.
2. Avances notables en los conocimientos y la evidencia empírica sobre los costos de la corrupción.
3. El aumento considerable de la corrupción, particularmente en los países en desarrollo.[14]

A continuación analizaremos cada uno de estos tres argumentos.

Según la gran mayoría de estudios académicos, la caída del Muro de Berlín y, por consiguiente, el fin de la Guerra Fría representa un factor determinante para el surgimiento de la agenda anticorrupción. Durante la Guerra Fría, la corrupción en países en desarrollo (tanto como otras violaciones graves a los derechos humanos) quedó mayormente relegada

---

[13] Para un análisis detallado de los factores influyentes en el surgimiento de la corrupción como cuestión central de la agenda global, ver: O'Byrne, "There is Nothing More Important Than Corruption".; World Bank, "Country-Level Engagement on Governance and Anticorruption: An Evaluation of the 2007 Strategy and Implementation Plan", (Independent Evaluation Group Report, World Bank, 2011), 2, accedido el 21 de marzo de 2017, https://ieg.worldbankgroup.org/Data/Evaluation/files/gac_eval.pdf.; Susan Rose-Ackerman, *Corruption and Government: Causes, Consequences, and Reform* (New York: Cambridge University Press, 1999), 177.; Michaela Wrong, *It's Our Turn to Eat: The story of a Kenyan Whistle-Blower* (New York: HarperCollins Publishers, 2009).; Bertram I. Spector, ed., *Fighting Corruption in Developing Countries: Strategies and Analysis* (Bloomfield: Kumarian Press, 2005).; Vito Tanzi, "Corruption around the World: Causes, Consequences, Scope and Cures", *IMF Staff Papers,* 45(4) (1998): 559-594, 559-564.

[14] O'Byrne, "There is Nothing More Important Than Corruption".

por los países donantes y los organismos internacionales de desarrollo a raíz de las presiones e intereses geopolíticos: las potencias occidentales necesitaban la lealtad de los dictadores del "Tercer Mundo" y la "compraron" a través de la asistencia financiera para el desarrollo.

La escritora y periodista Michaela Wrong alude a esta realidad geopolítica en su libro sobre la corrupción política en Kenia, *It's Our Turn to Eat: The Story of a Kenyan Whistle-Blower* (*Es nuestro turno para comer: La historia de un delator de Kenia*): "La cínica realidad de la Guerra Fría exigía 'pagos de lealtad' y, si dichos pagos debían hacerse a autócratas y dictadores militares con 'sangre en sus manos', que así fuese".[15] Por otra parte, Wrong afirma que las potencias occidentales utilizaron la asistencia financiera humanitaria y de desarrollo para comprar la lealtad de los gobiernos y funcionarios corruptos, quienes amasaban cuentas secretas en Suiza y mansiones en la Riviera Francesa con los fondos malversados de sus respectivos países. Con la caída de la Unión Soviética, los dictadores corruptos de los países en vías de desarrollo ya no eran tan útiles para las potencias occidentales por razones ideológicas o estratégicas. Con el fin de la Guerra Fría, se acabó la "hipocresía política" de los países industrializados, como afirma Vito Tanzi, economista y exdirector del Departamento de Asuntos Fiscales del Fondo Monetario.[16] Ya las potencias occidentales no podían justificar el apoyo a estos dictadores corruptos con el argumento de que "el líder será un bastardo, pero es nuestro bastardo".[17] Al desaparecer la amenaza soviética, los países occidentales comenzaron a exigir medidas de mejor gobierno como condición de la asistencia financiera para los países en desarrollo, en especial en los programas de reforma estructural de carácter neoliberal en la Europa del Este y los nuevos países surgidos tras el colapso del Bloque Soviético.

Relacionados con el cese de la Guerra Fría, otros dos factores importantes fueron la nueva y creciente ola de democratización en muchos países y la globalización económica. El aumento de los países con regímenes democráticos y la mayor libertad de expresión y prensa dieron lugar a un debate más abierto y público sobre la corrupción política y sus efectos en la sociedad. En tal contexto, debemos mencionar el papel creciente y activo de las organizaciones no gubernamentales en la movilización social contra la corrupción, tanto a nivel internacional como nacional. Por otra parte, la globalización y los avances tecnológicos contribuyeron a una mayor transparencia de los gobiernos y a una creciente

---

[15] Wrong, *It's Our Turn to Eat,* 184.
[16] Tanzi, "Corruption around the World", 559-564.
[17] Wrong, *It's Our Turn to Eat,* 185.

fiscalización o control por parte de la sociedad civil. En el ámbito empresarial e inversionista, los efectos de la corrupción se hicieron más evidentes debido a la mayor apertura y crecimiento del comercio a nivel mundial.

En este contexto, fueron los inversores y empresas estadounidenses los que ejercieron mayor presión para que otros países industrializados se involucraran con seriedad en el intento de resolver la problemática de la corrupción en los países receptores de las inversiones. Cabe destacar que, a pesar de que los empresarios y empresas estadounidenses estaban sometidos a la ya referida legislación anticorrupción de Estados Unidos de 1977 (*Foreign Corrupt Practices Act*), normativa que impone fuertes sanciones y penalidades por sobornos a funcionarios públicos extranjeros, no se daba lo mismo en todos los países industrializados. Alemania, el Reino Unido y Francia, por ejemplo, no estaban sujetos a las mismas reglas de juego, lo cual generó que las compañías estadounidenses reclamaran la existencia de un régimen internacional más equitativo. Esto llevó a que la Administración Clinton de Estados Unidos presionara a sus socios en la OCDE para que prohibieran los sobornos a funcionarios extranjeros, lo que resultó en la adopción del convenio anticorrupción de la OCDE en 1997.

En segundo lugar, algunos estudiosos sostienen que los nuevos conocimientos empíricos sobre la corrupción y sus efectos han motivado para que sea considerado como un tema central en la agenda de los países donantes y organismos internacionales de desarrollo. A fines de la década del '80 comenzaron a surgir estudios, internos y externos a los organismos internacionales de desarrollo, que identificaron a la mala gobernabilidad en los países donatarios como factor determinante del fracaso de los proyectos de reforma estructural. Entre estos estudios, sobresale el informe producido en 1989 por el Departamento de África en el Banco Mundial titulado *De la crisis al crecimiento sostenible – La África del Sub-Sahara: Un estudio de perspectiva de largo plazo* (*From Crisis to Sustainable Growth – Sub-Saharan Africa: A Long-Term Perspective Study*).[18]

Este informe, uno de los más citados como antecedente del surgimiento del tema de la gobernabilidad en la agenda del Banco Mundial, reconoció que la buena gobernabilidad era elemento necesario y esencial para un desarrollo sostenible en los países. Según este informe, lo que impedía el desarrollo en el continente africano era "una crisis de gobernabilidad".[19]

---

[18] World Bank, "Sub-Saharan Africa: From Crisis to Sustainable Growth", (A Long-Term Perspective Study Stock #11349, World Bank, Washington, D.C., 1989), accedido el 21 de marzo de 2017, http://documents.worldbank.org/curated/en/498241468742846138/pdf/multi0page.pdf.

[19] Ibídem, 60.

Los autores recomendaban a las autoridades del Banco Mundial que apoyaran reformas anticorrupción, la promoción de mayor transparencia, la rendición de cuentas, el respeto por la ley y la protección de los derechos humanos.

Informe del Banco Mundial:
La África del Sub-Sahara: Un estudio de perspectiva de largo plazo

En el momento de su emisión, este informe no tuvo una aceptación general dentro del Banco Mundial. Por el contrario, fue recibido con cierta resistencia burocrática, ya que se consideraba que no era competencia expresa del Banco Mundial involucrarse en temas considerados "políticos". No obstante, la pugna interna fue ganada por aquellos que consideraban que el Banco Mundial sí tenía que ejercer un papel protagónico en la lucha contra la corrupción. El informe de 1989 fue un presagio de cuantiosos estudios realizados en la década del '90, que convalidaron la relación estrecha y directa entre la gobernabilidad y el desarrollo sostenible, y también fue un impulsor de una cartera creciente de programas y proyectos dirigidos a fortalecer la buena gobernabilidad en los países prestatarios.

En último lugar, hay algunos expertos que sugieren que el mayor énfasis del tema de la corrupción en la agenda global se debe también a un aumento cuantitativo del fenómeno en las últimas décadas que precedieron al fin de la Guerra Fría –es decir, que los actos de corrupción, especialmente sobornos y malversaciones de fondos en el sector público y su cuantía económica, se habían incrementado. El principal expositor de este argumento es Tanzi que explica que el tamaño y papel del Estado en la mayoría de los países habían aumentado en las décadas siguientes a la Segunda Guerra Mundial. Un Estado más grande, agrega Tanzi, implica una mayor recaudación de impuestos, un incremento en el gasto público y, en una gran cantidad de casos, un aumento en las regulaciones y controles estatales de la actividad económica, lo que trae aparejado el surgimiento de nuevas y mayores oportunidades para el soborno y otras formas de corrupción. Tanzi sostiene que la mayor presencia del Estado en la actividad económica incide negativamente en los niveles de corrupción, con efecto más visible e inmediato en los países (la gran mayoría en desarrollo) sin una tradición de honestidad en el servicio público.[20] Esta postura neoliberal, como veremos en el capítulo quinto con mayor detalle, tuvo una influencia notable en la manera en que los organismos internacionales de desarrollo percibieron la problemática de corrupción y el tipo de reformas anticorrupción que se promovieron en la década del '90.[21] El énfasis inicial de las reformas promovidas por el Banco Mundial buscaban reducir la intervención del Estado en la economía. Sin embargo, no solamente se debe al tamaño del Estado sino que hay otros factores que, según Tanzi, han contribuido a la mayor corrupción, tales como la globalización económica y la privatización de empresas públicas. La globalización ha generado muchas situaciones y oportunidades donde el pago de sobornos a funcionarios públicos puede ser altamente beneficioso a las empresas extranjeras para lograr acceso a mercados lucrativos. A su vez, los procesos de privatización dieron lugar a episodios notorios de corrupción, especialmente en los países en transición de Europa del Este y el ex Bloque Soviético.

Medidas nacionales e internacionales para combatir la corrupción

Mientras se podrá debatir y diferir en cuanto a los factores causantes de este llamado movimiento de lucha contra la corrupción, lo que resulta indiscutible es que desde mediados de la década del '90 ha habido un creciente activismo por combatir la corrupción. En efecto, una verdadera

---

[20] Tanzi, "Corruption around the World", 562.

[21] Michael Johnston, *Syndromes of Corruption: Wealth, Power, and Democracy* (New York: Cambridge University Press, 2005), 17.

explosión de actividades se ha llevado a cabo para reducir la corrupción por parte de una amplia gama de actores a nivel global, nacional y local.

Muchos países han firmado tratados y promulgado leyes especiales para prevenir, controlar y penalizar la corrupción. En 2003, se aprobó la Convención de las Naciones Unidas contra la Corrupción (CNUCC, o UNCAC en inglés).[22] Otros tratados internacionales son la Convención Interamericana contra la Corrupción, de 1996 (CICC, o IACAC en inglés); y la Convención de la OCDE para Combatir el Cohecho de Servidores Públicos Extranjeros en Transacciones Comerciales Internacionales, de 1997.[23] Esta última convención es el primer instrumento internacional que focaliza en el lado de la "oferta", es decir el sector corporativo que ofrece o paga sobornos. Ha sido ratificada por todos los miembros de la OCDE como así también por Argentina, Brasil, Bulgaria, Colombia, Latvia, Rusia y Sudáfrica. A nivel del continente europeo, la Unión Europea y el Concilio de Europa han tomado acciones contra la corrupción. La Unión Europea adoptó una convención en 1997 y constituyó el accionar contra la corrupción como criterio de incorporación de nuevos países a la misma. El Concilio de Europa ha adoptado una serie de medidas, incluyendo principios rectores para luchar contra la corrupción (1997); convenciones de derecho civil y criminal sobre corrupción (1999); códigos de conducta para oficiales públicos (2000) y sobre financiamiento político (2003); y un grupo de trabajo, GRECO, para monitorear el cumplimiento con las mencionadas convenciones.

Muchos países han establecido comisiones o agencias especiales anticorrupción y han emprendido otras reformas legales e institucionales para promover la transparencia y la rendición de cuentas del sector público. El sector empresarial, por su parte, ha puesto particular atención en la gobernabilidad y en la ética. Del mismo modo, las empresas multinacionales han formado numerosas y variadas coaliciones para combatir la corrupción. Entre ellas, está el Grupo Wolfsberg de bancos privados que han acordado principios y lineamientos para combatir el lavado de dinero. Asimismo, ha emergido un gran número de

---

[22] Naciones Unidas, Oficina de las Naciones Unidas Contra la Droga y el Delito, "Convención de las Naciones Unidas Contra la Corrupción", (Tratado de las Naciones Unidas, 2004), accedido el 21 de marzo de 2017, http://www.unodc.org/unodc/en/corruption/tools_and_publications/UN-convention-against-corruption.html.

[23] Inter-American Convention Against Corruption (B-58). Marzo 29, 1996. Senate Treaty Document 105-39. Accedido en http://www.oas.org/juridico/english/treaties/b-58.html; OECD, "Convención Para Combatir el Cohecho de Servidores Públicos Extranjeros en Transacciones Comerciales Internacionales y Documentos Relacionados" (OECD Publishing, 2011), accedido el 21 de marzo de 2017, http://www.oecd.org/daf/anti-bribery/ConvCombatBribery_Spanish.pdf.

organizaciones no gubernamentales, entre las que se destaca Transparencia Internacional y Global Integrity (Integridad Global), creadas con el fin de generar una mayor conciencia y para que se desempeñen como órganos de protección y control.[24] Mediciones e índices de corrupción han sido elaborados incluyendo el mencionado e internacionalmente reconocido CPI de Transparencia Internacional. Estos avances han estado acompañados por una creciente actividad por parte de la comunidad académica. De igual forma, la lucha contra la corrupción se ha instaurado como un elemento central del accionar de los organismos internacionales para asistir el desarrollo político y económico.[25]

El Banco Mundial ha ejercido el liderazgo en materia de gobernabilidad y anticorrupción entre los organismos internacionales de desarrollo. En 1997, lanzó su primera estrategia anticorrupción,[26] que se nutrió de diversos

---

[24] Para mayor información, ver: Transparencia Internacional, http://www.transparency.org/; La Iniciativa Para la Transparencia de las Industrias Extractivas, http://eiti.org/; Global Integrity: Data, Learning, & Action for Open Governance, http://www.globalintegrity.org.

[25] Estudios y estimaciones econométricas ponen en evidencia que la corrupción tiene efectos devastadores en el desarrollo político, social y económico de las comunidades y los países. La corrupción dificulta el crecimiento y la inversión, acentúa la pobreza y la desigualdad, debilita el estado de derecho y erosiona la viabilidad y la legitimidad del Estado. Cabe resaltar que la corrupción vulnera especialmente a los pobres y se la considera el "mayor obstáculo para reducir la pobreza". Ver: Transparency International, "Poverty and Corruption", (TI Documento de Trabajo # 02/2008, Transparency International, 2008), accedido el 21 de marzo de 2017, http://files.transparency.org/content/download/1511/11048/version/2/file/WP__02-2008_25_March_2008_Spanish.pdf. Para una lista detallada de bibliografía de índole económica y del desarrollo que aborda los efectos negativos, ver: Banco Interamericano del Desarrollo, "Proposal for the Action Plan to Support the Countries in Their Efforts to Fight Corruption and Foster Transparency", PAACT, GN-2540, Banco Interamericano del Desarrollo, noviembre 2009, accedido 21 de marzo de 2017, http://idbdocs.iadb.org/wsdocs/ getdocument.aspx?docnum=35008954.

[26] En ese mismo año, en el Informe del Desarrollo Mundial del Banco Mundial se remarcó la incidencia de la corrupción en el papel y la efectividad del Estado. Ver: Ajay Chhibber, "Governance and Anti-Corruption: Ways to Enhance the World Bank's Impact", (*IEG Evaluation Brief No. 2,* Washington, D.C., World Bank, 1 julio 2006), 12, accedido el 21 de marzo de 2017, http://documents.worldbank.org/curated/en/ 646781468330980665/pdf/538570BRI0IEG01Box345632B001PUBLIC1.pdf. Para mayor información sobre la evolución del Banco Mundial en materia de anticorrupción, ver: World Bank, "Country-level Engagement on Governance and Anticorruption", 3. Dicho documento traza tres etapas: (i) la focalización en la calidad de gobierno entre mediados de la década del '80 y mediados de la del '90; (ii) el surgimiento de la gobernabilidad como eje clave para el alivio de la pobreza desde mediados de la década del '90 a mediados de la primera década de este milenio; y más recientemente, (iii) la

trabajos analíticos previos (fundamentalmente los documentos del Banco Mundial sobre gobernabilidad publicados en 1992 y 1994), además de la experiencia operacional del Banco Mundial y otros organismos internacionales en reforma del sector público y desarrollo del privado.[27] Si bien el Banco Mundial evitó abordar los aspectos políticos de la corrupción, estableció cuatro campos de acción para organizar sus intervenciones:

1. Apoyo a países miembros para reducir la corrupción.
2. Incorporación de la lucha contra la corrupción en las estrategias y operaciones del Banco Mundial para sus países prestatarios.
3. Prevención del fraude y la corrupción en los proyectos financiados por el Banco Mundial.
4. Apoyo a esfuerzos internacionales de lucha contra la corrupción.[28]

---

incorporación de la gobernabilidad y la anticorrupción como estrategia corporativa del Banco Mundial en el 2007.

[27] World Bank, "Mainstreaming Anticorruption Activities in World Bank Assistance: A Review of Progress since 1997", (World Bank, Washington, D.C., 2004), 6. Este documento reconoce que los esfuerzos por promover la buena gobernabilidad y la integridad pública existían previamente a la formalización de la estrategia de 1997.

[28] World Bank, "Helping Countries Combat Corruption: The Role of the World Bank", (Poverty Reduction and Economic Management, World Bank, Washington, D.C., septiembre 1997), accedido el 21 de marzo de 2017, http://www1.worldbank.org/publicsector/anticorrupt/corruptn/corrptn.pdf. Documentos posteriores ofrecen mayores detalles sobre la implementación de la estrategia. Cabe mencionar el documento de estrategia del Grupo del Sector Público en el cual el Banco Mundial enfatiza que la corrupción es un síntoma de instituciones disfuncionales y que la estrategia anticorrupción está dirigida a corregir dichas disfunciones: World Bank, "Reforming Public Institutions and Strengthening Governance: A World Bank Strategy", (Poverty Reduction and Economic Management, World Bank, Washington, D.C., noviembre 2000), accedido el 21 de marzo de 2017, http://www1.worldbank.org/publicsector/Reforming.pdf. Entre otros documentos que tratan la estrategia anticorrupción, se incluyen el informe del Departamento de Europa y Asia Central (ECA): World Bank, "Anticorruption in Transition: A Contribution to the Policy Debate", (World Bank, Washington D.C., septiembre 2000), accedido el 21 de marzo de 2017, http://documents.worldbank.org/curated/en/825161468029662026/pdf/multi-page.pdf; el informe del Departamento de África: World Bank, "Can Africa Claim the 21st Century?", (World Bank, Washington, D.C., 2000), accedido 21 de marzo de 2017, https://openknowledge.worldbank.org/handle/10986/22962; y evaluaciones internas: World Bank, "Helping Countries Combat Corruption: Progress at the World Bank since 1997", (World Bank, Washington, D.C., junio 2000), accedido el 21 de marzo de 2017, http://documents.worldbank.org/curated/en/280381468739163146/pdf/multi-page.pdf; World Bank, "Reforming Public Institutions and Strengthening Governance: A World Bank Strategy Implementation Update", (Poverty Reduction and Economic Management, World Bank, Washington, D.C., mayo 2003), accedido el 21 de marzo de 2017, http://www1.worldbank.org/publicsector/Reforming.pdf.

Siguiendo el ejemplo del Banco Mundial, la OCDE, la Organización de las Naciones Unidas y numerosos organismos multilaterales y bilaterales de desarrollo ubicaron a la corrupción como una problemática preeminente en sus estrategias, programas y proyectos de desarrollo. La cantidad de proyectos, programas y recursos de organismos internacionales destinados a fortalecer la transparencia y fiscalización del Estado creció en forma considerable. En el caso del Banco Mundial, las iniciativas anticorrupción pasaron de representar el 9 por ciento de los proyectos de reforma del sector público en la década del '90 a constituir el 38 por ciento de tales proyectos en el período comprendido entre 2000 y 2006.[29]

Si bien ha habido un progreso notable en el mayor conocimiento y atención pública sobre la problemática de la corrupción, las reformas anticorrupción apoyadas por el Banco Mundial y organismos internacionales de desarrollo dejan mucho que desear. Sin perjuicio del análisis más exhaustivo efectuado más adelante en este libro, hay poca evidencia de que la corrupción se haya reducido en el mundo en las últimas décadas.[30] El mismo Banco Mundial, a través de auditorías internas, admite lo poco exitoso de sus iniciativas. En la primera auditoría interna sobre las reformas anticorrupción llevada a cabo en 2004, el Banco Mundial concluyó que solamente existió un "éxito modesto en lograr resultados sostenibles".[31] En un informe posterior del Banco Mundial, publicado en 2006, se puso de relieve que el porcentaje de efectividad de las reformas institucionales fue menor que el de otras operatorias suyas y que tales reformas eran en algunos casos más cosméticas que reales.[32] En el año 2008, otro informe puso de manifiesto que "no se habían tenido muchos aciertos en términos de reducción del problema de la corrupción".[33]

---

[29] World Bank, "Public Sector Reform: What Works and Why?", (IEG Evaluation of World Bank Support, World Bank, Washington, D.C., 2008), 30, accedido el 21 de marzo de 2017, http://siteresources.worldbank.org/EXTPUBSECREF/Resources/psr_eval.pdf.; World Bank, *Country-Level* World Bank, "Country-level Engagement on Governance and Anticorruption", 6. (En cuanto trata el incremento de la proporción de los préstamos concedidos por el Banco destinados a la gobernabilidad y anticorrupción durante el período 1990-2010).

[30] Eric M. Uslaner y Bo Rothstein, "Mass Education, State-Building and Equality: Searching for the Roots of Corruption", (The Quality Of Government Institute Working Paper Series 5, Department of Political Science at University of Gothenburg, Gothenberg, julio 2012), 3.

[31] World Bank, "Mainstreaming Anticorruption Activities", 51.

[32] Chhibber, "Governance and Anti-Corruption", 10.

[33] Odd-Helge Fjeldstad y Jan Isaksen, "Anti-Corruption Reforms: Challenges, Effects and Limits of World Bank Support. Background Paper to Public Sector Reform: What Works and Why?", (IEG Evaluation of World Bank Support, World Bank, Washington, D.C., 2008), 61.

En su última auditoría efectuada en el año 2011, el Banco Mundial concluyó que las intervenciones de anticorrupción "no han reducido la injerencia que se percibe que tiene la corrupción sobre los países [...], los encuestados en distintas partes del mundo estuvieron de acuerdo en que las iniciativas para reducir la corrupción siguieron siendo una de las misiones menos efectivas".[34] Lo que es todavía más importante, "la auditoría no encontró casos en los cuales los programas del Banco Mundial hayan abordado de forma eficaz la corrupción sistémica u otras patologías profundamente arraigadas en la gobernabilidad (por ejemplo, la distribución de bienes estatales en línea con las lealtades personales y políticas)".[35] Dichas conclusiones tuvieron eco en otras evaluaciones, tanto internas de las agencias internacionales como externas.[36]

Hasta aquí hemos visto cómo la problemática de la corrupción salió de la marginalidad y fue a ocupar un lugar central en la agenda global de desarrollo. Identificamos dos hitos que marcaron este proceso como lo fueron la creación de Transparencia Internacional y el discurso dado en 1996 por el entonces presidente del Banco Mundial, James Wolfensohn. Expusimos algunas de las posibles causas o factores políticos y económicos que dieron lugar a o que facilitaron el surgimiento de la problemática de la corrupción en la agenda global. Por último, ofrecimos una breve reseña de las actividades de las últimas dos a tres décadas que tratan este tema.

Todo esto nos introduce a la problemática de la corrupción. Ahora bien: ¿Qué es la problemática de la corrupción? ¿De qué estamos hablando? ¿Qué se entiende por corrupción y qué conductas comprende? Estos interrogantes son objeto del siguiente capítulo.

---

[34] World Bank, "Country-level Engagement on Governance and Anticorruption", 6-7.

[35] Ibídem, 89

[36] ITAD y LDP, "Joint Evaluation of Support to Anti-Corruption Efforts: 2002 – 2009", (Norad Evaluation Report, Norwegian Agency for Development Cooperation, Oslo, 2011), accedido el 21 de marzo de 2017, https://www.norad.no/globalassets/import-2162015-80434-am/www.norad.no-ny/filarkiv/vedlegg-til-publikasjoner/joint-evaluation-of-support-to-anti-corruption-efforts-2002-2009.pdf. [En cuanto establece que los programas de los donantes no han logrado reducir los niveles de corrupción en los países respectivos.] Esta evaluación externa conjunta fue encomendada por seis agencias internacionales de desarrollo: el Banco de Desarrollo Asiático (Asian Development Bank, ADB), la Asistencia Danesa para el Desarrollo Internacional (Danish International Development Assistance, Danida), la Agencia Sueca para la Evaluación del Desarrollo (Swedish Agency for Development Evaluation, SADEV), la Agencia Sueca de Cooperación para el Desarrollo Internacional (Swedish International Development Co-operation Agency, Sida), el Departamento del Reino Unido para el Desarrollo Internacional (UK Department for International Development, DFID) y la Agencia Noruega para la Cooperación para el Desarrollo (Norwegian Agency for Development Cooperation).

Capítulo Segundo
Concepto de la corrupción

"La tierra se corrompió delante de Dios...y miró Dios la tierra, y vio que estaba corrompida, porque toda carne había corrompido su camino sobre la tierra."[1]

¿Qué es la corrupción? Frente a esta pregunta, muchos creyentes podrían contestar que corrupción significa todo pecado, perversión o maldad. La cita que da comienzo a este capítulo da cuenta de la primera instancia en que se utiliza el término en la Biblia, cuando se relata el diluvio. Otras versiones de la Biblia utilizan la palabra maldad y perversión, en vez de corrupción.[2] La palabra corrupción en hebreo y griego, que se utiliza en el Antiguo y Nuevo Testamento, alude a destrucción, descomposición o ruina. Es una palabra que se utiliza con alcances muy diversos y distintos al fenómeno que nos ocupa en este libro.

El Diluvio Universal, Miguel Ángel

Aquí nos estamos refiriendo a un fenómeno político, económico y social determinado. Esto no quiere decir que las Escrituras no tengan nada que decir sobre la corrupción objeto de este libro. Como veremos en más detalle en el capítulo octavo, las Escrituras tienen mensajes claros y contundentes acerca de la corrupción. Y es esta corrupción la que vemos denunciada

---

[1] Genesis 6: 11-12, Reina Valera 1995.
[2] Genesis 6: 11-12, Dios Habla Hoy

recientemente por distintas voces de la iglesia cristiana, incluyendo al Papa Francisco, el Concilio Mundial de Iglesias y la Alianza Evangélica Mundial.[3] Nos cabe entonces analizar de qué estamos hablando, qué define a este fenómeno tan singular.

Empecemos por notar que la corrupción es un fenómeno universal que afecta a individuos, instituciones y sociedades alrededor del mundo. No es privativo de un grupo particular, cultura o país. Aqueja a todos, aun en los países y regiones considerados más desarrollados. Se la ha calificado de diferentes maneras, como "cáncer", "plaga" y "crimen de lesa humanidad". No obstante, todos los expertos concuerdan en que es un fenómeno de no fácil definición. Las formas en que se manifiesta la corrupción son distintas. Comúnmente se asocia la corrupción con los sobornos o coimas pagados a los políticos y burócratas. Sin embargo, la corrupción es mucho más que eso. Los sobornos son sólo una de las expresiones del fenómeno; existen muchas otras tanto o más insidiosas y dañinas para la sociedad.

Comienzo con la exposición de tres casos de corrupción ocurridos recientemente en la ciudad de Boston, estado de Massachusetts, Estados Unidos, donde resido, y que reflejan algunas de las distintas caras que muestra este flagelo social.

El primer caso es el de John Brien, ex-director del Departamento de "Probation" del Poder Judicial del estado de Massachusetts, que tiene la responsabilidad de supervisar a las personas en libertad condicional. Brien y dos de sus directivos superiores fueron condenados en primera instancia por la Justicia Federal por fraude y corrupción. Las pruebas evidenciaron que dentro del Departamento de "Probation", al momento de realizar nuevas contrataciones de personal o efectuar cambios en la promoción de cargos, estos funcionarios incurrieron en prácticas sistemáticas de clientelismo, manipularon el sistema de contratación y favorecieron a parientes y amigos de legisladores no calificados para cumplir las funciones indicadas. Concretamente, se alteraban los puntajes de calificación y se falsificaban documentos para favorecer a los acomodados en las

---

[3] "EXPOSED 2013: Historic Launch of Global Christian Response to Corruption", *World Evangelical Alliance*, 12 octubre 2012, accedido el 21 de marzo de 2017, http://www.worldea.org/news/4101/exposed-2013-historic-launch-of-global-christian-response-to-corruption; Miguel Pérez Pichel, "Papa Francisco pide combatir la corrupción y promover los derechos humanos", *ACI Prensa*, 16 diciembre 2007, accedido el 21 de marzo de 2017, https://www.aciprensa.com/noticias/papa-francisco-pide-combatir-la-corrupcion-y-promover-los-derechos-humanos-61787/; "WCC calls churches to speak against corruption", *World Council of Churches*, 20 agosto 2013, accedido el 21 de marzo de 2017, https://www.oikoumene.org/en/press-centre/news/wcc-calls-churches-to-speak-against-corruption.

contrataciones y promociones, en detrimento de aquellos candidatos más calificados.[4]

El segundo caso es el de Salvador Di Massi, ex-líder del oficialismo en la Legislatura de Massachusetts. Di Massi y otras personas implicadas fueron condenados por corrupción, acusados de recibir coimas con el fin de utilizar su poder e influencia política para otorgar contratos públicos a una empresa informática local.[5]

El tercer y último caso es del Departamento Policial de Methuen, una localidad en las afueras de Boston. Aunque parezca contradictorio, el departamento policial, en los concursos para la contratación de personal, otorgaba mayor puntaje a los candidatos que declaraban que no arrestarían a colegas o parientes en caso de conducción de vehículos en estado de embriaguez. Así es: un candidato que declaraba que mostraría favoritismo hacia sus colegas o parientes era mejor calificado que otro que afirmaba que actuaría de manera imparcial. Cuando un candidato perjudicado reclamó frente a la autoridad competente, esta última le dio la razón al declarar que no había ninguna base válida para aplicar una regla a los desconocidos y otra regla distinta a los amigos y parientes.[6]

En este capítulo se pretende profundizar respecto de la definición y alcances del concepto de la corrupción. Cómo definamos la corrupción, lo que se incluya o excluya dentro del concepto, tiene implicancias importantes en el enfoque hacia el problema, al afectar las causas, precondiciones y las soluciones que se propongan. Nos enfocaremos en tres puntos principales. Primero, examinaremos las perspectivas y acepciones del término corrupción que han surgido de la literatura académica y de los organismos internacionales de desarrollo. Segundo, analizaremos las clasificaciones de tipos o clases de corrupción. Por último, veremos las distintas formas específicas de corrupción reconocidas en convenios internacionales y la literatura académica.

---

[4] Milton J. Valencia, "3 guilty in probation corruption case", *The Boston Globe,* 24 julio 2014, accedido el 21 de marzo de 2017, http://www.bostonglobe.com/metro/2014/07/24/jurors-deliberating-for-seventh-day-corruption-trial-probation-chief-john-brien/GVxm7KQARiid2cxFyKxuXP/story.html.

[5] Milton J. Valencia, "Disgraced DiMasi is given 8 years", *The Boston Globe,* 10 septiembre 2011, accedido el 21 de marzo de 2017, http://www.boston.com/news/politics/articles/2011/09/10/former_house_speaker_salvatore_dimasi_sentenced_to_8_years/?page=2.

[6] Todd Wallack, "Methuen police preferred applicants who wouldn't arrest colleagues", *The Boston Globe,* 14 julio 2015, accedido el 21 de marzo de 2017, https://www.bostonglobe.com/metro/2015/07/14/methuen-police-gave-preference-those-who-wouldn-arrest-fellow-officers/huMZ5URc4PeOdSReNmYDzK/story.html.

Definiciones de la corrupción

La corrupción no es un fenómeno nuevo en la historia. Existen registros históricos que revelan episodios de corrupción hasta en las civilizaciones más arcaicas. En el reino de la India, el Arthashastra, un tratado sobre temas de política, economía y estrategia militar escrito hace más de 2.000 años, alude a la corrupción pública generalizada en la India y ofrece prescripciones sobre cómo combatirla. En el reino de Asiria alrededor del año 1400 A.C. también se realizaban prácticas corruptas, tales como sobornos, en las cuales se encontraban involucrados funcionarios oficiales. En la antigua Grecia, los filósofos, como Sócrates, Platón, Polibio y Aristóteles, aluden a la corrupción política. En Roma, Cicerón denunció la dilapidación de los bienes del Estado Romano. Por otra parte, si se analiza la ley del pueblo hebreo, la Torá o Pentateuco (los primeros cinco libros de la Biblia), se observa que contiene disposiciones expresas que condenan al soborno. Por ejemplo, al referirse a la administración de la justicia, en uno de sus pasajes advierte al juez: "No tuerzas el derecho; no hagas acepción de personas, ni tomes soborno; porque el soborno ciega los ojos de los sabios, y pervierte las palabras de los justos".[7] En tiempos más cercanos, escritores famosos como Dante y Shakespeare aluden al fenómeno en sus obras clásicas.[8] Y cabe agregar que la Reforma Protestante fue en gran medida una reacción a prácticas corruptas dentro de la Iglesia Católica, como la venta de indulgencias.

Si bien es un fenómeno que siempre estuvo presente históricamente, no hay un concepto uniforme del mismo. Miles de páginas se han escrito sobre este interrogante y sigue siendo aún, hoy en día, un tema de permanente reflexión y debate.[9] Como bien apunta Eric Uslaner, profesor de la

---

[7] Deuteronomio 16:19 Reina-Valera 1960.

[8] Tanzi, "Corruption around the World", 559-560.; Eugen Dimant, "The Nature of Corruption: An Interdisciplinary Perspective", *Economics,* Economics Discussion Papers No. 2013-59 (2013), 4.; John T. Noonan, Jr., *Bribes* (New York: Macmillan, 1984).

[9] Para mayor detalle sobre el tema del concepto de la corrupción, ver: Joseph S. Nye, "Corruption and Political Development: A Cost-Benefit Analysis", *American Political Science Review* 61 (1967): 412-427.; Arnold J. Heidenheimer, "The Context of Analysis", en *Political Corruption: Readings in Comparative Analysis*, ed. Arnold J. Heidenheimer (New Brunswick: Cornell University Press, 1970).; James C. Scott, *Comparative Political Corruption* (Englewood Cliffs: Prentice-Hall, 1972).; Dennis F. Thomson, "Mediated Corruption: The Case of the Keating Five", *American Political Science Review* 87 (1993): 369-381.; Dennis F. Thompson, *Ethics in Congress: From Individual Corruption to Institutional Corruption* (Washington D.C: Brookings Institution, 1995).; Michael Johnston, "The Search for Definitions: The Vitality of Politics and the Issue of Corruption", *International Social Science Journal* 48, no. 149

Universidad de Maryland y uno de los estudiosos más reconocidos del tema, la corrupción es un "concepto elusivo".[10] Existen varias definiciones del término corrupción, pero todas y cada una de ellas sufren de alguna deficiencia o limitación. Por ello, no sorprende que la Convención de las Naciones Unidas Contra la Corrupción omita definir el fenómeno: tipifica formas de corrupción específicas, tales como el cohecho, el lavado de dinero, el abuso del poder y la malversación de fondos públicos, sin incorporar ninguna definición general.[11]

Antes de analizar las definiciones propuestas y más utilizadas, quiero exponer algunas de las razones o factores que explican la falta de un concepto común y universal de la corrupción. La dificultad que se presenta para lograr un concepto universal de corrupción se debe en parte a los cambios que ha sufrido el alcance y la delimitación del fenómeno de acuerdo a las variables de tiempo, espacio y cultura. Si bien la reflexión acerca de la corrupción se remonta a la antigüedad, el significado del concepto no ha sido siempre el mismo. Es un concepto relativamente ambiguo "ya que aquello que una sociedad llama 'corrupto' depende de su legislación, sus códigos morales y éticos, su sistema político y las ideas que se han formado históricamente en torno a lo 'público'".[12] Sin embargo, se puede afirmar que hay ciertas conductas o actos que en general han sido consideradas corruptas a través de la historia. En efecto, "robar dinero público en beneficio personal, por ejemplo, ha sido considerado un crimen desde tiempos de Platón".[13] Sin embargo, hay otras conductas que no han sido, o que no son, consideradas corruptas universalmente.

Por ejemplo, en una misma sociedad, hay conductas como el tráfico de influencias (esto es: utilizar la influencia personal en ámbitos de gobierno o incluso empresariales, a través de conexiones con personas, con el fin de obtener favores o tratamiento preferencial) que eran aceptadas en el pasado como prácticas normales, pero que hoy constituyen delitos. Por otro lado,

---

(1996): 321-335.; Mark Philp, "Defining Political Corruption", en *Political Corruption,* ed. Paul Heywood (Oxford: Blackwell, 1997).; Mark Philp, "Conceptualizing Political Corruption", en *Political Corruption: Concept and Contexts 3ª edición,* ed. Arnold J. Heidenheimer y Michael Johnston (New Brunswick: Transaction Publishers, 2002).; Mark Warren, "What Does Corruption Mean in a Democracy?", *American Journal of Political Science* 48.2 (2004): 328-43.

[10] Eric Uslaner, *Corruption, Inequality, and the Rule of Law: The Bulging Pocket Makes the Easy Life* (New York: Cambridge University Press, 2010), 6.

[11] Naciones Unidas, "Convención de las Naciones Unidas".

[12] Ana María Arjona Trujillo, "La corrupción política: Una revisión de la literatura", (Documento de Trabajo 02-14, Departamento de Economía en la Universidad Carlos III de Madrid, 2002), 4.

[13] Claudio Orrego Larraín, "Corrupción y modernización del Estado", (Banco Interamericano de Desarrollo, 2000), 1.

hay ciertas prácticas que actualmente son consideradas corruptas en algunas sociedades mientras que en otras son prácticas normales.[14] En distintas sociedades, e incluso dentro de una misma sociedad, pueden hallarse percepciones distintas sobre el fenómeno de la corrupción, de manera que lo que es corrupción para algún grupo social no lo es para otro. Como ejemplo se puede pensar en ciertas formas de nepotismo, tráfico de influencias y conflictos de intereses que es un tema crítico y volveremos a analizar en los capítulos sexto y séptimo. Otro factor que explica la falta de unicidad del concepto de corrupción es la naturaleza multidimensional del fenómeno y la posibilidad que existe de que sea analizada desde diferentes enfoques y perspectivas.

Hechas estas salvedades, pasemos a considerar el significado de corrupción. Al pensar en la corrupción, el común de la gente la entiende como un aspecto negativo del funcionamiento o desempeño del sector público o del gobierno en su respectivo país. Lo ve como un problema que está necesariamente vinculado a los políticos, funcionarios públicos y burócratas, tanto a nivel nacional como local. No hay duda de que la corrupción es una cuestión que se relaciona y forma parte del mal gobierno de una sociedad, concepto que será definido más adelante.

Sin embargo, conviene aclarar que no toda acción o práctica indeseable o reprochable en el sector público es corrupción. Por ejemplo, un funcionario público puede ser incompetente o ineficiente, aunque no corrupto, en la prestación del servicio respectivo. Lastimosamente, esta es una realidad muy común en muchas entidades gubernamentales en la mayoría de los países. Los ciudadanos sufren a diario las ineficiencias de los servicios públicos. No obstante, no se puede calificar necesariamente de corrupto a un funcionario público o una institución pública que atiende mal, con demoras o en forma totalmente incompetente –aunque, por supuesto, la mediocridad en los servicios públicos puede ser resultado, en parte, de la corrupción. Tampoco se puede caracterizar de corrupto al funcionario público o institución pública que brinda un trato discriminatorio a un usuario o grupo de usuarios por razones completamente injustificadas. Estas conductas o prácticas pueden ser consideradas como actos de prejuicio, racismo u otros, pero no de corrupción. A continuación se expondrán las características de una acción o práctica corrupta.

Desde el punto de vista etimológico, el término corrupción proviene del latín *corruptio*, que se refiere a la acción y efecto de dañar, sobornar o pervertir a alguien. El Diccionario de la Lengua Española ofrece varios

---

[14] Mari-Liis Ver Sööt y Kadri Rootalu, "Institutional Trust and Opinions of Corruption", *Public Administration and Development* 32.1 (2012): 82-95, 83. [Citando prácticas específicas que son consideradas corrupción en algunas sociedades y no en otras].

significados, entre ellos la "acción y efecto de corromper"; "alteración o vicio en un libro o escrito"; "vicio o abuso introducido en las cosas no materiales"; y desde el punto de vista del derecho, "en las organizaciones, especialmente en las públicas, práctica consistente en la utilización de las funciones y medios de aquéllas en provecho, económico o de otra índole, de sus gestores".[15] El mismo Diccionario define a la acción de *corromper* como "alterar y trastrocar la forma de algo"; "echar a perder, depravar, dañar, pudrir"; "sobornar a alguien con dádivas o de otra manera"; "pervertir o seducir a alguien"; "estragar, viciar".[16]

Se puede decir que las definiciones más citadas y aplicadas en la práctica son las del académico Joseph S. Nye, uno de los más reconocidos politólogos en el mundo y actual profesor de la Escuela de Gobierno Kennedy en la Universidad de Harvard, la definición usada por el Banco Mundial y la usada por Transparencia Internacional. Se distinguen estas tres definiciones en cuanto al ámbito de actuación (sea el sector público únicamente o el sector público y privado) y en relación a los requisitos del acto.

Nye define la corrupción como "aquella conducta que se desvía de los deberes normales de un cargo público por consideraciones privadas (familia, amistad), pecuniarias o de estatus; o aquélla que viola normas restrictivas de cierto tipo de influencias en beneficio privado".[17] Bajo esta definición se encuadran no solamente el soborno o cohecho (la forma más reconocida de corrupción por el público en general), sino también otras formas como el nepotismo (donde no media necesariamente un beneficio económico) y la malversación de fondos públicos (donde no media necesariamente otra parte beneficiada ajena al servidor público que comete el acto). Sin embargo, notamos que dicha definición es estrecha en algunos sentidos. Para Nye solamente se puede hablar técnicamente de corrupción en los casos en que haya un cargo público involucrado. Es decir, el mismo

---

[15] Diccionario de la lengua Española, " Corrupción", *Real Academia Española*, 2014, accedido en http://dle.rae.es/?id=B0dY4l3.

[16] Diccionario de la lengua Española, "Corromper", *Real Academia Española*, 2014, accedido en http://dle.rae.es/?id=AzzkG49.

[17] Larraín, "Corrupción y modernización del Estado", 3.
En una línea similar a Nye, Mark Philp ofrece una definición centrada en el ámbito público e implicando violación de normas o reglas aunque él la titula *corrupción política* (a diferencia de otros tipos de corrupción). Philp nos dice que la corrupción política ocurre cuando "un oficial público viola las normas o reglas de su cargo, en detrimento del interés del público (o parte del mismo) quien es el beneficiario legítimo, para beneficiarse a sí mismo y a una tercera parte quien ofrece alguna recompensa o incentivo al oficial público para acceder a bienes o servicios que no le corresponden". Ver: Philp, "Conceptualizing Political Corruption".

acto (una coima) es un acto corrupto si el que solicita y/o recibe es un servidor público, pero excluye los casos en los que ambas partes de la transacción son privadas. Si el empleado de una empresa privada solicita coimas a clientes proveedores, esto constituiría un acto ilegal y/o un acto no ético, pero no sería técnicamente corrupción desde la perspectiva de Nye. Incluso, para que sea corrupción, la conducta debe implicar una desviación de los deberes normales del funcionario público o una violación de la norma legal. Quedarían excluidas aquellas conductas que, si bien son objetables éticamente, corresponden a los deberes normales en ciertos lugares como lo pueden ser casos de conflictos de interés, uso de información privilegiada o casos de la llamada "corrupción legal", que analizaremos más adelante.

Dentro de este enfoque centrado en el sector público, el Banco Mundial define la corrupción como "el abuso de cargo o poder público para ganancia o beneficio personal".[18] El concepto incluye varias formas de interacción entre servidores públicos y terceras partes. En algunos casos, la práctica corrupta involucra un intercambio monetario como el cohecho o soborno en contrataciones públicas. En otros casos, la ganancia o beneficio puede ser no monetario, como el nepotismo. También puede haber corrupción sin interacción entre el funcionario púbico y terceras partes, como serían los casos de malversación de fondos públicos o uso indebido de bienes públicos. El abuso del cargo o poder público no tiene que ser necesariamente para el beneficio privado del funcionario implicado; puede beneficiar al partido político, familiares, amigos u otras partes.

Cabe notar que, aunque restringida al sector público, la definición del Banco Mundial es más amplia que la de Nye. Según este último autor, la corrupción solamente incluye abusos de funcionarios públicos que constituyen violaciones de la norma legal. Para el Banco Mundial, una práctica abusiva puede constituir corrupción aunque no sea ilegal. Como veremos más adelante, existe la llamada "corrupción legal".

Transparencia Internacional nos ofrece la definición más amplia y la más utilizada. Según dicha entidad, la corrupción "es el abuso de poder o autoridad encomendado para ganancia privada".[19] Esta definición reconoce que la corrupción no se limita sólo al sector público, sino que también abarca al privado, incluyendo a las empresas, asociaciones y a la sociedad

---

[18] World Bank, "The Role of the World Bank", 8. En la literatura encontramos varias otras definiciones de la corrupción que la limitan al sector público. Ver: Claros, "Removing Impediments to Sustainable Economic Development", 11.

[19] "What is Corruption?", Transparency International, 2016, accedido el 21 de marzo de 2017, http://www.transparency.org/what-is-corruption/. ["the abuse of entrusted power for private gain"]

en general. Si bien contempla la posibilidad de que haya casos de corrupción entre privados, este tipo de corrupción recibe mucho menos atención de los académicos y de los organismos internacionales de desarrollo.[20]

A efectos de este análisis, adoptamos la definición de Transparencia Internacional, a pesar de que no sea perfecta y que adolezca de ambigüedades. Tanto la definición del Banco Mundial como la de Transparencia Internacional hablan de "abuso" de cargo, poder o autoridad. Existen otras definiciones que hablan de un "abuso" de confianza pública. Esto nos brinda el puntapié para definir, en primer lugar, qué es lo que implica un abuso y cuándo se hace presente el mismo.

Si se habla de abuso de poder o autoridad, se está presuponiendo que existen ciertos estándares o parámetros de conducta que fijan aquello que constituye un uso apropiado. Por consiguiente, la corrupción como un abuso de poder o autoridad "implica una desviación de ciertos estándares de conducta".[21] Por consiguiente, como afirma el politólogo y antropólogo James Scott, "la primera pregunta que surge es ¿qué criterio debería usarse para establecer dichos estándares?".[22] ¿Cómo se determina, entonces, si existe uso apropiado o abuso de cargo, autoridad o poder?

Existen tres enfoques o perspectivas principales para determinar esto: la legislación o norma legal, la opinión pública y el interés público.

En el primer enfoque, el criterio para establecer el estándar es la legislación o la norma legal. Como afirma el politólogo James Bryce, "la corrupción incluye aquellas maneras de usar dinero para atender objetivos privados por medios políticos que son criminales o al menos ilegales".[23] Es decir, un acto o práctica corrupta es aquella que está definida o tipificada en la legislación internacional o interna de un país. Esto nos pone frente a un criterio muy claro y preciso. Si el acto del funcionario público está prohibido por la norma legal, es corrupción; si no está prohibido

---

[20] Otras definiciones que abarcan tanto el sector público como el privado son las de la Agencia Suiza para el Desarrollo y la Cooperación (ver: Christoph Stückelberger, "Fighting Corruption. An Urgent task for Aid Agencies, Missionary Societies and Churches", *Impulse* No 5e (1999), 4.); la Agencia Alemana para Desarrollo (ver: GTZ, "Mainstreaming Anti-Corruption", (GTZ, Eschborn, 2004); y el Banco Asiático para el Desarrollo (ver: C. Raj Kumar, "Corruption, Development and Good Governance: Challenges for Promoting Access to Justice in Asia", *Michigan State Journal of International Law* 16 (2007): 476.)

[21] James C. Scott, *Comparative Political Corruption* (Englewood Cliffs: Prentice-Hall, 1972), 3.

[22] Ídem.

[23] Arnold J. Heidenheimer, Michael Johnston, y Victor T. Le Vine, ed. *Political Corruption: A Handbook* (New Brunswick, NJ: Transaction Publishers, 1989), 11.

legalmente, no es corrupción, aunque nos pueda parecer lo contrario desde una perspectiva distinta. Es decir: hay corrupción cuando existe violación de normas legales específicas, como los delitos de cohecho o soborno o la malversación de fondos públicos en la legislación penal respectiva. Si bien este enfoque ofrece precisión y claridad, tiene sus limitaciones. Para algunos autores, es un criterio demasiado estrecho, ya que no abarca situaciones de "corrupción legal", que en algunos casos pueden ser aún más destructivas que la corrupción ilegal. Muchas veces la norma legal misma es producto de la corrupción. Ejemplos sobran de casos donde se han "comprado" votos de legisladores para aprobar una legislación determinada. Por otro lado, nos encontramos con el problema de que muchas veces la norma legal carece de legitimidad social, como es el caso del nepotismo en muchas sociedades.

El segundo criterio es el de la opinión de los miembros en una sociedad. Aquí "el concepto [de corrupción] se dará en virtud de la opinión del público".[24] Si la opinión pública considera el acto corrupto, es corrupción y, en caso contrario, no lo es. Obviamente, esta dimensión sociológica tiene enorme importancia en el sentido de que "la opinión de los ciudadanos no se manifiesta sólo a través de su voto, apoyando o castigando a candidatos en función de su comportamiento ético, sino también en lo que dice en relación con la denuncia de hechos concretos de corrupción y en la presión social para conseguir la efectiva sanción de los responsables. Ésta es una manifestación esencial de la soberanía popular y su existencia refleja una mayor madurez ética de la sociedad que la practica".[25] Si bien la norma legal puede prohibir una determinada práctica corrupta, carece de legitimidad social en el caso de que la opinión pública considere dicha práctica como normal y aceptable. La aplicación de una norma legal se torna dificultosa ante tal divorcio entre lo formal y lo real.

Este enfoque también tiene sus limitaciones importantes. Si definimos la corrupción según la opinión pública, el concepto se relativiza. Al tomar la opinión pública como el criterio determinativo, corremos el peligro de ignorar prácticas y conductas que dañan el interés público y cuya falta de reconocimiento como corruptas por la opinión pública puede ser síntoma mismo de los efectos de la corrupción en aquella sociedad. A su vez, este criterio es mucho menos claro y preciso que el criterio de la norma legal. ¿Cuál es la opinión pública a tomar en cuenta cuando existen discrepancias dentro de una misma sociedad? ¿Cómo se hace escuchar la opinión

---

[24] Kenneth M. Gibbons, "Toward an Attitudinal Definition of Corruption", en *Political Corruption: A Handbook*, ed. Arnold J. Heidenheimer, Michael Johnston, y Victor T. Le Vine, 165-172 (New Brunswick, NJ: Transaction Publishers, 1989), 169.

[25] Larraín, "Corrupción y modernización del Estado", 4.

pública? ¿De qué manera se manifiesta fehacientemente? ¿Hay forma de asegurar que la opinión pública no sea influenciada o digitada por determinados intereses? Es muy posible que la opinión pública diverja en una misma sociedad entre las élites y el público general o entre distintos grupos. Por otro lado, la opinión pública fluctúa muchas veces y, por ende, surge el problema de determinar el momento adecuado para medirla.[26]

El tercer y último criterio es el del interés público. Un acto o práctica es corrupto si contraviene el interés público, con independencia de su ilegalidad y de la opinión pública. Este criterio focaliza en los resultados o impacto del acto o práctica y no en su estatus legal o aceptación social. Existen situaciones donde el ejercicio del poder o de la autoridad, si bien legal y legitimado socialmente, produce daño al interés público como lo son formas de nepotismo, clientelismo y conflicto de intereses. Sin embargo, la determinación del interés público no siempre es fácil y objetiva. Pueden hacerse diversas opiniones de lo que constituye el interés público en una situación determinada.[27]

Dentro de este marco conceptual, entonces, ya vimos que la corrupción puede ser definida en base a diferentes criterios y estándares. Sin embargo, en la realidad, son los casos de sobornos y malversaciones de fondos públicos los que han dominado la atención e interés de organismos internacionales de desarrollo y de trabajos académicos.

No hay mayor duda de que el estudio de la corrupción ha sido prácticamente monopolizado por economistas, quienes se han concentrado primariamente en los actos de soborno y apropiación indebida de fondos públicos. Como afirma Susan Rose-Ackerman, profesora de ciencias políticas en la Universidad de Yale y una de las autoras más reconocidas en el tema corrupción, los economistas estudian la forma de corrupción más susceptible al análisis económico, que son los pagos monetarios a agentes, tanto públicos como privados, para inducirlos a socavar los intereses del principal y favorecer los intereses privados del sobornante. La investigación se concentra mayormente en los arreglos *quid pro quo,* donde

---

[26] John Gardiner, "Defining Corruption", en *Political Corruption: Concept and Contexts 3ª edición,* ed. Arnold J. Heidenheimer y Michael Johnston, 25-40, (New Brunswick, NJ: Transaction Publishers, 2002), 33.

[27] Ver: Gardiner, "Defining Corruption"; Philp, "Conceptualizing Political Corruption"; Colin Leys, "What Is the Problem about Corruption?", en *Political Corruption: Concept and Contexts 3ª edición,* ed. Arnold J. Heidenheimer y Michael Johnston, 25-40, 41-57, 59-73, (New Brunswick, NJ: Transaction Publishers, 2002); Eugen Dimant y Thorben Schulte, "The Nature of Corruption: An Interdisciplinary Perspective", *German LJ* 17 (2016): 53; Angela Gorta y Suzie Forell, "Layers of Decision: Linking Social Definitions of Corruption and Willingness to Take Action", *Crime, Law and Social Change* 23, no. 4 (1995): 315-343.

las personas comunes, las empresas y los funcionarios públicos se comportan en forma corrupta cuando los beneficios económicos son suficientemente atrayentes.[28] Esto trajo aparejado el hecho de que, si bien existen otras formas de corrupción, y quizás con mayor potencial de generar impactos adversos en las sociedades (tales como los conflictos de intereses, el nepotismo, el clientelismo, el tráfico de influencias, la "captura" del Estado y el favoritismo), quedan relegadas y en general tienen un menor nivel de atención dada la mayor complejidad que conlleva su medición y cuantificación. No obstante, como analizaremos adelante, este enfoque parcial y economicista, con énfasis en el soborno del funcionario público, ha dado paso en los últimos años a una perspectiva más amplia y multidimensional del fenómeno.

No es tarea simple formular una definición de la corrupción que sea precisa y conforme a todos. Ningún criterio para determinar si un abuso de poder o autoridad es un acto corrupto resiste críticas, sea el criterio de la norma legal, la opinión pública o el interés público. Hay países que sólo prohíben legalmente el soborno, mientras otros regulan otras formas de corrupción como el nepotismo, los conflictos de interés y ciertas problemáticas en el financiamiento de campañas políticas. Si bien tienen prohibiciones legales de varias formas de corrupción, muchos países muestran niveles altos de legitimidad, tolerancia y aceptación social de algunas de las prácticas, lo que debilita la aplicación de la norma legal. Sin perjuicio de las limitaciones y ambigüedades, proponemos que entendamos la corrupción como abuso de poder, de autoridad y de confianza pública en un sentido amplio y con contenido profundamente moral –no puramente legalista, tecnocrático y condicionado por un relativismo cultural. Es un fenómeno que afecta todos los ámbitos de una sociedad y no sólo al sector público y sus funcionarios. Es mucho más que la figura del soborno o coima. Tampoco tiene que referirse únicamente a actos aislados de individuos, sino que también puede incluir sistemas, reglas de juego y normas informales de gobernabilidad que promuevan el particularismo, el favoritismo y la falta de imparcialidad.[29]

---

[28] Rose-Ackerman, *Corruption and Government,* xiv.

[29] Los autores Uslaner y Rothstein notan que el concepto de "abuso de poder" es problemático, al no especificar qué se entiende por abuso, y sugieren como alternativa que se entienda la corrupción como lo opuesto a normas de universalismo e imparcialidad: Uslaner, "Mass Education, State-Building and Equality", 6. Mungiu-Pipiddi define la corrupción como un régimen de gobernabilidad –o sea, un conjunto estable de instituciones o reglas de juego que determinan qué es lo que recibe cada uno en una sociedad. El régimen es corrupto cuando se desvía significativamente de la norma de universalismo ético, donde reglas similares se aplican a todos los individuos, resultando en una asignación de recursos públicos que es parcial e injusta debido a lazos

La corrupción, tal cual lo conceptualizamos a efectos de este trabajo, supone una distinción fundamental entre el interés privado y el interés público o bien común y se basa en el hecho de que el privado se sobrepone y socava al público o bien común. Tal distinción, como explica Jeremy Pope, co-fundador de Transparencia Internacional, implica la distancia entre el cumplimiento de la función y las relaciones personales, en el sentido de que la corrupción "representa el incumplimiento del principio de mantener cierta distancia, según la cual ninguna relación personal o de parentesco debe estar presente en la toma de decisiones económicas (políticas, de gestión pública, etc.) ya sea por parte de actores económicos o de funcionarios de gobierno".[30] En esencia, la corrupción involucra un conflicto, una tensión, entre estos intereses.[31]

---

personales o de una naturaleza particular entre los funcionarios públicos y ciertos individuos y grupos: Alina Mungiu-Pippidi, "Becoming Denmark: Historical Paths to Control of Corruption", *APSA 2013 Annual Meeting Paper* (2013), 2.

[30] Jeremy Pope, "Libro de consulta 2000" (Sourcebook de Transparencia Internacional, Londres, 2000), accedido el 21 de marzo de 2017, http://www.tm.org.mx, 46; Genaro Zalpa, Evangelina Tapia Tovar, y Jorge Reyes Martínez, "'El que a buen árbol se arrima...' intercambio de favores y corrupción", *Cultura representaciones sociales* 9 no.17 (2014): 149-176, 152-3, accedido el 21 de marzo de 2017, http://www.scielo.org.mx/pdf/crs/v9n17/v9n17a5.pdf.

[31] Una de las críticas más duras, y que merece atención, a las distintas definiciones de corrupción es la que ofrece Underkuffler: Laura S. Underkuffler, "Defining Corruption: Implications for Action", en *Corruption, Global Security, and World Order,* ed. R. I. Rotberg, 27-46 (Washington, D.C.: Brookings Institution Press, 2009). Después de analizar minuciosamente cada una de las variantes de las definiciones en la literatura, concluye que todas son deficientes al no reflejar la dimensión moral que afirma ser su esencia. ("The common definitions of corruption fail to capture the moral dimension." (27)) Concluye la autora diciendo que las definiciones comunes de la corrupción fallan en capturar la esencia de la corrupción, en el sentido de que la corrupción es una noción moral con raíces religiosas. Para fundamentar que la corrupción es un concepto moral profundo, cita obras clásicas y otras numerosas fuentes históricas y contemporáneas que demuestran el contenido moral del término. Afirma que "la corrupción no es una simple transgresión individual, sino una amenaza vital al tejido social… Es un cáncer debido a que desafía el orden existente más profundamente… El político, juez o policía corrupto no solamente causa daño a los particulares con quienes pueda entrar en contacto, sino que su propia existencia amenaza el sistema entero de gobierno basado en la confianza, dependencia y valores compartidos del cual es parte… Nos indigna la corrupción política no porque sea una falta de eficiencia o transparencia, sino por lo malvado, la arrogancia, y la flagrante falta de respeto de normas sociales profundamente arraigadas que ellos exhiben". (38-39)

Clasificaciones de la corrupción

Hay varias clasificaciones de la corrupción formuladas por académicos. Una reseña de las principales define mejor el alcance del concepto de la corrupción. Según estas clasificaciones, la corrupción puede ser mayor o menor; política o burocrática; blanca, gris o negra; legal o ilegal; personal o institucional; y aislada o sistemática. Pasemos a considerar cada una de ellas.

Corrupción mayor y menor

La clasificación más común es la que distingue, en base a la jerarquía del funcionario público y los montos económicos en cuestión, entre la corrupción mayor (*grand corruption*) y la menor (*petty corruption*).[32] La corrupción menor (también llamada administrativa) se refiere al abuso de cargo o autoridad por parte de funcionarios públicos de niveles inferiores, tales como los sobornos para acelerar un trámite administrativo, el ausentismo de personal administrativo, el uso de influencia o "palancas" para evitar el cumplimiento de normas, el aprovechamiento de espacio público por parte de médicos y otros profesionales para su actividad privada y el nepotismo en el nombramiento de personal administrativo. En muchos países la corrupción menor es una realidad cotidiana en las entidades públicas. Es común que se paguen sobornos para recibir un beneficio público (una licencia para conducir o un pasaporte), acelerar un trámite, obtener un beneficio público o evitar la imposición de una carga o costo como un arresto o el cobro de multas.

La corrupción mayor involucra a funcionarios públicos de alto nivel y sumas de dinero cuantiosas. Los casos más comunes son los sobornos para adjudicarse licitaciones de contratos públicos de gran cuantía, las privatizaciones de empresas públicas que benefician a allegados al poder de turno, la malversación de grandes sumas de fondos públicos, las irregularidades en el financiamiento de partidos y campañas políticas y el tráfico de influencias para lograr la impunidad. La corrupción mayor puede manifestarse en forma grave y sistemática como "captura del Estado", cuando las élites económicas controlan el dictado de políticas públicas y leyes para su beneficio privado, y en la "depredación del Estado", en donde el poder político es utilizado para extraer beneficios económicos de los recursos de un país en beneficio de los gobernantes de turno.[33]

---

[32] Algunos autores como Heidenheimer distinguen entre la corrupción menor, la rutinaria y la agravada. En la corrupción menor y agravada, hay dinero de por medio. La rutinaria se trataría de favores como la asignación de contratos a amigos sin existir un intercambio monetario: Uslaner, *Corruption, Inequality, and the Rule of Law*, 9.

[33] Rose-Ackerman, *Corruption and Government*, xviii-xx.

Corrupción política y burocrática

Otra clasificación similar a la anterior es la que distingue entre la corrupción política y la burocrática. La corrupción política es el abuso del poder público por aquellos que dictan las reglas de juego: es decir, los que aprueban las leyes y regulaciones y deciden cómo se asignan los recursos del Estado. Muchos de los casos de corrupción política son casos de corrupción mayor dado los montos involucrados.

La corrupción burocrática es la que tiene lugar en la implementación de las políticas públicas y normas legales por parte de los funcionarios públicos. Estos casos en general son casos de corrupción menor. Algunos autores distinguen la corrupción legislativa de la política y burocrática, en donde la primera tiene al legislador como actor activo o pasivo de la práctica corrupta.[34]

Tanto la corrupción política como la burocrática pueden diferenciarse según sea la legalidad del beneficio que se quiere obtener. En otras palabras, el beneficio buscado puede ser acorde con la ley o puede implicar una violación de la ley. En un primer caso, el acto corrupto, como un soborno, se lleva a cabo para obtener un beneficio que le corresponde legalmente a la persona que paga el soborno, o para acelerar el proceso necesario para recibir dicho beneficio. Un ejemplo de ello sería la situación de una persona que tiene que sobornar a un funcionario público para que le otorgue, o renueve, un pasaporte al cual tiene derecho.

En un segundo caso, el soborno se produce para violar la norma legal. En esta situación, una persona soborna a un funcionario público para obtener beneficios que no le corresponden legalmente (obtener una licencia de conducir sin cumplir los requisitos legales) o para evitar la imposición de costos o penas que sí le corresponden (una evasión de tasas de importación).[35]

Corrupción blanca, gris y negra

Según el politólogo Arnold J. Heidenheimer, un mismo comportamiento corrupto puede clasificarse como corrupción blanca, gris o negra según el grado de aceptación social en una comunidad. El comportamiento es *corrupción blanca* si se trata de una práctica social aceptada y legitimada en la sociedad en general. En el otro extremo, el comportamiento es *corrupción negra* si se trata de una práctica reprobada tanto por la opinión

---

[34] Aravind K. Jain, "Corruption: A Review", *Journal of Economic Surveys* 15, no. 1 (2001): 71-121, 74.

[35] Boris Begovic, "Corrupción: Conceptos, tipos, causas y consecuencias", *Centro para la apertura y el desarrollo de América Latina*, Año III No. 26 (1 marzo 2005), 4, accedido el 21 de marzo de 2017, http://www.cadal.org/documentos/documento_26.pdf.

pública mayoritaria como por las minorías. Entre estas dos categorías de corrupción blanca y negra, está la *corrupción gris*: aquellos comportamientos donde no hay un consenso social. Estos comportamientos son reprobados por un segmento de la sociedad, usualmente una minoría, mientras que son aceptados por el resto de la sociedad, en general la mayoría de la misma.[36] El cuadro 1 ofrece ejemplos de comportamientos en las distintas categorías de corrupción blanca, negra y gris.

Heidenheimer también clasifica las comunidades en cuatro tipos: dos de tipo tradicional y dos de tipo moderno.[37] Primero están las comunidades tradicionales basadas en la familia, "donde la única lealtad que existe (y que tiene un valor moral) es la que se tiene para con la familia. No existen relaciones de lealtad ni de confianza con los vecinos y mucho menos con un representante político".[38] Segundo están las comunidades tradicionales basadas en el esquema 'patrón – cliente', en las cuales "la protección es buscada por fuera de la familia" y donde "los lazos con los protectores poderosos son fuertes", basados en lealtades y confianza, mientras que "la identificación con la comunidad general sigue siendo débil".[39] Tercero tenemos las comunidades modernas basadas en el esquema "jefe – seguidor", donde existe una maquinaria política. En este caso, las comunidades se adaptan más rápidamente a los cambios y su adhesión a un político u otro está fuertemente influenciado por el intercambio económico. Por último, están las comunidades modernas basadas en una cultura cívica sólida, en las cuales los ciudadanos no necesitan utilizar algún canal de influencias para obtener los beneficios fijados por las leyes y las políticas públicas. La participación política de los ciudadanos se determina a partir de "un modelo de intercambio social diversificado e indirecto", donde "los líderes políticos no están atados por acuerdos de reciprocidad con seguidores de las clases bajas", lo que permite asegurar que la administración se desempeñe a favor de la comunidad en general.[40]

Tomando esta tipología de comunidades, el siguiente cuadro nos ofrece una lista parcial de comportamientos y su caracterización como corrupción blanca (B), negra (N) o gris (G), según el tipo de comunidad.[41]

---

[36] Heidenheimer, "The Context of Analysis".; Evangelina Tapia Tovar y Genaro Zalpa, "La corrupción a la luz de los dichos y refranes", *Relaciones* 126 (2011), 32.; Trujillo, "La corrupción política", 15.
[37] Trujillo, "La corrupción política", 15-16.
[38] Ídem.
[39] Ídem.
[40] Ídem.
[41] El cuadro reproduce parcialmente la tabla de Heidenheimer: *Political Corruption, A Handbook,* eds. Arnold J. Heidenheimer, Michael Johnston y Victor T Levine, (New Brunswick, NJ: Transaction Publishers, 1989), 156-157.

Cuadro 1: Clasificación de corrupción según Heidenhiemer

Tipo de Comportamiento	*Tipo de Comunidad*			
	Tradicional		Moderno	
	Familia	Protector-cliente	Jefe-protector	Cultura cívica
1. Funcionarios públicos no observan, en maneras leves, las normas para beneficiar amigos	B	B	B	G
2. Obsequios aceptados por funcionarios públicos como muestra de buena voluntad	B	B	B	N G, en el contexto de financiamiento de campañas políticas
3. Prácticas de nepotismo en la asignación de cargos públicos y contratos	B	B	G	N G, en el contexto de financiamiento de campañas políticas
4. Funcionarios públicos que se benefician de decisiones públicas	B	B	G	N
5. Promesa de votar de acuerdo a voluntad del patrón	B	B	G	N
6. Intervención del patrón para que sus clientes no padezcan abuso de autoridad en procesos administrativos	B	G	N	N
7. Funcionarios públicos que esperan obsequios como prerrequisito para que no haya abuso de autoridad	B	G	N	N
8. Oficiales que toleran crimen organizado a cambio de pagos	B	G	N	N
9. Activistas que repentinamente cambian de partido político por razones pecuniarias	B	N	N	N
10. Funcionarios públicos y ciudadanos que ignoran pruebas claras de corrupción	B	N	N	N

Corrupción legal e ilegal

La corrupción puede ser legal o ilegal. Como analizamos anteriormente, la noción de abuso de autoridad o poder conlleva la desviación de un estándar de conducta; sin embargo, esto no significa que deba ser un estándar establecido en normas legales. Puede haber abuso de poder o autoridad sin que acarree una violación de la ley. Prácticamente todos los países tienen normas legales prohibiendo el soborno o la administración fraudulenta y muchos regulan los conflictos de interés y el financiamiento de partidos y campañas políticas.

Sin embargo, hay un creciente interés en la llamada corrupción legal, especialmente en el ámbito político de financiamiento de campañas. En muchos casos, es difícil ver la diferencia entre un soborno ilegal y una donación de una persona o empresa a una campaña de un político con el fin de obtener favores. Como explica el economista Daniel Kaufmann, la corrupción puede manifestarse en formas menos obvias, no violatorias de la ley, y que involucren complicidad entre varias partes, tanto del sector público como del privado. En este sentido, las contribuciones a campañas políticas por parte del sector privado a cambio de la adopción de una legislación específica que beneficie al contribuyente o la asignación de contratos públicos a los mismos pueden considerarse como ejemplos de interacción entre los sectores privado y público en donde este último utiliza su poder y autoridad en detrimento del interés general.[42]

Corrupción personal e institucional

Esta distinción entre corrupción personal e institucional fue propuesta por Dennis Thompson, experto en ética política y fundador del Centro de Ética Edmond J. Safra en la Universidad de Harvard. Dentro de esta clasificación, la corrupción institucional se refiere no a la conducta individual del funcionario público, sino generalmente a estructuras e incentivos institucionales que influyen, o pueden influir, de manera adversa al propósito de una institución y la confianza pública en la misma. Thompson se refiere en especial a la institución de la Legislatura en Estados Unidos y el impacto del marco regulatorio del financiamiento privado de las campañas políticas. Para Thompson, las contribuciones o donaciones legales a políticos pueden constituir, bajo ciertas circunstancias, una especie de corrupción (institucional) que subvierte el interés público pero que se diferencia de la corrupción tradicional (personal).[43] Dada la importancia que ha cobrado el tema de la corrupción institucional en estos últimos tiempos, conviene analizar más detenidamente los argumentos de Thompson.

---

[42] Daniel Kaufmann y Pedro C. Vicente, "Legal Corruption", *Economics & Politics* 23, no. 2 (2011): 195-219, accedido el 21 de marzo de 2017, https://mpra.ub.uni-muenchen.de/8186/1/MPRA_paper_8186.pdf. Los autores prefieren referirse a la corrupción como el *uso* (no abuso) de cargo público o políticas públicas para ganancia o beneficio personal. A su juicio, el concepto de *abuso* implica un acto ilegal.

[43] Dennis F. Thompson, "Two Concepts of Corruption", (Edmond J. Safra Working Papers No. 16, Harvard University, 2013).

La corrupción individual y la institucional se diferencian en cuanto al beneficio recibido por el funcionario público, el servicio prestado por éste al tercero y la relación ilegítima entre el beneficio recibido y el servicio prestado. En la corrupción individual –como, por ejemplo, un soborno– el beneficio es privado y no es necesario para el cumplimiento del cargo público respectivo. La coima no es parte del salario del funcionario público. Aquí lo que se busca es prevenir el pago de coimas.

En cambio, en la corrupción institucional, el beneficio (las donaciones o contribuciones políticas) es político; no es personal, pero sí necesario para el proceso político. Para Thompson, existe corrupción institucional si el beneficio (o sea, las contribuciones políticas) socava el proceso legislativo o el proceso democrático en forma más amplia. Caso contrario, y a diferencia de los sobornos, cuanto más sean las contribuciones políticas a los candidatos, mejor, siempre y cuando éstas se materialicen dentro de un marco institucional legítimo que resguarde los valores democráticos. Aquí no se busca prevenir las contribuciones políticas, sino regular sus fuentes y evitar los abusos.

También hay diferencias en cuanto al servicio al tercero. En ambos casos de corrupción, el individuo o los individuos reciben un servicio que no habrían recibido si no fuera por el beneficio concedido al funcionario público (sea soborno o contribución política). Y se trata de corrupción aunque el servicio sea meritorio, como en el caso de un inspector que exige una coima para aprobar una construcción que reúne los requisitos legales necesarios o un legislador que acepta una contribución con la intención de influenciar su voto a favor de una legislación útil (por ejemplo, que proteja el medio ambiente). Lo que distingue el servicio en la corrupción institucional es su carácter sistemático. A diferencia de la corrupción individual, el servicio se da en un marco de relaciones continuas, no en forma aislada o en un acto único. Como dice Thompson, cuando el servicio se presta dentro de una relación permanente o una práctica regular, especialmente cuando el beneficiario es una institución, se establecen hábitos y rutinas, se generan expectativas y se desarrolla una cultura de influencia indebida. Esto hace que sea mucho más difícil combatir este tipo de corrupción o percibir las prácticas como corruptas. Cuando los beneficiarios están organizados como lobbistas o grupos de presión, la corrupción se arraiga en las prácticas regulares y rutinarias del gobierno.

Por último, la relación entre el beneficio recibido por el funcionario público y el servicio prestado al tercero no es la misma en ambos casos. En la corrupción individual, el nexo está dado por la motivación individual del funcionario público, el tercero o ambos. En la corrupción institucional, el nexo es una tendencia institucional, no motivaciones individuales de los actores involucrados. Lo relevante son las condiciones institucionales, no la motivación egoísta y personal de los actores. Lo que importa es demostrar que el funcionario público (un legislador) aceptó la contribución política y proveyó el servicio al contribuyente bajo condiciones institucionales que tienden a causar que dichos servicios se provean a cambio de tales beneficios políticos, o que dichas condiciones institucionales den lugar a una convicción razonable de que tal intercambio se ha producido. Thompson sostiene que deben dictarse normas éticas que identifiquen los principios y procedimientos que inhiban estas tendencias institucionales. El problema no reside en la motivación del legislador. Aun cuando el legislador no tenga la intención de proveer el servicio a cambio de la contribución –o sea, que no haya un *quid pro quo*– se ha establecido una apariencia de influencia indebida y corrupción que daña el interés público y el proceso democrático.

Según Thompson, la corrupción individual es la más común y familiar, expresada en el soborno ilegal como manifestación más típica. En la corrupción personal hay un beneficio o ganancia personal para un funcionario público a cambio de la promoción de un interés privado o particular del agente sobornante. En cambio, en la corrupción institucional hay un beneficio o ganancia política (no personal) para el funcionario público bajo condiciones institucionales que en general tienden a promover intereses privados o personales del contribuyente. En los dos casos se promueven intereses privados sin respeto a las reglas de un proceso legítimo y, también en ambas situaciones, hay un interés privado que ejerce influencia indebida sobre el funcionario público para desvirtuar el interés público, pero lo que determina que la influencia sea indebida es distinto.

Como explica Thompson, cuando un funcionario público acepta un soborno, éste no es parte de su salario y el favor que concede el funcionario a la persona o personas contribuyentes no se conforma con los deberes de su cargo público. Pero cuando un legislador acepta una contribución política, el beneficio que recibe el político puede o no ser corrupto. No es corrupto si la práctica de dar y recibir contribuciones políticas promueve la competencia política, la representación ciudadana y otros procesos esenciales de la institución legislativa y de la democracia en general. Se torna corrupto el beneficio si tiende a socavar dichos procesos y, por consiguiente, frustra o desvirtúa los fines o propósitos centrales de la institución legislativa y la democracia en general. Concluye Thompson diciendo que la práctica de aceptar contribuciones políticas y otorgar favores a contribuyentes es parte normal y aceptable del sistema político estadounidense, pero –bajo ciertas condiciones– esta práctica constituye corrupción institucional.

Corrupción aislada y sistemática

Se habla de corrupción aislada o sistemática según el grado de intensidad y generalización del fenómeno en las sociedades. Es muy distinta una corrupción generalizada y arraigada en todo un país, que una corrupción más excepcional y esporádica. Existe corrupción sistemática en "aquel país o institución donde la irregularidad e ilegalidad se han transformado en regla. Requiere de un suficiente grado de tolerancia (complicidad) gubernamental y/o social, para que el beneficio de la acción corrupta sea al menos marginalmente superior a un eventual pero improbable castigo".[44] No hay duda de que la lucha contra la corrupción es más simple cuando se trata de casos aislados de conducta inapropiada que cuando las prácticas corruptas están institucionalizadas y arraigadas en la sociedad. Para la gran mayoría de los países, la corrupción es sistemática y, por consiguiente, mucho más difícil de reformar y cambiar.

Ejemplo práctico de las clasificaciones de la corrupción

Hasta aquí hemos visto las definiciones y clasificaciones más reconocidas del fenómeno de la corrupción. Para que se entiendan estos conceptos con mayor claridad, vamos a aplicarlos al caso concreto de los jueces. Los jueces son funcionarios públicos que tienen en general la responsabilidad de resolver conflictos de acuerdo a la ley. Hablamos de corrupción, en este caso corrupción judicial, si hay un abuso del poder o autoridad de los jueces en detrimento del interés público y la confianza pública en los mismos. La corrupción en los procesos judiciales puede ocurrir en cualquier etapa de los mismos, desde el inicio (o la falta de inicio) hasta la ejecución de una decisión judicial. Si un juez solicita o acepta un soborno para favorecer ilegítimamente a una parte en un proceso judicial, estamos frente a un caso de **corrupción individual** (a diferencia de lo institucional). Dependiendo de las partes involucradas en el proceso y/o los montos en juego, la corrupción podría ser **mayor o menor, política o burocrática**. Ahora bien: si la conducta corrupta del juez y de las partes involucradas es una práctica generalizada en la sociedad respectiva, estamos hablando de una **corrupción sistemática** y no aislada. Es decir, si la evidencia empírica demuestra, a través de encuestas y otras mediciones confiables, que este tipo de práctica es común en el sector judicial del país o región respectiva, tenemos que hablar de una corrupción sistemática y no de un simple problema de algunas "manzanas podridas".

Dependiendo del grado de legitimidad social, la corrupción judicial podría ser **blanca, gris o negra**. Si ocurre en forma generalizada, se podría decir que es una corrupción blanca o, al menos, gris. Supongamos que los jueces, o un número significativo de ellos, actúan en forma parcial y con favoritismo en sus procesos judiciales, no porque reciban sobornos de las partes, sino por influencia indebida o amiguismo, sea de carácter político o

---

[44] Larraín, "Corrupción y modernización del Estado", 6.

de otra índole. Como veremos más adelante, es posible que una sociedad determinada, o gran parte de sus miembros, acepte o tolere este tipo de prácticas sociales de favoritismo indebido hacia familiares, amigos y aquellos que tienen conexiones. Este favoritismo puede estar fuertemente arraigado en la sociedad. En estas circunstancias, los jueces se encuentran en un contexto sociocultural donde existen presiones y expectativas sociales de preferencia y favoritismo que afectan su desempeño.

Dama de Justicia

Por último, la corrupción puede existir en la estructura e incentivos institucionales de la Justicia, con independencia de la actuación individual del juez. Pueden existir condiciones institucionales que generen una convicción en el público de que los jueces no son capaces de actuar en forma independiente e imparcial o, al menos, que estarán influidos por consideraciones que no son relevantes a los casos que deciden. Supongamos que los jueces en una sociedad determinada son seleccionados y nombrados exclusivamente por el Poder Ejecutivo y es ese Poder Ejecutivo el que tiene también la autoridad única para promover y remover a los jueces. En estos casos, podemos hablar de **corrupción institucional** en el sentido de que hay condiciones institucionales –una "dependencia inapropiada", en los términos del profesor de derecho de la Facultad de Derecho de la Universidad de Harvard, Lawrence Lessig[45] – que debilitan

[45] Lawrence Lessig, *Republic, Lost: How Money Corrupts Congress--and a Plan to Stop It,* (New York: Twelve, 2011), 228-231.

la capacidad de los jueces de decidir casos en base a la ley aplicable y no en consideración a otros factores ajenos y no relevantes al caso.

En este contexto institucional, para tomar sus decisiones, los jueces no solamente estarán influenciados por la norma aplicable y los hechos del caso, sino que, es razonable suponer, también se verán afectados por la posible reacción que puedan generar sus fallos en el Poder Ejecutivo. Supongamos que un juez está resolviendo un conflicto en el cual el Gobierno tiene un interés importante en el resultado. En esta situación, es razonable esperar que el magistrado se inhiba de decidir imparcialmente frente a las posibles consecuencias negativas en su carrera y/o estabilidad. Se puede decir que hay una situación similar en aquellos lugares donde los jueces son elegidos popularmente como en algunos estados de los Estados Unidos. En estos casos, el público percibe que los jueces están influenciados por grupos de intereses que contribuyen a sus campañas de manera que afecta la confianza en la Justicia.[46]

Diferencia con otros conceptos: gobernabilidad, transparencia y rendición de cuentas (accountability)

Cuando se habla de corrupción, es muy común que se la asimile y confunda con otros conceptos como la gobernabilidad, la transparencia y la responsabilidad o rendición de cuentas. Es importante distinguir estos términos con mucha precisión. La gobernabilidad es un concepto más amplio que la corrupción e incluye a esta última. En el ámbito de los organismos internacionales de desarrollo, la corrupción surge, y se enmarca, dentro de la temática de la gobernabilidad (o mala gobernabilidad) de los países. Si bien existen varias acepciones, el Banco Mundial define la gobernabilidad como el "modo o la manera en que los funcionarios públicos y las instituciones públicas adquieren y ejercen su autoridad para determinar políticas públicas y proveer bienes y servicios".[47] La gobernabilidad representa un concepto más amplio acerca de la calidad de la relación entre los ciudadanos y su gobierno que abarca, según las Naciones Unidas, la participación, el estado de derecho, la transparencia, la receptividad, la orientación al consenso, la equidad e inclusividad,

[46] Ibídem, 229-230. Lessig ofrece evidencia sobre el efecto del sistema de elección popular de los jueces y su independencia e imparcialidad.

[47] World Bank, "Strengthening World Bank Group Engagement", 3; Benjamin A. Olken, Rohini Pande, Iqbal Dhaliwal, Raluca Dragusanu, y Cristobal Marshall, "Governance Review Paper", (Governance Initiative Review Paper, J-PAL Governance Initiative Abdul Latif Jameel Poverty Action Lab, 2011), accedido el 21 de marzo de 2017, https://www.povertyactionlab.org/sites/default/files/documents/J-PAL_GI-ReviewPaper_vMay-2011.pdf.

efectividad y eficiencia y la rendición de cuentas.[48] Así como en el caso de la corrupción, Transparencia Internacional entiende la gobernabilidad como un aspecto que se aplica tanto al sector público como al privado. La gobernabilidad concierne las relaciones entre los líderes, las instituciones públicas y privadas y los ciudadanos, así como los procesos mediante los cuales estos adoptan e implementan decisiones. En este mismo sentido, el Programa de Desarrollo de las Naciones Unidas entiende que la gobernabilidad se relaciona con todos los ámbitos de la actividad humana. Se refiere a "un sistema de valores, políticas e instituciones a través de los cuales una sociedad maneja sus asuntos económicos, políticos y sociales mediante interacciones dentro de, y entre, el Estado, la sociedad civil y el sector privado".[49]

Mientras la corrupción es un problema de gobernabilidad, la transparencia y la rendición de cuentas son recaudos y mecanismos para controlar la corrupción. La transparencia se refiere a "la cualidad de un gobierno, empresa, organización o persona de ser abierta en la divulgación de información, normas, planes, procesos y acciones. Como regla general, los funcionarios públicos, empleados públicos, gerentes y directores de empresas y organizaciones, y las juntas directivas tienen la obligación de actuar de manera visible, predecible y comprensible en la promoción de la participación y la rendición de cuentas".[50] La transparencia del gobierno "implica que la información relativa al proceso de toma de decisiones y al diseño de políticas públicas debe ser socialmente accesible para la ciudadanía, la prensa y los demás poderes del Estado".[51] Es un medio que sirve para los fines de la fiscalización o rendición de cuentas. Las medidas para fortalecer la transparencia incluyen la publicidad de presupuestos y las auditorías, la legislación sobre derecho a la información y la participación de la ciudadanía en las discusiones públicas.

La rendición de cuentas describe la respuesta y sensibilidad del gobierno a las demandas de la ciudadanía concernientes a los servicios públicos que debiera proveer. Transparencia Internacional se refiere a la rendición de

---

[48] Yap Kioe Sheng, "What is Good Governance?", (United Nations Economic and Social Commission for Asia and the Pacific, (n.d.), accedido el 21 de marzo de 2017, http://www.unescap.org/sites/default/files/good-governance.pdf.

[49] United Nations Development Programme, "Governance Indicators: A Users' Guide, Second Edition", (United Nations, 2006), 1, acceder en http://gaportal.org/sites/default/files/undp_users_guide_online_version.pdf.

[50] Transparencia Internacional, "Guía de lenguaje claro sobre la lucha contra la corrupción", (Transparency International Tools, 2009), 44, accedido el 21 de marzo de 2017, https://www.transparency.org/whatwedo/publication/guia_de_lenguaje_claro_sobre_lucha_contra_la_corrupcion.

[51] Larraín, "Corrupción y modernización del Estado", ii.

cuentas o fiscalización en el sentido de que las personas, los organismos y las organizaciones (de carácter público, privado y de la sociedad civil) tienen la responsabilidad del adecuado cumplimiento de sus funciones.[52] En otras palabras, los que "detentan la autoridad pública deben responder por el desempeño (medido lo más objetivamente posible) ante la ciudadanía y los demás poderes del Estado".[53] Las medidas para fortalecer la rendición de cuentas o fiscalización incluyen la prensa independiente, la Justicia independiente, los auditores e inspectores generales, los *ombudsman*, las reformas de los sistemas electorales, la capacidad de ONGs y el fortalecimiento del control parlamentario. La rendición de cuentas o fiscalización no concierne solamente a la corrupción, sino también a otros aspectos de la mala gobernabilidad como la ineficiencia e inequidad.

Formas de corrupción

La corrupción se expresa en muchas formas o tipos distintos. Todos constituyen abusos de poder, confianza o autoridad para fines privados, pero difieren en las características y elementos particulares de cada caso. Varias formas o tipos de corrupción están identificadas en la Convención de las Naciones Unidas contra la Corrupción (CNUCC). Estas son: el soborno; la malversación o peculado, apropiación indebida u otra desviación de fondos; el blanqueo del producto del delito; el tráfico de influencias, el abuso de funciones; el enriquecimiento ilícito; y el soborno y la malversación en el sector privado. Pasamos a definir alguna de ellas en más detalle.[54]

Soborno

En términos generales, el soborno "consiste en un ofrecimiento, promesa, entrega, aceptación o exigencia de un incentivo para realizar una acción ilícita, antiética o que supone abuso de confianza. Los incentivos pueden consistir en obsequios, préstamos, comisiones, recompensas u otras ventajas".[55] La CNUCC incluye dos artículos sobre el soborno: uno referido

---

[52] Transparencia Internacional, "Guía de lenguaje claro", 2.
[53] Larraín, "Corrupción y modernización del Estado", ii.
[54] Naciones Unidas, "Convención de las Naciones Unidas".
[55] Transparencia Internacional, "Guía de lenguaje claro", 5.
En otra definición alternativa el acto de soborno significa "ofrecer, prometer, dar, aceptar o solicitar una ventaja como aliciente para acción que es ilegal, poco ético o una violación de la confianza depositada. Los alicientes pueden asumir la forma de regalos, 'comisiones' ilegales (kickbacks), préstamos, honorarios, recompensas u otros artículos de valor y ventajas".: Karen Hussman, "Enfrentar la Corrupción en el Sector de la

a funcionarios públicos nacionales y otro a funcionarios públicos extranjeros y de organizaciones internacionales públicas.[56]

El soborno es probablemente el tipo de conducta corrupta más común. El beneficio indebido puede ser directamente para la parte implicada o indirectamente para un tercero como, por ejemplo, un amigo, familiar, socio, empresa privada, partido o campaña política. El soborno puede darse por distintos motivos: reducir impuestos o tasas aduaneras, importar o exportar bienes no permitidos, pagar a empleados "fantasmas", obtener un contrato público o impedir una investigación o proceso criminal, entre otros.

Malversación de recursos públicos

Una segunda forma de corrupción es la malversación de recursos públicos o peculado. Según Transparencia Internacional, "la malversación se produce cuando una persona que ocupa un cargo en una institución, organización o

---

Salud", *U4 Brief* no. 2 (2013), 27, accedido el 21 de marzo de 2017, http://www.u4.no/publications-2-es-ES/enfrentar-la-corrupcion-en-el-sector-de-la-salud/downloadasset/3009.

[56] Naciones Unidas, "Convención de las Naciones Unidas". *Artículo 15 Soborno de funcionarios públicos nacionales* dice: Cada Estado Parte adoptará las medidas legislativas y de otra índole que sean necesarias para tipificar como delito, cuando se cometan intencionalmente: a) La promesa, el ofrecimiento o la concesión a un funcionario público, en forma directa o indirecta, de un beneficio indebido que redunde en su propio provecho o en el de otra persona o entidad con el fin de que dicho funcionario actúe o se abstenga de actuar en el cumplimiento de sus funciones oficiales; b) La solicitud o aceptación por un funcionario público, en forma directa o indirecta, de un beneficio indebido que redunde en su propio provecho o en el de otra persona o entidad con el fin de que dicho funcionario actúe o se abstenga de actuar en el cumplimiento de sus funciones oficiales. *Artículo 16 Soborno de funcionarios públicos extranjeros y de funcionarios de organizaciones internacionales públicas* dice: 1. Cada Estado Parte adoptará las medidas legislativas y de otra índole que sean necesarias para tipificar como delito, cuando se cometan intencionalmente, la promesa, el ofrecimiento o la concesión, en forma directa o indirecta, a un funcionario público extranjero o a un funcionario de una organización internacional pública, de un beneficio indebido que redunde en su propio provecho o en el de otra persona o entidad con el fin de que dicho funcionario actúe o se abstenga de actuar en el ejercicio de sus funciones oficiales para obtener o mantener alguna transacción comercial u otro beneficio indebido en relación con la realización de actividades comerciales internacionales. 2. Cada Estado Parte considerará la posibilidad de adoptar las medidas legislativas y de otra índole que sean necesarias para tipificar como delito, cuando se cometan intencionalmente, la solicitud o aceptación por un funcionario público extranjero o un funcionario de una organización internacional pública, en forma directa o indirecta, de un beneficio indebido que redunde en su propio provecho o en el de otra persona o entidad, con el fin de que dicho funcionario actúe o se abstenga de actuar en el ejercicio de sus funciones oficiales.

empresa toma para sí, utiliza o trafica de manera deshonesta e ilícita los fondos y bienes que le fueron confiados, para fines de enriquecimiento personal u otras actividades".[57] La Convención de las Naciones Unidas también exige en su artículo 17 que la malversación o peculado se tipifique como delito.[58]

Tráfico de influencias

Otra forma es el tráfico de influencias, que consiste en utilizar el poder personal en ámbitos de gobierno a través de conexiones con personas y con el fin de obtener favores o tratamiento preferencial. La Convención de las Naciones Unidas la tipifica en su artículo 18 como:

> a) La promesa, el ofrecimiento o la concesión a un funcionario público o a cualquier otra persona, en forma directa o indirecta, de un beneficio indebido con el fin de que el funcionario público o la persona abuse de su influencia real o supuesta para obtener de una administración o autoridad del Estado Parte un beneficio indebido que redunde en provecho del instigador original del acto o de cualquier otra persona; y b) la solicitud o aceptación por un funcionario público o cualquier otra persona, en forma directa o indirecta, de un beneficio indebido que redunde en su provecho o el de otra persona con el fin de que el funcionario público o la persona abuse de su influencia real o supuesta para obtener de una administración o autoridad del Estado Parte un beneficio indebido.[59]

Enriquecimiento ilícito

Por último, el enriquecimiento ilícito se refiere a la situación en la cual los funcionarios públicos no pueden explicar ni justificar su patrimonio en relación con los ingresos que perciben legalmente.[60] La Convención de las

---

[57] Transparencia Internacional, "Guía de lenguaje claro", 17. Otra definición alternativa dice que la malversación es "el acto de apropiarse de, utilizar o traficar con, de manera deshonesta e ilegal, los fondos y bienes que han sido confiados a los funcionarios, para enriquecimiento personal o para otras actividades de los mismos"; Hussman, "Enfrentar la Corrupción en el Sector de la Salud", 27.

[58] Naciones Unidas, "Convención de las Naciones Unidas". *Artículo 17* dice: "La malversación o el peculado, la apropiación indebida u otras formas de desviación por un funcionario público, en beneficio propio o de terceros u otras entidades, de bienes, fondos o títulos públicos o privados o cualquier otra cosa de valor que se hayan confiado al funcionario en virtud de su cargo".

[59] Ídem.

[60] U4, "The Basics of Anti-Corruption", (Anti-Corruption Resource Centre, n.d.), accedido el 21 de marzo de 2017, http://www.u4.no/articles/the-basics-of-anti-corruption/#3.

Naciones Unidas la tipifica en su artículo 20 como: *"el incremento significativo del patrimonio de un funcionario público respecto de sus ingresos legítimos que no pueda ser razonablemente justificado por él"*.[61]

Otras formas de corrupción

Además de las reconocidas por la CNUCC, hay otras formas de corrupción tales como el clientelismo, la colusión, el fraude, la extorsión, el nepotismo, el padrinazgo, el favoritismo y la captura del Estado.

El clientelismo significa un "sistema desigual de intercambio de recursos y favores basado en una relación de explotación entre un 'patrón', que dispone de mayor riqueza y/o poder, y un 'cliente' con menos riqueza y más vulnerable".[62]

La colusión representa un acuerdo secreto entre partes, en el sector público y/o privado, que se confabulan para cometer actos con el fin de engañar o defraudar y así obtener una ventaja económica ilícita.[63] Las partes involucradas reciben usualmente el nombre de "carteles".

La extorsión "consiste en utilizar, de manera directa o indirecta, el propio acceso a una posición de poder o a una ventaja en la información para exigir injustificadamente a otros colaboración o dinero mediante amenazas coercitivas".[64]

El fraude "consiste en engañar a otro en forma deliberada con el fin de obtener una ventaja indebida o ilícita (ya sea financiera, política o de otro tipo)".[65]

El favoritismo alude a un tratamiento favorable de los amigos y asociados en la distribución de recursos y cargos, sin importar sus cualificaciones y mérito objetivos.[66] El padrinazgo es una forma de favoritismo en la cual una persona resulta seleccionada para un empleo o beneficio del gobierno en función de su afiliación política o sus contactos y con independencia de su formación o mérito.[67]

El nepotismo se trata de una forma de favoritismo basada en vínculos sociales y familiares, en la que una persona que ocupa un cargo oficial aprovecha su poder y autoridad para conceder un empleo o favor a un

---

[61] Naciones Unidas, "Convención de las Naciones Unidas".
[62] Transparencia Internacional, "Guía de lenguaje claro", 13.
[63] Ibídem, 9.
[64] Ibídem, 19.
[65] Ibídem, 21.
[66] Ídem.; Hussman, "Enfrentar la Corrupción en el Sector de la Salud", 27.
[67] Transparencia Internacional, "Guía de lenguaje claro", 32.

familiar o amigo, aun cuando posiblemente no sea la persona más preparada o no lo amerite.[68]

Tanto el favoritismo como el nepotismo no involucran generalmente el pago de sobornos.

La captura del Estado alude a "una situación en la cual individuos poderosos, instituciones, empresas o grupos dentro o fuera de un país recurren a la corrupción para definir las políticas, el marco jurídico y la economía de dicho país en beneficio de sus intereses privados".[69] Alternativamente, se refiere "al fenómeno que tiene lugar cuando las leyes, políticas o instituciones estatales cuya intención es beneficiar el interés público han sido 'capturadas' (por ejemplo, por medio de sobornos o de financiamiento poco transparente de los partidos políticos) por élites políticas y/o económicas para promover intereses económicos personales o intereses políticos. La captura del Estado puede involucrar cantidades enormes de dinero o la influencia política y amenazas. Se considera grave, ya que afecta las reglas del juego, creando desigualdades sistémicas".[70]

Ejemplos prácticos de las formas de corrupción en el sector de la salud

Estas formas de corrupción se manifiestan en los ámbitos y sectores públicos y/o privados. Tomemos el caso del sector salud, que afecta virtualmente a toda la población de un país. Podemos identificar estas formas de corrupción en las distintas áreas y procesos que integran el sector.

En el área legislativa y regulatoria, es posible que exista una captura del Estado o tráfico de influencias en materia de regulaciones del mercado de salud o la política de medicamentos.

En el área de la gestión del presupuesto y recursos, se puede dar la malversación de fondos públicos o la asignación de fondos públicos en forma clientelista.

En materia de compras, se dan supuestos de sobornos, extorsiones o colusiones para influir en las especificaciones de una licitación de la construcción de un hospital o en las adjudicaciones de contratos de equipos médicos o aprobación de medicamentos.

En cuanto a la gestión de recursos humanos, tenemos los ejemplos de sobornos, favoritismo y nepotismo en la selección de personal o en el otorgamiento de licencias y acreditación médica, ausentismos y uso de tiempo pagado para fines privados; y sobornos y favoritismo en la

---

[68] Ibídem, 28.

[69] Ibídem, 43.

[70] Hussman, "Enfrentar la Corrupción en el Sector de la Salud", 28.

aprobación de exámenes de la facultad o para el ingreso en programas de residencia.

Y, si nos referimos a la prestación del servicio médico, la corrupción se manifiesta en sobornos pagados por los pacientes, colusiones entre médicos y farmacias, robo y reventa de medicamentos y suministros, y el uso del espacio público para atender a pacientes privados. El **cuadro 2** identifica diferentes tipos de corrupción para cada uno de las áreas y procesos del sector.[71]

Este capítulo ha servido para aclarar de qué hablamos cuando hablamos de corrupción y qué conductas comprende. Es el momento, ahora, de centrarnos en conocer qué magnitud tiene este problema en cada caso y cómo se realizan y cuáles son los procedimientos que se utilizan para cuantificar la corrupción en cada caso.

Cuadro 2: Tipos de corrupción en el sector salud

Área	Asunto-Proceso	Tipo de Corrupción
Regulación	Política de salud	Influencia política en la definición de la política de salud, las prioridades, la atención primaria versus atención hospitalaria, las prestaciones laborares, etc.
	Financiación de los servicios de salud	Influencia política y sobornos en la regulación del mercado, paquetes de seguros, etc.
	Calidad de productos, servicios, instalaciones y profesionales	Sobornos y consideraciones políticas en la definición de la política de medicamentos, el sistema de acreditación de profesionales de la salud, etc.
Gestión de presupuesto y recursos	Proceso presupuestario	Influencia política y sobornos en la asignación de recursos Fugas del presupuesto, malversación y fraude en la transferencia de presupuestos: desviación de fondos públicos hacia cuentas privadas
	Facturación de servicios	Facturación fraudulenta de servicios (no) prestados Presentación excesiva de servicios

71 El cuadro 2.2 reproduce parcialmente el que se encuentra en Hussman, "Enfrentar la Corrupción en el Sector de la Salud", 9-13.

	Gestión de nómina	Trabajadores fantasma Extorsión de parte de los salarios
	Ingresos por pagos de usuarios	Robo de pagos de usuarios formales Abuso de esquemas de exención para los pobres y vulnerables
	Usos de recursos	Robo o uso ilícito de equipos, vehículos y otros suministros
Compras	Construcción y rehabilitación de instituciones para la salud	Sobornos para influir en el proceso de compra, incluyendo las especificaciones de licitaciones Sobornos para influir en el monitoreo e inspección de las instalaciones Colusión entre contratistas
Gestión de medicamentos	Equipos y suministros	Sobornos para influir en el proceso de compra y sesgar las especificaciones de productos y equipos médicos Sobornos y extorsión para influir en el monitoreo y la inspección Colusión entre contratistas
	Aprobación	Sobornos para agilizar el proceso o lograr la aprobación del registro de medicamentos, de la inspección de calidad de medicamentos o la certificación de buenas prácticas de fabricación
	Compras	Sobornos, colusión y consideraciones políticas para influir en las especificaciones de licitación y el proceso de licitación Sobornos, extorsión y colusión en el monitoreo y auditoría del proceso de compra y en la entrega de medicamentos
	Distribución	Sobornos para influir en la inspección de medicamentos Robo, desviación y reventa de medicamentos a lo largo de la cadena de distribución
Gestión de recursos humanos	Nombramientos y ascensos	Favoritismo y nepotismo en la selección de personal de nivel ministerial, departamental e institucional Compra y venta de cargos y ascensos (corrupción vertical)
	Acreditación de profesionales de la salud	Sobornos, extorsión, colusión y nepotismo en el otorgamiento de licencias, la acreditación y la certificación de personal del sector de la salud

	Administración del tiempo	Ausentismo y el uso de tiempo pagado por el Estado para el ejercicio particular
	Educación y capacitación	Sobornos para entrar a estudios médicos y aprobar calificaciones Nepotismo, favoritismo y sobornos en la selección de capacitación Uso de viáticos
Prestación de servicios	Prestación de servicios a nivel de instituciones prestadoras	Pagos informales exigidos/extorsionados a pacientes Uso de instalaciones y suministros estatales para tratar pacientes de manera particular Remisión poco ética a consulta o laboratorio particular Robo y reventa de medicamentos y suministros

Capítulo Tercero
Medición de la corrupción

> "La medición es el primer paso para el control y la mejora. Si no se puede medir algo, no se lo puede entender. Si no se lo entiende, no se lo puede controlar. Si no se lo puede controlar, no se lo puede mejorar"
>
> (H. James Harrington)

En el capítulo anterior hemos delineado qué se entiende por corrupción o actos corruptos y hemos visto distintas perspectivas sobre cómo definir este fenómeno y, además, diversas formas en las que se manifiesta. Sin embargo, ¿cómo sabemos cuan serio es el problema de la corrupción en un país? ¿Cómo sabemos si la corrupción está creciendo o decreciendo? ¿Hay países más corruptos que otros? Para poder contestar estas preguntas es necesario medir la corrupción. El presente capítulo pretende brindar una presentación de las diferentes mediciones que se han realizado a nivel internacional de la corrupción.[1]

Medir la corrupción es uno de los principales desafíos para los investigadores, como así también para los analistas y responsables de políticas públicas que buscan entender la magnitud del problema y determinar si se ha logrado reducir su impacto.

Lo primero a tener en cuenta al momento de medir un fenómeno es que debe poder conceptualizarse. Es en este punto que se abre un dilema, ya que –como vimos en el capítulo anterior– la corrupción no goza de un

---

[1] Para mayor detalle sobre este tema, ver UNDP [PNUD, por sus siglas en castellano]: United Nations Development Programme, "A Users' Guide to Measuring Corruption".; Marie Chêne, "Measuring International Trends in Corruption", (U4 Expert Answer, U4 Helpdesk Transparency International, 2009), accedido el 21 de marzo de 2017, http://www.u4.no/publications/measuring-international-trends-in-corruption/.; Heller, "Defining and Measuring Corruption".; Daniel Kaufmann, Aart Kraay, y Massimo Mastruzzi, "Measuring governance using cross-country perceptions data", en *International handbook on the economics of corruption,* ed. Susan Rose-Ackerman (Cheltenham: Edward Elgar Publishing, 2007).; Sandra Sequeira, "Advances in Measuring Corruption", *New Advances in Experimental Research on Corruption*, ed. Danila Serra and Leonard Wantchekon (Somerville: Emerald Publishing, 2012).; Peride K. Blind, "Perspectives on Corruption Metrics", (Prepared for the Workshop on Engaging Citizens to Counter Corruption for Better Public Service Delivery and Achievement of the Millennium Development Goals, Marrakesh, 2011), accedido el 21 de marzo de 2017, http://unpan1.un.org/intradoc/groups/public/documents/un-dpadm/unpan047377.pdf.

concepto único y aceptado por parte de la comunidad académica y los organismos internacionales de desarrollo. A partir de conceptualizarlo, entonces, se puede realizar la medición del concepto o elemento elegido, reconociendo implícitamente que tendrá limitaciones independientemente de cuál sea. Por otra parte, al referirnos a mediciones de la corrupción, distinguimos entre lo que constituye un indicador o índice de corrupción de lo que conforma una evaluación o diagnóstico del fenómeno.

A efectos de este capítulo, las mediciones de la corrupción se refieren solamente a los indicadores o índices del fenómeno y no a las evaluaciones o diagnósticos del mismo. Un indicador o índice específico de la corrupción es una medición concreta de un aspecto de ella, generalmente relacionado con su nivel o magnitud en la sociedad. Por el contrario, una evaluación o diagnóstico consiste en un análisis exhaustivo del estado y posibles causas del fenómeno en una sociedad o sector determinado y una recomendación de posibles soluciones para enfrentarla.

Hay que reconocer que los indicadores o índices tienen limitaciones. Sólo brindan información imperfecta, ya sean datos cuantitativos o cualitativos. Además, no ofrecen explicaciones concretas de las posibles causas que originan la corrupción. En todo caso, revelan la magnitud o nivel del problema en un país y su relación con respecto a otros países. Pero no describen prescripciones adecuadas para combatirla. Son insuficientes para identificar y orientar reformas puntuales y operativas. Como bien expuso la ONU, no son indicadores accionables; es decir: "no nos dicen qué tiene que ser arreglado".[2]

En la década del '90, la cantidad de indicadores o índices de la corrupción aumentó considerablemente, aunque no necesariamente la calidad de los mismos. Aún continúa siendo un desafío complejo y actual la medición del fenómeno.[3] Como la medición de la corrupción está íntimamente relacionada con la cuestión de su definición y alcance, ¿qué se mide a través del indicador?, ¿qué aspectos se van a tomar en cuenta a la hora de hacerlo: la corrupción en general o una forma específica?

Como se sostuvo en el capítulo anterior, se trata de un concepto sumamente amorfo. Más allá de ciertas conductas como el soborno y la apropiación indebida de fondos públicos, que son universalmente reconocidas como corruptas, están aquellas conductas de la llamada "corrupción gris", sobre las cuales hay divergencia de opiniones dentro de

---

[2] United Nations Development Programme, "A Users' Guide to Measuring Corruption", 3.

[3] Ídem. Este documento analiza en detalle cada uno de los principales indicadores de corrupción, evaluando sus aspectos positivos y negativos en cuanto a su utilización para formular reformas y evaluar el impacto de las mismas.

la sociedad sobre su carácter corrupto. Esta falta de precisión y claridad, lógicamente, se traslada y afecta las mediciones de la magnitud de la corrupción en un lugar y contexto determinado.

Otra dificultad se presenta cuando no es posible recabar datos concretos y certeros, ya que el fenómeno de la corrupción en alguna de sus expresiones se da en un ámbito secreto y clandestino. ¿Cómo se puede medir algo que no es visible y observable? Aunque existen intentos experimentales de cuantificación de actos corruptos, estos son muy limitados en tiempo y espacio, de no fácil repetición y resulta virtualmente imposible extenderlos a toda una sociedad.[4] No sorprende que exista consenso entre los expertos con respecto a que los indicadores de corrupción ofrecen solamente una aproximación muy general, imprecisa e imperfecta del fenómeno. Como bien sostiene Nathaniel Heller, co-fundador de la ONG "Global Integrity", se puede argumentar en forma persuasiva que la ciencia de la medición de la corrupción es más una forma de arte que un proceso empírico definido en forma precisa.[5]

Desde la década del '90, varios esfuerzos se han llevado a cabo para medir la corrupción en los diferentes países, principalmente la que se da en el sector público. Aunque disten de ser perfectos y contengan limitaciones en su aplicación estos indicadores ofrecen al menos una mejor aproximación a la magnitud del problema en las sociedades respectivas. De todos modos, hubo que esperar hasta 2002 para que se les diera mayor ímpetu e importancia a los instrumentos de medición. Ese año tuvo lugar la "Conferencia Internacional sobre la Financiación para el Desarrollo" en la ciudad de Monterrey, México. Dicha conferencia contó con la participación de 50 jefes de Estado, más de 200 ministros y un gran número de representantes de la sociedad civil, del sector privado y de organismos internacionales. Allí se acordó que los niveles de asistencia financiera para el desarrollo estarían condicionados al desempeño en la gobernabilidad de los países donatarios. Es decir: cuanto mayor fuera el nivel de corrupción en un país, menos fondos disponibles tendría para la asistencia al desarrollo. El ejemplo más sobresaliente de este vínculo o

---

[4] Algunos experimentos incluyen el de Barron & Olken, en Indonesia, donde el equipo de investigación documenta sobornos pagados a la policía por conductores de camiones; el de Banerjee en Udaipur, India, donde se registran coimas pagadas en un centro de salud; y el de Bertrand en Delhi, India, donde se investigaron actos de corrupción en los trámites de licencia de conductor: Camilo Cetina, "Corrupción: Medición del problema y los problemas en su medición", (Diálogos sobre la Transparencia - Policy Paper #1, 2016), accedido el 21 de marzo de 2017, http://www.anticorrupcion.gov.co/Documents/Publicaciones/medicion-de-corrupcion-2016.pdf.

[5] United Nations Development Programme, "A Users' Guide to Measuring Corruption", 3.

condicionamiento es el ya mencionado caso de la agencia bilateral de Estados Unidos, la Corporación del Desafío del Milenio (Millenium Challenge Corporation), que utiliza la corrupción de un país como factor de elegibilidad para recibir fondos de asistencia.

A continuación se expondrán los indicadores más importantes y utilizados. Todos se basan en encuestas o entrevistas que buscan recoger la percepción o la experiencia de los encuestados acerca de la corrupción en su propio país o localidad.[6]

Índice de Percepción de la Corrupción de Transparencia Internacional

Cuadro 1: Mapa de países según el Índice de Percepción de la Corrupción[7]

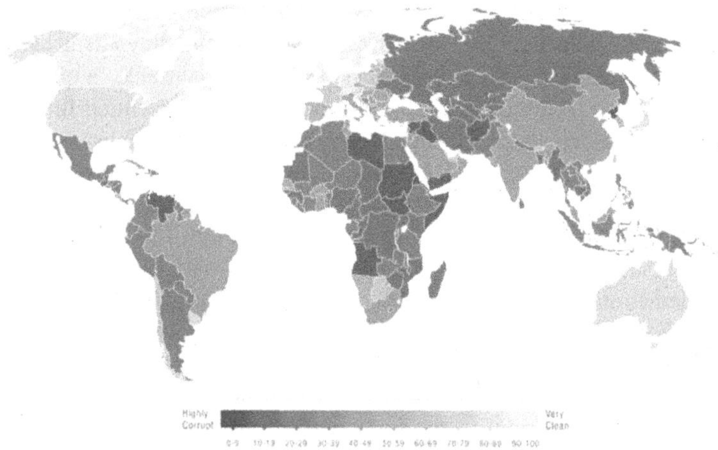

[6] Ídem. Para un análisis más detallado de distintos tipos de medición. Este artículo identifica cuatro grupos de mediciones de la corrupción: mediciones basadas en encuestas/entrevistas; mediciones basadas en recolección de datos a partir de observación directa; mediciones basadas en chequeos cruzados; y mediciones basadas en estimaciones e inferencias estadísticas, a partir de variables que no necesariamente se diseñan para medir la corrupción.

[7] Transparency International, "Corruption Perceptions Index 2016," Transparency International, 2017, accedido el 21 de marzo de 2017, https://issuu.com/transparencyinternational/docs/2016_cpireport_en?e=2496456/43483458.

El índice principal y más conocido es el ya referido Índice de Percepción de la Corrupción (CPI) de Transparencia Internacional. El CPI se implementa desde 1995 y la última edición antes de la publicación de este libro, en 2016 abarca 176 países y territorios. El CPI mide la percepción de la corrupción en el sector público. Es lo que llaman "una encuesta de encuestas", en el sentido de que es un índice ponderado de varios índices efectuados por otras entidades en los países respectivos. Por lo general, el CPI incluye tres tipos de grupos encuestados: el público en general, empresarios y expertos. Tiene que haber al menos tres encuestas en un país para ser incluido en el CPI.

El CPI del 2016 se basa en trece fuentes de datos.[8] Más de dos tercios de los países incluidos en el Índice obtuvieron una puntuación inferior a 50, en una escala desde el 0 (mayor nivel de corrupción) a 100 (menor nivel de corrupción). Dinamarca y Nueva Zelanda comparten la primera posición de 2016, con una puntuación de 90, mientras que Somalia se sitúa en el último lugar, con apenas 10 puntos. A continuación, se muestran los resultados del último Índice del 2016.[9]

Cuadro 2: Ranking de países en el Índice de Percepción de la Corrupción 2016 de Transparencia Internacional[10]

Primeros y Últimos 20 Países

Posición	País/Territorio	Puntuación del CPI 2016	Encuestas Utilizadas	Desviación Estándar	Intervalo de confianza del 90%		Rango mínimo/máximo	
					Mínimo	Máximo	Inferior	Superior
1	Nueva Zelandia	90	7	2.56	86	94	79	99
1	Dinamarca	90	7	2.46	86	94	83	99
3	Finlandia	89	7	1.46	87	92	83	94
4	Suecia	88	7	1.33	85	90	83	93

[8] Transparency International, "Corruption Perceptions Index 2016: Full Source Description", *Transparency International*, 2017, accedido el 21 de marzo de 2017, http://files.transparency.org/content/download/2056/13236/file/CPI_2016_SourceDescriptionDocument_EN.pdf.
[9] Transparency International, "Corruption Perceptions Index 2016".
[10] Ídem.

5	Suiza	86	6	1.57	83	89	80	90
6	Noruega	85	7	1.85	82	88	80	93
7	Singapur	84	8	2.35	81	88	73	91
8	Países Bajos	83	7	2.32	79	87	71	90
9	Canadá	82	7	2.03	79	85	73	90
10	Alemania	81	7	2.73	77	86	67	90
10	Luxemburgo	81	6	1.96	78	84	72	85
10	Reino Unido	81	7	2.12	77	84	71	90
13	Australia	79	8	1.27	77	81	72	83
14	Islandia	78	6	3.81	71	84	61	85
15	Hong Kong	77	7	2.62	73	82	67	87
15	Bélgica	77	7	1.55	74	79	72	83
17	Austria	75	7	1.36	73	77	71	80
18	Estados Unidos	74	9	3.15	69	80	64	90
19	Irlanda	73	6	4.31	66	80	54	83
20	Japón	72	8	3.02	67	77	52	78
156	Camboya	21	8	2.82	16	26	13	37
156	Uzbekistán	21	7	2.35	17	25	13	32
156	República Democrática del Congo	21	7	2.13	18	25	13	32
159	Haití	20	5	1.81	17	23	15	24
159	Burundi	20	6	1.53	18	23	13	24
159	República Centroafricana	20	4	4.04	13	27	10	28
159	Chad	20	5	2.67	16	24	10	24
159	República del Congo	20	5	1.78	17	23	13	24
164	Angola	18	4	1.68	15	21	15	22
164	Eritrea	18	5	6.24	8	28	0	34
166	Venezuela	17	7	1.41	15	20	13	22
166	Irak	17	5	1.87	14	20	10	20
168	Guinea-Bisáu	16	4	2.09	13	20	13	22
169	Afganistán	15	5	1.74	12	17	10	20
170	Libia	14	4	2	11	17	10	19
170	Yemen	14	7	3.05	9	19	2	28
170	Sudan	14	7	2.99	9	19	2	22
173	Siria	13	5	1.97	10	16	8	19
174	Corea (del Norte)	12	3	1.39	10	15	10	15
175	Sudán del Sur	11	5	3.21	5	16	2	19
176	Somalia	10	5	2.98	5	15	0	17

Países de América Latina

Posición	País/Territorio	Puntuación del CPI 2016	Encuestas Utilizadas	Desviación Estándar	Intervalo de confianza del 90%		Rango mínimo/ máximo	
					Mínimo	Máximo	Inferior	Superior
21	Uruguay	71	6	2.68	66	75	59	77
24	Chile	66	8	2.65	61	70	54	76
41	Costa Rica	58	7	3.17	53	63	46	69
60	Cuba	47	5	2.9	42	52	40	54
79	Brasil	40	8	4.34	33	47	25	61
87	Panamá	38	6	2.29	34	42	32	47
90	Colombia	37	8	2.27	34	41	28	47
95	Argentina	36	8	1.76	33	39	29	46
95	El Salvador	36	7	2.76	31	40	22	45
101	Perú	35	7	2.04	32	39	29	45
113	Bolivia	33	8	2.85	28	37	18	44
120	República Dominicana	31	6	1.89	28	34	24	37
120	Ecuador	31	6	1.96	28	35	22	37
123	Honduras	30	7	3.05	25	35	19	41
123	México	30	8	1.56	28	33	24	37
123	Paraguay	30	6	2.68	25	34	22	37
136	Guatemala	28	6	2.58	24	32	19	35
145	Nicaragua	26	7	1.98	23	29	19	35
159	Haití	20	5	1.81	17	23	15	24
166	Venezuela	17	7	1.41	15	20	13	22

Como dijimos, el CPI es una "encuesta de encuestas" –o sea, un indicador compuesto o agregado de varias fuentes de datos individuales. Dada su importancia, conviene detenerse a analizar con más detalles estas fuentes individuales y lo que revelan sobre lo que se está midiendo actualmente. El CPI del 2016 se basa en 13 índices distintos, que incluyen:

1. Calificaciones sobre Gobernabilidad 2015 del Banco Africano de Desarrollo;
2. Indicadores sobre Gobernabilidad Sostenible 2016 de la Fundación Bertelsmann;
3. Índice de Transformación 2015 de la Fundación Bertelsmann;
4. Calificaciones de Riesgo País 2015 de la Economist Intelligence Unit;
5. Naciones en Transición 2016 de Freedom House;
6. Calificaciones de Riesgo País 2015 de Global Insight;

7. Anuario de Competitividad Mundial 2016 del Instituto Internacional para el Desarrollo de la Gestión (International Institute for Management Development –IMD, por sus siglas en inglés);
8. Consultoría de Riesgo Político y Económico da la Asian Intelligence 2016;
9. Guía Internacional sobre Riesgo País 2016 de Political Risk Services;
10. Evaluación Institucional y de las Políticas Nacionales 2015 del Banco Mundial;
11. Encuesta de Opinión Ejecutiva (EOE) 2016 del Foro Económico Mundial;
12. Índice de Estado de Derecho 2016 del World Justice Project (Proyecto para la Justicia Mundial).
13. Variedades de Democracia (VDEM) Proyecto 2016

La mayoría de estos índices se basan en evaluaciones efectuadas por expertos internacionales y locales, mientras algunos se basan en encuestas a ejecutivos, empresarios y/o académicos.[11] Cada índice tiene una capacidad de alcance diferente en cuanto a la cantidad de países analizados, variando desde un mínimo de 16 países hasta un máximo de 213.

Como se expuso anteriormente, no hay un concepto uniforme acerca de la corrupción que haya sido utilizado por estos índices. Es más, ninguna ofrece como guía alguna definición de la corrupción, lo cual deja esta decisión al experto o encuestado según el caso. Hay índices que utilizan el término corrupción en sus preguntas, mientras otros aluden a formas específicas, tales como el soborno y la apropiación indebida. Otras formas que aparecen mencionadas explícita o implícitamente son el clientelismo, el favoritismo, la influencia indebida y la captura del Estado.

A partir de un análisis de estos índices se observa que, para llevar a cabo la medición, se utilizaron dos modalidades. Hay índices que adoptaron las dos modalidades, mientras que los demás sólo utilizaron una de ellas.

La primera modalidad se basa en que el experto o encuestado califique el nivel o frecuencia de la corrupción en el país respectivo (son los llamados *output indicators* o indicadores de rendimiento). Dos de los índices se refieren a la corrupción en general. El Anuario de Competitividad Mundial 2015 del IMD pide al encuestado que califique de acuerdo a una escala si existe o no la corrupción. La Consultoría de Riesgo Político y Económico de la Asian Intelligence 2015 solicita que el encuestado califique de acuerdo a una escala en qué medida la corrupción es un problema en

---

[11] El Índice de Estado de Derecho 2016 del World Justice Project se basa en la opinión de expertos y una encuesta al público en general. No obstante, la CPI sólo toma en cuenta la parte de los expertos.

distintos niveles de la jerarquía burocrática y en distintas instituciones. Otros tres índices se refieren a formas específicas de corrupción, siendo las más comunes el soborno y la apropiación o desvío indebido de fondos públicos. La Encuesta de Opinión Ejecutiva (EOE) del Foro Económico Mundial formula las siguientes dos preguntas a los encuestados (en una escala de 1 a 7, en la cual 1 implica muy frecuentemente y 7 significa nunca):

En su país, ¿con qué frecuencia las empresas entregan pagos adicionales no documentados o sobornos para los fines siguientes?:

a) Importaciones y exportaciones;
b) Servicios públicos;
c) Pagos anuales de impuestos;
d) Adjudicación de contratos públicos y licencias;
e) Asegurar sentencias judiciales favorables;

En su país, ¿con qué frecuencia se desvían fondos públicos a empresas, individuos o grupos debido a corrupción?

En forma similar, las Calificaciones de Riesgo País de la Economist Intelligence Unit preguntan:

¿Es habitual que ministros/funcionarios públicos se apropien de fondos públicos para fines personales o partidarios?¿Se recurre tradicionalmente al pago de sobornos para conseguir la adjudicación de contratos u obtener favores?

Por último, el Índice de Estado de Derecho 2015 del World Justice Project es el más detallado y completo. En relación a la corrupción, este índice tiene más de 50 preguntas acerca del grado de frecuencia o probabilidad de varias formas de corrupción en distintos ámbitos, incluyendo los sobornos para ganar contratos públicos, el favoritismo en concederlos, el desvío de fondos públicos en el sector salud, los sobornos para recibir licencias y servicios públicos de todo tipo, los sobornos en el sector Justicia y la influencia indebida en el mismo.

La segunda modalidad comúnmente usada solicita una calificación del experto o encuestado sobre la efectividad de los mecanismos de prevención y sanción de la corrupción (son los llamados *input indicators* o indicadores de aportación). Aquí no se pide una apreciación directa sobre cuan generalizada es la corrupción o alguna de sus formas; a diferencia de ello, se pide que se evalúe y califique qué tan efectivas son las normas, los procedimientos y las instituciones en combatirla. La pregunta puede ser de carácter general. Por ejemplo, los Indicadores sobre Gobernabilidad Sostenible 2014 de la Fundación Bertelsmann solicitan que los expertos evalúen: *¿En qué medida se evita que funcionarios públicos abusen de su posición para favorecer intereses particulares?*[12]

En forma algo similar, la fuente Naciones en Transición 2015 de Freedom House pregunta:

> *¿El gobierno ha implementado iniciativas contra la corrupción efectivas? ¿El Estado aplica un proceso legislativo o administrativo efectivo —especialmente uno donde no existan prejuicios contra opositores políticos— para prevenir, investigar y juzgar la corrupción de funcionarios gubernamentales y empleados públicos?*

Otros índices piden calificaciones separadas para la rendición de cuentas y la transparencia. Las Calificaciones sobre Gobernabilidad 2014 del Banco Africano de Desarrollo y la Evaluación Institucional y de las Políticas Nacionales 2014 del Banco Mundial solicitan que los expertos califiquen a los respectivos países de acuerdo a la rendición de cuentas que realiza el Poder Ejecutivo ante instituciones de control, a los empleados públicos por su desempeño y el acceso de la sociedad civil a información sobre asuntos públicos, además de la captura del Estado por intereses particulares.

Por rendición de cuentas, los expertos consideran la eficacia de los mecanismos externos, tales como las auditorías, inspectores generales, *ombudsman* y el Poder Judicial. Con respecto a la transparencia, se toma en cuenta el alcance y eficacia del acceso a la información sobre decisiones del gobierno y la independencia e impacto de la prensa. En cuanto a la captura del Estado, se evalúa la existencia, observancia y ejecución de reglas sobre conflictos de intereses.

Por último, hay índices que tienen preguntas puntuales con respecto a mecanismos específicos de transparencia o rendición de cuentas. Las Calificaciones de Riesgo País de la Economist Intelligence Unit tienen las siguientes preguntas:

> *¿Existen procedimientos y mecanismos de rendición de cuentas claros que se apliquen a la asignación y el uso de fondos públicos?*
>
> *¿Hay un órgano independiente que audite la administración de las finanzas públicas?*
>
> *¿Existe un Poder Judicial independiente con facultad para juzgar a ministros/funcionarios públicos que cometan abusos?*

---

[12] Como apunta esta fuente, los expertos, al considerar esta pregunta, examinan "cómo el Estado y la sociedad evitan que los funcionarios públicos y políticos acepten sobornos al aplicar mecanismos destinados a garantizar la integridad de las personas que ocupan cargos públicos, a través de medidas como: auditar los gastos del Estado; regular el financiamiento de partidos políticos; acceso ciudadano y de los medios de comunicación a la información; rendición de cuentas de funcionarios (declaraciones patrimoniales, normas sobre conflictos de intereses, códigos de conducta); sistemas transparentes de contratación pública; y juzgamiento efectivo de casos de corrupción".

El Índice de Transformación de la Fundación Bertelsmann pregunta: *¿En qué medida se juzga o sanciona a funcionaros públicos que ejerzan su cargo en forma abusiva?*

Y la fuente Naciones en Transición 2015 de Freedom House pregunta: *¿Hay leyes adecuadas que exijan la divulgación financiera y que prohíban los conflictos de intereses?*

¿El gobierno difunde las posibilidades de empleo y contratos?

¿Los denunciantes, activistas contra la corrupción, investigadores y periodistas gozan de garantías jurídicas que permitan que se sientan seguros al denunciar casos de soborno y corrupción?

El **Cuadro 3** sintetiza los aspectos salientes de cada fuente individual del CPI del 2016.

Cuadro 3: Fuentes de la CPI[13]

Organización	Índice	Metodología	Países	Modalidad
Banco Africano de Desarrollo	Calificaciones sobre Gobernabilidad 2015 del Banco Africano de Desarrollo	Expertos	38 países africanos	Evaluación de la efectividad de mecanismos de transparencia, rendición de cuentas y conflicto de intereses (Escala 1-6)
Fundación Bertelsmann	Indicadores sobre Gobernabilidad Sostenible 2016 de la Fundación Bertelsmann	Expertos	41 países	Evaluación de la efectividad de mecanismos de integridad para evitar que los funcionarios públicos abusen de su posición para favorecer a intereses particulares (Escala 1-10)
Economist	Calificaciones de Riesgo País 2016 de la Economist Intelligence Unit	Expertos	129 países	Evaluación de la efectividad de mecanismos de integridad: procedimientos y mecanismos de rendición de cuentas en la asignación y uso de recursos públicos; carrera profesional; independencia de organismo de auditoría; independencia del Poder Judicial Frecuencia en el pago de sobornos, la apropiación indebida de fondos públicos y la contratación directa de funcionarios públicos (Escala 0-4)

[13] Transparency International, "Corruption Perceptions Index 2016: Full Source Description".

Fundación Bertelsmann	Índice de Transformación 2016 de la Fundación Bertelsmann	Expertos	129 países	Efectividad del poder judicial para sancionar a funcionaros públicos que ejerzan su cargo en forma abusiva y del logro del gobierno en contener la corrupción (Escala 1-10)
Freedom House	Naciones en Transición 2016 de Freedom House	Expertos	29 países	Efectividad de las iniciativas del gobierno contra la corrupción; reglamentación y controles excesivos que aumenten oportunidades de corrupción; leyes sobre divulgación financiera y conflicto de intereses; difusión de posibilidades de contratos; procesos legislativos y administrativos para prevenir, investigar y juzgar la corrupción de funcionarios y empleados públicos; garantías para denunciantes, activistas, investigadores y periodistas; tolerancia social hacia la corrupción pública (Escala 1-7)
Global Insight	Calificaciones de Riesgo País 2015 de Global Insight	Expertos	204 países	Evaluación del riesgo de soborno u otras prácticas corruptas en los negocios, desde obtener contratos grandes a conseguir permisos para importar/exportar productos pequeños o realizar trámites diarios. (Escala 1-5)
IMD	Anuario de Competitividad Mundial 2016 del IMD	Encuesta de Ejecutivos nacionales y extranjeros	61 países	Si existe o no la corrupción y el soborno (Escala 0-10)
Asian Intelligence	Consultoría de Riesgo Político y Económico de Asian Intelligence 2016	Encuesta de ejecutivos y académicos	15 países	Evaluación de la corrupción como problema con líderes políticos, empleados públicos y determinadas instituciones públicas (Escala 0-10)
Political Risk Service	Guía Internacional sobre Riesgo País 2016 de Political Risk Services	Expertos	140 países	Evaluación de la corrupción en el sistema político relacionado a negocios internacionales; especialmente sobornos para licencias de importación y exportación, impuestos, policía, y préstamos (Escala 0-6)

Banco Mundial	Evaluación Institucional y de las Políticas Nacionales 2015 del Banco Mundial	Expertos	76 países	Evaluación de la efectividad de mecanismos de transparencia, rendición de cuentas y conflicto de intereses (Escala 1-6)
Foro Económico Mundial	Encuesta de Opinión Ejecutiva (EOE) 2016 del Foro Económico Mundial	Encuesta de ejecutivos	134 países	Evaluación de la efectividad de la independencia del poder judicial y transparencia en cambios de políticas y regulaciones Frecuencia de sobornos, desvío de fondos públicos; favoritismo en políticas y contratos Nivel ético de políticos y corporaciones (Escala 1-6)
World Justice Project	Índice de Estado de Derecho 2016 del World Justice Project	Expertos y público	113 países	Frecuencia/probabilidad de sobornos, apropiación indebida, favoritismo, influencia indebida (Escala 0-1)
Variedades de Democracia	Índice de Corrupción V-Dem 2016	Expertos	76 países	Evaluación de la corrupción en el sector público en general, Poder Ejecutivo, Poder Judicial y Poder Legislativo (Escala 0-1)

Índice de Fuentes del Soborno de Transparencia Internacional

Como complemento al CPI, Transparencia Internacional ha elaborado el Índice de Fuentes del Soborno (*Bribe Payers Index* –BPI, por sus siglas en inglés), que nos muestra la perspectiva de la "oferta" –es decir, aquélla que tienen las entidades o individuos que pagan los sobornos. El BPI es una encuesta de percepción realizada en los principales países, según el nivel de inversiones extranjeras directas, el valor de sus exportaciones y su relevancia regional. Tiene una escala del 0 al 10, donde el 0 representa la mayor participación en la corrupción por parte de las empresas del país respectivo y el 10 el extremo contrario.

El último BPI hasta la publicación de este libro fue dado a conocer en 2011 e incluyó a 28 países que representan casi el 80 por ciento del total mundial de exportaciones de bienes y servicios, así como de inversiones. Todos los países del G20 estuvieron comprendidos y se basó en la opinión de más de 3.000 ejecutivos de empresas de todo el mundo. Las compañías de China y Rusia se perciben como las más propensas a participar en sobornos en el extranjero. Las empresas de los Países Bajos y Suiza son señaladas como las menos proclives a pagar sobornos. El Índice ofrece también una perspectiva sectorial. Evalúa la tendencia que tienen las empresas de participar en sobornos y ejercer influencia indebida sobre los gobiernos según los sectores específicos a los que pertenecen. La puntuación más baja la obtuvieron las empresas de obras públicas y construcción. A continuación se muestran los cuadros de países y sectores:[14]

Cuadro 4: Índice de Fuentes de Soborno 2011, por país

Las puntuaciones se obtienen a partir de las respuestas ofrecidas por ejecutivos de empresas a la pregunta de con qué frecuencia las compañías de un determinado país, con las cuales mantienen una relación comercial, participan en sobornos.

Posición	País/territorio	Puntuación del Índice de Fuentes de Soborno 2011 (0=Siempre, 10=Nunca)
1	Países Bajos	8,8
1	Suiza	8,8
3	Bélgica	8,7
4	Alemania	8,6
4	Japón	8,6
6	Australia	8,5
6	Canadá	8,5
8	Singapur	8,3
8	Reino Unido	8,3
10	EE. UU.	8,1
11	Francia	8,0
11	España	8,0
13	Corea del Sur	7,9
14	Brasil	7,7
15	Hong Kong	7,6
15	Italia	7,6
15	Malasia	7,6
15	Sudáfrica	7,6
19	Taiwán	7,5
19	India	7,5
19	Turquía	7,5
22	Arabia Saudita	7,4

[14] Transparency International, "Las empresas de dos gigantes económicos emergentes, China y Rusia, son las más propensas a pagar sobornos en el extranjero", (Transparency International, Londres, 2011), accedido el 21 de marzo de 2017, http://webantigua.transparencia.org.es/ indices_fuentes_de_soborno/indice_de_fuentes_de_soborno_2011/aspectos_mas_destacados__ifs_2011.pdf.

23	Argentina	7,3
23	Emiratos Árabes Unidos	7,3
25	Indonesia	7,1
26	México	7,0
27	China	6,5
28	Rusia	6,1
	Promedio	7,8

Cuadro 5: Índice de Fuentes de Soborno 2011, por sector

Las puntuaciones se obtienen a partir de las respuestas ofrecidas por ejecutivos de empresas a la pregunta de con qué frecuencia las compañías de un determinado sector, con las cuales mantienen relaciones comerciales, participan en sobornos.

Posición	Sector	Puntuación del sector (0=Siempre, 10=Nunca)
1	Agricultura	7,1
1	Industria ligera	7,1
3	Sector aeroespacial civil	7,0
3	Tecnología de la información	7,0
5	Sector bancario y de finanzas	6,9
5	Silvicultura	6,9
7	Servicios para el consumidor	6,8
8	Telecomunicaciones	6,7
8	Transporte y almacenamiento	6,7
10	Sector de armamento, defensa y militar	6,6
10	Pesca	6,6
12	Industria pesada	6,5
13	Sector farmacéutico y de atención a la salud	6,4
13	Generación y transmisión de energía	6,4
15	Minería	6,3
16	Petróleo y gas	6,2
17	Sector inmobiliario, de propiedades y servicios empresariales y jurídicos	6,1
17	Servicios públicos	6,1
19	Contratos de obras públicas y construcción	5,3
	Promedio	6,6

Barómetro Global de la Corrupción de Transparencia Internacional

Por último, Transparencia Internacional ha desarrollado el Barómetro Global de la Corrupción (*Global Corruption Barometer*). A diferencia del CPI, el Barómetro Global es una encuesta directa de Transparencia Internacional (no es un indicador compuesto). Está destinada al público en general, y no a expertos o ejecutivos, y abarca experiencias y percepciones sobre la corrupción. El Barómetro Global más reciente hasta la publicación de este libro es el de 2013 y se basa en una encuesta realizada a 114.270 personas en 107 países.[15] Se evalúa la percepción de los consultados acerca de la corrupción en su país en general y la de las instituciones en forma específica. Al mismo tiempo, mide si los encuestados han experimentado situaciones de soborno en el año previo a la encuesta. Los consultados también opinan acerca de la eficacia de las medidas aplicadas por su gobierno respectivo para combatir la corrupción. La encuesta alcanza a unas 1.000 personas por cada país y es, de este modo, el mayor sondeo de opinión pública sobre corrupción a nivel mundial.

De acuerdo al Barómetro Global de 2013, estas son las conclusiones más salientes:

1. La corrupción es considerada en todo el mundo como un serio problema y en muchos países como un problema extremadamente serio. En una escala del 1 al 5, donde 1 significa que la corrupción no es problema y 5 que la corrupción es un problema extremadamente serio, el promedio mundial es de 4,1.
2. El 53 por ciento de los encuestados cree que la corrupción ha empeorado o empeorado significativamente en los últimos dos años.
3. La mayoría de los encuestados cree que sus gobiernos son inefectivos en la lucha contra la corrupción y que la corrupción en su país está peor.
4. El 27 por ciento de los consultados ha pagado un soborno al acceder a servicios públicos e instituciones públicas durante los últimos 12 meses.
5. De todas las instituciones gubernamentales evaluadas, la policía y la Justicia son las más corruptas. Un 31 por ciento de quienes estuvieron en contacto con la policía pagaron sobornos; en el caso de la Justicia, ese porcentaje se reduce a un 24 por ciento. En 36 países se señaló a la policía como el sector más corrupto, ya que había pedido sobornos a un promedio del 53 por ciento de las personas. En 20 países el Poder Judicial fue percibido como el más corrupto y en esos países se le había pedido un pago

---

[15] Transparency International España, "BGC 2013", *Transparency International*, n.d., accedido el 21 de marzo de 2017, http://transparencia.org.es/bgc-2013/.

de sobornos a un promedio del 30 por ciento de las personas que habían tenido contacto con el sistema judicial.

6. Los partidos políticos son considerados como la institución más corrupta. La siguiente tabla muestra la percepción de la corrupción en varias instituciones:[16]

Cuadro 6: Percepción de la magnitud de la corrupción en diferentes instituciones

Los siguientes son los porcentajes promedio de los 107 países encuestados y, para armar la tabla, se tuvo en cuenta la siguiente pregunta: *En una escala de 1 a 5, donde 1 significa "nada corrupto" y 5 significa "extremadamente corrupto", ¿en qué medida ve que las siguientes categorías en este país están afectadas por la corrupción?*

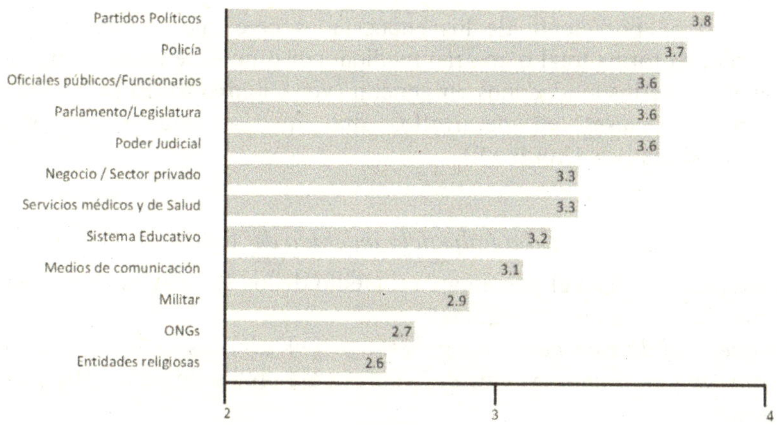

7. La corrupción puede manifestarse en formas que van más allá del soborno, cuando –por ejemplo– las decisiones para asignar recursos públicos se hacen en base a la influencia indebida y las conexiones. Las personas encuestadas consideran que la corrupción es más que el pago de sobornos. Dos de cada tres encuestados creen que las conexiones y relaciones personales corrompen la administración pública. La siguiente tabla muestra los resultados:[17]

---

[16] Transparency International, "Global Corruption Barometer 2013: Report", *Transparency International*, 2013, accedido el 21 de marzo de 2017, http://www.transparency.org/gcb2013/report, 16.
[17] Ibídem, 14.

Cuadro 7: ¿Qué tan importante son los contactos personales?

Esta tabla refleja el porcentaje promedio de los 107 países encuestados y se armó en base a la siguiente pregunta:
En sus relaciones con el sector público, ¿cuan importante son los contactos y / o relaciones personales para hacer las cosas? (Porcentaje promedio de los 107 países encuestados)

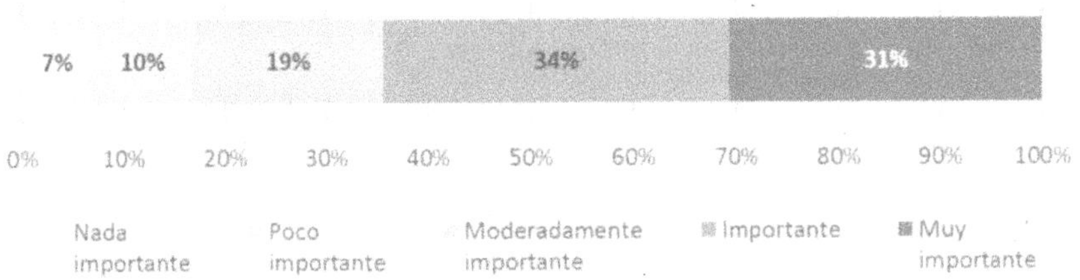

8. El 55 por ciento de los encuestados cree que el gobierno está manejado, en forma total o en gran medida, por grupos de interés y no para el beneficio de los ciudadanos en general (ver **Cuadro 8**). El problema no se limita a países en desarrollo, sino que alcanza a los países industrializados (ver **Cuadro 9**).

Cuadro 8: La influencia indebida del gobierno

Este cuadro refleja el porcentaje promedio de los 107 países encuestados y responde a la siguiente pregunta:
¿En qué medida este país está gobernado por algunos grandes intereses que buscan sus propios beneficios? (Porcentaje promedio de los 107 países encuestados)

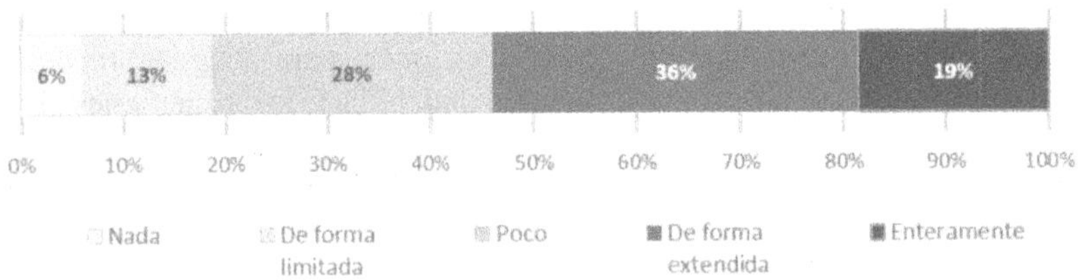

Cuadro 9: La influencia indebida del gobierno - países de la OCDE

Refleja el porcentaje promedio de los 28 países de la OCDE y responde a la siguiente pregunta:
¿En qué medida este país está gobernado por algunos grandes intereses que buscan sus propios beneficios? (Se indica el porcentaje de encuestados

que respondió "en forma extendida" o "totalmente." Porcentaje promedio de los 28 países de la OCDE en nuestra encuesta)

Porcentaje de encuestados que piensan que el gobierno está dirigido por algunos grandes intereses			
Noruega	5	Canadá	54
Suiza	19	Alemania	55
Dinamarca	24	Francia	57
Finlandia	28	Eslovaquia	60
Corea del Sur	28	Reino Unido	60
Luxemburgo	39	México	62
Japón	44	Chile	63
Nueva Zelanda	44	Eslovenia	63
Estonia	46	Estados Unidos	64
República Checa	49	España	66
Turquía	49	Bélgica	70
Australia	52	Italia	70
Hungría	52	Israel	73
Portugal	53	Grecia	83

Índice de Control de la Corrupción del Banco Mundial

El Banco Mundial tiene su propia medición de la corrupción, el Índice del Control de la Corrupción (ICC), que forma parte de los Indicadores de Gobernabilidad Global (*Worldwide Governance Indicators*, WGI).[18] El ICC, como los otros indicadores de gobernabilidad, se basa en datos que provienen de más de 31 fuentes de información. Estas incluyen encuestas de percepción a organizaciones no gubernamentales, empresas privadas y públicas y organizaciones transnacionales. El ICC mide la percepción acerca del abuso del poder público para el beneficio individual, incluyendo las manifestaciones de la corrupción mayor y menor. Igualmente, intenta

---

[18] Daniel Kaufmann y Aart Kraay, "Worldwide Governance Indicators" *The World Bank Group,* 2016, accedido el 21 de marzo de 2017, http://info.worldbank.org/governance/wgi/index.aspx#home.; Daniel Kaufmann, Aart Kraay, y Massimo Mastruzzi, "Governance Matters VII: Aggregate and Individual Governance Indicators 1996-2007", (World Bank Policy Research Working Paper 4654, Washington D.C., 2008), accedido el 21 de marzo de 2017, https://openknowledge.worldbank.org/handle/10986/6870.

medir la captura del Estado y de sus instituciones por élites o grupos de poder. Utiliza un concepto amplio de la corrupción: uso del poder en la administración pública para beneficio privado (individual), incluyendo la corrupción tanto de pequeña como de gran escala, así como la captura del Estado por parte de élites e intereses privados.[19]

El siguiente cuadro muestra los resultados del índice de 2014, el más reciente al momento de publicación de este libro:[20]

Cuadro 10: Índice de Control de la Corrupción 2014

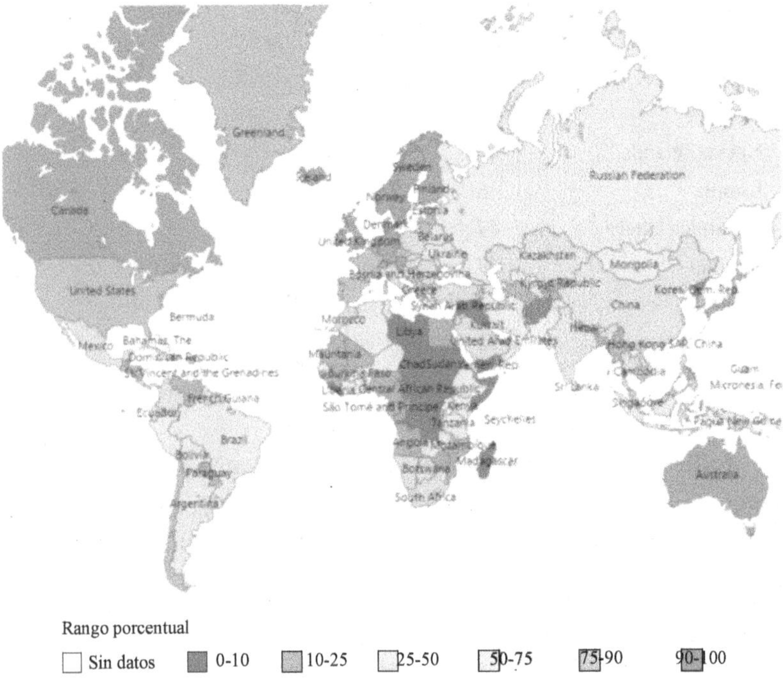

Latinobarómetro

La ONG chilena Latinobarómetro realiza estudios anuales de opinión pública (latinobarómetros) sobre la corrupción, entre muchos otros temas asociados al desarrollo. El estudio abarca alrededor de 20.000 entrevistas

[19] Ídem.

[20] Daniel Kaufmann y Aart Kraay, "Worldwide Governance Indicators", *The World Bank Group,* 2010, accedido el 21 de marzo de 2017, http://info.worldbank.org/governance/wgi/index.aspx#reports.

en 18 países de América Latina, representando a más de 600 millones de habitantes.[21] El Latinobarómetro del 2015, el último al momento de la publicación de este libro, incluyó varias preguntas relacionadas con la corrupción. A saber:

- *En su opinión, ¿cuál considera usted que es el problema más importante en el país?*
- *En términos generales ¿diría usted que (país) está gobernado por unos cuantos grupos poderosos en su propio beneficio o que está gobernado para el bien de todo el pueblo?*
- *¿Cuánta transparencia cree usted que hay en el Estado?*
- *¿Cuánta transparencia cree usted que hay en el gobierno?¿Cree usted que hay mucha, poca, algo o nada de transparencia?*
- *¿Cuánta transparencia cree usted que hay en las empresas privadas?*
- *¿Cuánto cree usted que se ha progresado en reducir la corrupción en las instituciones del Estado en estos últimos 2 años?*
- *¿Ha sabido usted o algún pariente de algún acto de corrupción en los últimos doce meses?*[22]

A continuación se muestran los resultados de algunas de las preguntas.[23]

En términos generales, ¿diría usted que (país) está gobernado por unos cuantos grupos poderosos en su propio beneficio, o que está gobernado para el bien de todo el pueblo?

¿Cuánta transparencia cree usted que hay en el Estado?

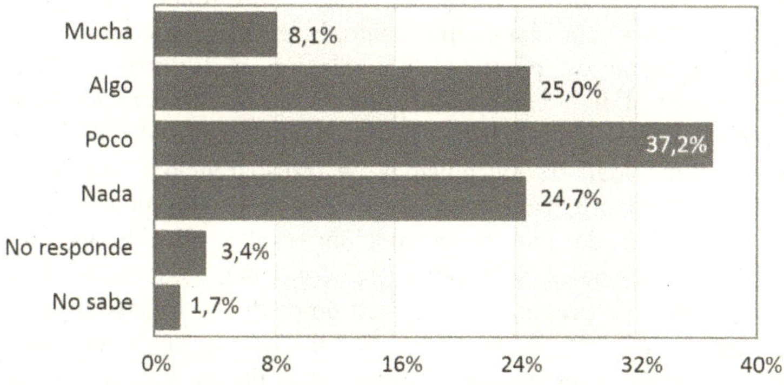

[21] Corporación Latinobarómetro, "Latinobarómetro: Opinión Pública Latinoamericana", *La Corporación Latinobarómetro,* Santiago, 2017, accedido el 21 de marzo de 2017, http://www.latinobarometro.org/lat.jsp.

[22] Ídem.

[23] Corporación Latinobarómetro, "Análisis Online", *La Corporación Latinobarómetro,* Santiago, 2015, accedido el 21 de marzo de 2017, accedido el 21 de marzo de 2017, http://www.latinobarometro.org/latOnline.jsp.

	Total							
	2004	2005	2006	2007	2008	2009	2010	2011
País para todos o para los poderosos								
Grupos poderosos en su propio beneficio	71%	71%	61%	63%	62%	54%	64%	68%
Para el bien de todo el pueblo	24%	24%	23%	23%	23%	29%	30%	26%
No preguntada	-	-	11%	11%	11%	11%	-	-
No contesta	-	4%	5%	4%	4%	6%	6%	-
No sabe	5%	-	-	-	-	-	-	5%
(N)	19 605	20 222	22 708	22 694	22 675	22 690	20 204	20 204

	Total		
	2013	2015	2016
País para todos o para los poderosos			
Grupos poderosos en su propio beneficio	60%	67%	72%
Para el bien de todo el pueblo	25%	29%	23%
No preguntada	11%	-	-
No contesta	4%	-	-
No sabe	-	4%	5%
(N)	22 663	20 250	17 804

Hasta aquí describimos los índices más importantes y más utilizados por los organismos internacionales de desarrollo, la industria privada e investigadores. Sin embargo, y a pesar de que miden la magnitud de la corrupción en un país, la mayoría no define el concepto de la corrupción o se limita a las formas de soborno y malversación de fondos públicos. Por otro lado, el énfasis está claramente centrado en el sector público y los políticos y funcionarios públicos. En relación a la medición de la prevención y control de la corrupción, como lo hacen varios de los índices, es digno de notar el sesgo legalista e institucionalista en el diseño. Se trata de medir la efectividad de mecanismos de transparencia y rendición de cuentas, sean gubernamentales o de la sociedad civil. Hay una presunción clara en el sentido de que la corrupción resulta prioritariamente de deficiencias institucionales, sean políticas, económicas o sociales. Resulta notable la ausencia de preguntas que traten de medir la dimensión cultural de la corrupción, a la luz de la evidencia contundente de la relevancia e influencia de factores culturales en determinar la presencia y magnitud de la corrupción en una sociedad. El capítulo siguiente trata tanto de estos factores culturales como de los de otra índole que facilitan la corrupción, como así también de los costos devastadores de este cáncer social.

Apéndice

El cuadro que sigue detalla las principales características de cada indicador de corrupción mencionado.

Índice / Indicador y Organización	Dimensiones	Instrumentos de Recolección de Datos	Tipo de Índice	Países de América Latina	Años Disponibles
Índice de Percepción de la Corrupción (Transparencia Internacional)	Percepción sobre la corrupción en el sector público Califica a los países en una escala de 1 (más corrupto) al 10 (menos corrupto)	Encuestas de opinión a población abierta; opinión calificada de los empresarios y analistas	Índice Compuesto de carácter subjetivo	Todos	Anual 1995-2016
Índice de Fuentes de Soborno (Transparencia Internacional)	Uso de sobornos por parte de las empresas de un país Sectores de negocios en los que se identifica el soborno como práctica a diferentes Niveles Escala de 0 (peor) al 10 (mejor)	Encuestas de fuentes de soborno, dirigidas a 3016 ejecutivos de empresas de 30 países	Índice Compuesto de carácter subjetivo	Argentina Brasil México (Chile es consultado mas no aparece entre los 28 que ofrecen sobornos)	1999 2002 2006 2008 2011
Barómetro Global (Transparencia Internacional)	Percepción general sobre la corrupción en cada país Instituciones con corrupción severa Experiencias personales sobre sobornos Efectividad del gobierno en la lucha contra la corrupción y disposición a colaborar Percepción sobre la influencia de intereses particulares y relaciones personales en la Corrupción	Encuesta de opinión pública	Índice simple	Todos los países excepto Cuba, Haití y Honduras	2003-2007 2009 2010/11 2013

Control de Corrupción (Banco Mundial)	Selección, monitoreo y reemplazo de los gobiernos: rendición de cuentas y estabilidad política y ausencia de violencia / terrorismo Formulación e implementación efectiva de políticas: efectividad gubernamental y calidad en la regulación Respeto hacia las instituciones: imperio de la ley y control de la corrupción Califica a países en una escala de -2.5 (peor) al +2.5 (mejor)	Encuestas de percepción a organizaciones no gubernamentales, empresas privadas y públicas, y organizaciones transnacionales	Indicador compuesto sobre la base de varias fuentes de información mediante el modelo de componentes no observados	Todos	1996 1998 2000 Anual 2002- 2015
Latinobarómetro	¿Usted o su familia han sabido de algún acto de corrupción? Progreso en la reducción de corrupción en las instituciones del Estado (últimos 2 años) Pago de un soborno a un funcionario público si ésta es la única forma de obtener las cosas Que las personas se salten el procedimiento regular para hacer trámites	Encuestas a hogares; Entrevistas	Indicadores sobre temas de corrupción	Todos los países excepto Cuba	1995- 1998 2000- 2011 2013 2015

Capítulo Cuarto
Los costos y las causas de la corrupción

"Sabemos por nuestro trabajo en África, Asia y Latinoamérica que los más pobres y los más vulnerables son los que sufren más a causa de los sobornos" (Laura Webster, líder de la ONG Tearfund)[1]

"La corrupción se arraiga en, y se propaga por, nuestras estructuras económicas prevalecientes, culturas y sistemas de valores" (Reverendo Dr. Olav Fykse Tveit, secretario general del Concilio Mundial de Iglesias)[2]

La corrupción mata.

Puerto Príncipe, secuelas del terremoto de Enero 2010

---

[1] TearFund, "Bribery Act: All parties rally behind landmark new law to fight corruption", comunicado de prensa, 9 abril 2010, accedido el 21 de marzo de 2017, https://www.globalwitness.org/documents/17065/bribery_act_all_parties_rally_behind_landmark_new_law_to_fight_corruption_final.pdf.

[2] "WCC calls churches to speak against corruption", *World Council of Churches,* 20 agosto 2013, accedido el 21 de marzo de 2017, https://www.oikoumene.org/en/press-centre/news/wcc-calls-churches-to-speak-against-corruption.

El 12 de enero de 2010, un terremoto devastador estremeció a Haití. El sismo, que registró una magnitud de 7 grados en la escala Richter, tuvo su epicentro a muy pocos kilómetros de la capital, Puerto Príncipe. Se estima que más de 300.000 personas fallecieron, un número similar de personas fueron heridas y más de un millón y medio de personas quedaron sin hogar. Investigadores afirman que no fue simplemente la magnitud del terremoto, sino también la corrupción atroz del país la que explica el número tan elevado de pérdida de vidas humanas y la inmensa magnitud de daños materiales.[3] Como consecuencia de la corrupción, el país padecía edificios precarios, una infraestructura deficiente y un sistema médico insuficiente e inadecuado. En muchos casos, debido a los sobornos y malversaciones de fondos públicos, los materiales utilizados en la infraestructura son de inferior calidad y no hay acceso a equipamiento e insumos médicos necesarios.

Pasadas menos de siete semanas del sismo en Haití, el día 27 de febrero de ese mismo año, un terremoto de 8,8 grados sacudió las ciudades portuarias de Concepción y Talcahuano, Chile. El terremoto de Chile fue 500 veces más potente que el terremoto de Haití. Sin embargo, en Chile murieron menos de 500 personas y los daños materiales fueron mucho menores que en Haití. Mientras hay varias razones que explican las diferencias entre dichos terremotos (tipo de terremoto, epicentro, densidad de la población), la corrupción masiva y endémica de Haití es una razón fundamental.

Se calcula que el 83 por ciento de las muertes ocurridas en los últimos 30 años por colapsos de edificios causados por terremotos tuvieron lugar en países con altos niveles de corrupción.[4] Sin embargo, no hace falta un terremoto para apreciar los efectos devastadores de la corrupción en una sociedad.

---

[3] Nicholas Ambraseys y Roger Bilham, "Corruption Kills", *Nature* 469, no. 7329 (2011): 153-155.

[4] Claros, "Removing Impediments to Sustainable Economic Development", 18-19. Existen numerosos casos de pérdidas de vidas humanas a raíz de corrupción en la industria de la construcción. Con frecuencia, inspectores de la seguridad edilicia, a cambio de sobornos, ignoran el incumplimiento de normas, como el uso de materiales defectuosos, por parte de los dueños o contratistas. Leslie Holmes ofrece varios ejemplos incluyendo el colapso en 2007 y 2013 de edificaciones en la ciudad de Alexandria, Egipto, causando decenas de muertes; el colapso en 1995 de una tienda de negocios en Seúl, Corea del Sur, con mas 500 personas muertas; y el terremoto y colapso en 2008 de varias escuelas, causando la muerte de más de 5000 estudiantes, en Sichuan, China: Leslie Holmes, *Corruption: A Very Short Introduction*, Vol. 426 (Oxford: Oxford University Press, 2015), 21-22.

"La corrupción es una plaga insidiosa con una amplia gama de efectos corrosivos en las sociedades", afirma el exsecretario general de las Naciones Unidas, Kofi Annan, en el prefacio a la Convención de las Naciones Unidas contra la Corrupción.[5] La corrupción tiene efectos devastadores para el desarrollo social, político y económico de las sociedades y sus miembros. Su impacto afecta al crecimiento económico, a la democracia, los derechos humanos, el desarrollo de la mujer, el medio ambiente y la paz y seguridad internacionales, mientras que favorece a la pobreza e inequidad. Sin exagerar, la corrupción puede ser una cuestión de vida o muerte para cualquier país, sociedad o pueblo. Así como las Naciones Unidas y otros organismos internacionales, diversos líderes e instituciones cristianas han reconocido en forma creciente los efectos devastadores de la corrupción. En una conferencia realizada en el Vaticano en 2006 sobre la lucha contra la corrupción, la Iglesia Católica, a través de su Consejo Pontificio Justicia y Paz, reconoció la gravedad de la corrupción y sus efectos devastadores al referirse a ella como un hecho "muy grave de deformación del sistema político".[6] Aunque aceptaba el enorme costo económico de la corrupción, afirmaba que "sus efectos son todavía más negativos sobre los bienes materiales, vinculados más estrechamente con la dimensión cualitativa y humana de la vida social".[7] Y agregaba que "no se trata solo de un proceso que debilita el sistema económico: la corrupción impide la promoción de la persona y hace que las sociedades sean menos justas y menos abiertas".[8] Por otro lado, la Alianza Mundial Evangélica y la Red Miqueas, como motivación para el lanzamiento de "Exposed" (una campaña global contra la corrupción que analizaremos en el capitulo octavo), reconoció las consecuencias negativas de la corrupción en todos los aspectos del desarrollo.[9]

---

[5] United Nations Development Programme, "UNDP Framework on Corruption and Development: Anti-Corruption Guidance Note", (New York: United Nations, 2008), accedido el 21 de marzo de 2017, http://www.pogar.org/publications/ac/books/guidancenote08-e.pdf.

[6] Renato Raffaele Cardinal Martino y Giampaolo Crepaldi, *Nota del consejo pontificio «Justicia y paz»: La lucha contra la corrupción*, Sitio del Vaticano, 21 de septiembre de 2006, sec. 5, accedido el 21 de marzo de 2017, http://www.vatican.va/roman_curia/pontifical_councils/justpeace/documents/rc_pc_justpeace_doc_20060921_lotta-corruzione_sp.html.

[7] Ídem.

[8] Ídem.

[9] "EXPOSED - shining a light on corruption", *Micah Challenge*, 08 diciembre 2011, accedido el 21 de marzo de 2017, http://www.micahnetwork.org/news/exposed-shining-light-corruption.; "Anti-Corruption Campaign EXPOSED Launches on Thursday, Aiming at Mobilizing 100 Million Christians", *World Evangelical Alliance*, 10 octubre 2012, accedido el 21 de marzo de 2017, http://worldea.org/news/4099/anti-corruption-

Si bien existe una cantidad significativa y creciente de estudios empíricos sobre los costos de la corrupción, es necesario hacer algunas salvedades y aclaraciones preliminares.

En primer lugar, en muchos casos lo que se considera una consecuencia de la corrupción es, a su vez, una causa o factor contributivo. Por ejemplo, los estudios demuestran que la corrupción tiene un efecto negativo en los niveles de pobreza. A su vez, la pobreza actúa como un factor contributivo de la corrupción.

En segundo lugar, si bien la corrupción impone consecuencias y costos sobre múltiples facetas del desarrollo, la magnitud e intensidad del efecto no es el mismo según los estudios empíricos.[10] Parece ser que las consecuencias de la corrupción en las instituciones políticas son más intensas que en las económicas.[11]

En tercer lugar, las relaciones e interconexiones entre la corrupción y sus costos –tanto políticos, económicos como socioculturales– son sumamente complejas y variables.[12]

Por último, no hay cálculos del costo económico de la corrupción que puedan capturar y reflejar con precisión el daño real que se causa a una sociedad y sus miembros. El Banco Mundial ha estimado que se pierden anualmente, a nivel mundial, un millón de millones de dólares en concepto de sobornos y que los países africanos pierden el 25 por ciento de su producto bruto cada año por motivo de la corrupción.[13] Pero éstas son sólo estimaciones muy parciales, limitadas e imprecisas. ¿Cómo se puede cuantificar el efecto adverso de la corrupción en el desarrollo potencial de los niños y jóvenes de una sociedad? ¿Es posible cuantificar en forma precisa el precio que una sociedad paga por la impunidad, la palanca y el favoritismo?

---

campaign-exposed-launches-in-london-on-thursday-aiming-at-mobilizing-100-million-christians-by-october-2013.

[10] William Q. Judge, D. Brian McNatt, and Weichu Xu, "The Antecedents and Effects of National Corruption: A Meta-Analysis", *Journal of World Business* 46, No. 1 (2011): 93 – 103.

[11] Ídem.

[12] Johnston, *Syndromes of Corruption,* 31. Como ejemplo, el autor nota que existen países, como Italia y Japón, que tienen un alto nivel de desarrollo humano conjuntamente con niveles de corrupción relativamente altos. Por otro lado, nota el contraste entre Chile y Argentina, donde habría una relación inversa entre desarrollo humano y nivel de corrupción.

[13] World Bank, "The Costs of Corruption", (Feature Stories, 2004), accedido el 21 de marzo de 2017, http://go.worldbank.org/LJA29GHA80.; Sequeira, "Advances in Measuring Corruption".

Los costos

A continuación se expondrán los costos más destacados de la corrupción que se encuentran descriptos en la literatura existente.[14]

En primer lugar, la corrupción inhibe el desarrollo económico. En forma más específica, desalienta la inversión y la asistencia financiera, aumenta la falta de previsibilidad para los negocios, impulsa el crecimiento del sector informal, reduce los ingresos impositivos y distorsiona las políticas económicas y el gasto público. La corrupción afecta la productividad y la inversión. Algunos expertos estiman que un incremento de un punto en la escala de corrupción del CPI conllevaría a una baja en la productividad equivalente al 4 por ciento del producto bruto, mientras que una mejora de integridad en la escala del CPI de seis puntos implicaría un crecimiento de aproximadamente 20 por ciento del producto bruto nacional.[15] La evidencia empírica es más contundente en el caso del desaliento de las inversiones, especialmente las extranjeras.[16] Se estima que un aumento de corrupción del nivel de Singapur al de México equivaldría a un aumento del 21 al 24 por ciento de la tasa impositiva para el inversor.[17]

La corrupción reduce los ingresos públicos y promueve el gasto público superfluo. En países con altos niveles de corrupción, existe una mayor evasión impositiva y, consecuentemente, menos recursos para inversiones vitales en infraestructura, educación y salud. En tales países también se producen varias distorsiones en el gasto público. Por ejemplo, hay una sobreinversión en gastos de infraestructura y armamento militar y, por el contrario, una subinversión en gastos de educación y salud, dado que los primeros se prestan más fácilmente a sobornos cuantiosos y extorsiones. Además, la corrupción debilita la calidad de la infraestructura y servicios públicos. Esto queda demostrado, por ejemplo, por el mal estado de las carreteras y los cortes de electricidad. Se deteriora la calidad de la salud y

---

[14] Para mayor detalle, ver: Banco Interamericano del Desarrollo, "Proposal for the Action Plan"; Claros, "Removing Impediments to Sustainable Economic Development"; Rose-Ackerman, *Corruption and Government.;* Tanzi, "Corruption around the World"; Johann Graf Lambsdorff, "Corruption in Empirical Research: A Review", (Transparency International Working Paper, 1999), 6, accedido el 21 de marzo de 2017, https://www.researchgate.net/profile/Johann_Lambsdorff/publication/220011287_Corruption_in_Empirical_Research_A_Review/links/00b4952722c1744928000000.pdf.; Judge, "The Antecedents and Effects of National Corruption"; USAID, "USAID Anticorruption Strategy", (Washington, D.C., 2005), accedido el 21 de marzo de 2017, https://www.usaid.gov/sites/default/files/documents/1868/200mbo.pdf.; GTZ, "Mainstreaming Anti-Corruption".

[15] GTZ, "Mainstreaming Anti-Corruption", 5.

[16] Ídem.

[17] Claros, "Removing Impediments to Sustainable Economic Development", 20.

la educación pública con efectos negativos en indicadores como la mortalidad infantil y la expectativa de vida. Las tasas de mortalidad infantil son casi el doble en los países con altos niveles de corrupción en relación a los índices de los que tienen corrupción más reducida.[18]

La corrupción también causa distorsiones en el sector privado. Por ejemplo, en el campo del comercio exterior, hay casos en los que se han identificado exportadores que son más proclives a pagar sobornos: esto afecta la competitividad. Otra de las acciones que se lleva adelante y contribuye a la propagación de la corrupción es la distorsión en la asignación de capital humano hacia sectores y ocupaciones menos productivos. Para evitar las extorsiones y los sobornos exigidos por oficiales corruptos, las empresas y los individuos operan fuera del sector formal, dando lugar a un crecimiento del sector informal y la consiguiente reducción de ingresos públicos.[19] Los costos transaccionales aumentan, inhibiendo las inversiones y la promoción de empresas privadas, en especial las pequeñas empresas.

En segundo lugar, la corrupción tiene efectos sumamente nocivos en los niveles de pobreza e inequidad. En efecto, debilita los esfuerzos para aliviar la pobreza, incrementa el costo y reduce la calidad de los servicios públicos y empeora los ingresos. Estudios empíricos demuestran una relación muy significativa entre la corrupción y la inequidad.[20] Como ya vimos, el gasto en salud y educación es más reducido en países de alta corrupción. Por otra parte, los más pobres tienen que pagar sobornos para recibir servicios. Por ejemplo, en Zambia, los pobres pagan 17 por ciento de sus ingresos en sobornos para recibir servicios de salud, mientras que la clase media paga el 3 por ciento. En la India, el 90 por ciento de los padres pagan US$ 12 de sobornos a los médicos por cada niño nacido y US$ 7 cuando la que nace es una niña. Esto es aún más terrible si se tiene en cuenta que sus ingresos diarios no superan US$ 1 dólar. En muchos casos los más pobres no pueden pagar los sobornos y se quedan sin los servicios.[21]

En tercer lugar, la corrupción socava la legitimidad y efectividad de la democracia. Distorsiona el estado de derecho y reduce la confianza pública

---

[18] GTZ, "Mainstreaming Anti-Corruption", 7.

[19] Ídem.

[20] Sanjeev Gupta, Hamid Davoodi, y Rosa Alonso-Terme, "Does Corruption Affect Income Inequality and Poverty?", *Economics of Governance* Vol. 3 (2002): 23 – 45, DOI:10.1007/s101010100039.

[21] Uslaner, *Corruption, Inequality, and the Rule of Law,* 56. Para mayor detalle sobre los costos de la corrupción en los sectores de salud y educación, ver: Omar Azfar, "Corruption and the Delivery of Health and Education Services", en *Fighting Corruption in Developing Countries: Strategies and Analysis*, ed. Bertram I. Spector (Bloomfield: Kumarian Press, 2005), 181-212.

en las instituciones. A su vez, erosiona los valores cívicos y limita la libertad de expresión y de prensa, como así también el acceso a la información. Vulnera el contrato social entre ciudadanos y sus representantes y eleva el interés de pocos por encima del interés general.

El caso Montesinos en Perú en la década del '90 es una buena ilustración de cómo la corrupción debilita la democracia y el sistema de pesos y contrapesos. Vladimiro Montesinos, asesor del entonces presidente Alberto Fujimori, se dedicó a sobornar y filmar los cientos de actos de soborno, a parlamentarios, jueces y especialmente a representantes de los medios de prensa. La acumulación de poder a través de estas técnicas corruptas logró silenciar y neutralizar los controles democráticos y restringir los derechos políticos y civiles de los peruanos. Evidencia clara de esta falta de controles democráticos fueron la candidatura y reelección de Fujimori para gobernar por un tercer período presidencial. Si bien el Tribunal Constitucional peruano dictaminó en principio que tal candidatura era inconstitucional, la administración Fujimori logró, mediante la manipulación de los jueces, invalidar la decisión y asegurar su "legalidad".

Entre otros efectos, la corrupción atenta contra los derechos humanos. Perpetúa la discriminación y niega los derechos a servicios sociales. A su vez, tiene impacto negativo en el desarrollo de la mujer. Tiene consecuencias demoledoras en el medio ambiente al empeorar la gobernabilidad y reducir el efectivo cumplimiento de normas de protección. Como ejemplo se puede mencionar que, como lo demuestran estudios empíricos, la polución es mayor en países con niveles altos de corrupción a raíz de la menor efectividad de normas y políticas de protección del medio ambiente.[22]

Por último, la corrupción tiene consecuencias nefastas en la paz y la seguridad de las sociedades. Cuando la corrupción es mayor, y hay poca confianza en el Estado, la inseguridad en la sociedad aumenta. Si los ciudadanos no confían en los agentes de seguridad, estarán menos dispuestos a denunciar delitos a las autoridades y cooperar con las mismas. Esto lleva a mayor criminalidad y mayor inseguridad en la población. Asimismo, existe mayor conflicto social cuando ciertos grupos son indebidamente favorecidos en la asignación de recursos públicos, fomentando sentimientos de agravio e injusticia en los grupos marginados.

Como se puede apreciar, la corrupción no sólo impacta el crecimiento económico, sino también en la calidad de vida de los seres humanos. Inhibe y obstaculiza el desarrollo y potencial de cada persona y hace que las sociedades sean menos abiertas y justas.

---

[22] GTZ, "Mainstreaming Anti-Corruption", 7.

El Cuadro 1 sintetiza los costos de la corrupción:[23]

Cuadro 1: Costos de la corrupción

Crecimiento Económico	**Pobreza/ Desigualdad**	**Gobernanza**	**Derechos Humanos**	**Género**	**Medio Ambiente**
Desalienta la inversión y la asistencia financiera internacional	Socava los esfuerzos para alcanzar los Objetivos del Milenio	Distorsiona el estado de derecho y debilita los valores morales	Niega los derechos fundamentales, incluidos los derechos a los servicios sociales	Afecta de forma despropor-cionada el acceso de las mujeres a los servicios públicos esenciales	Empeora la gobernanza ambiental y reduce la severidad de las regulaciones ambientales
Añade incertidumbre e imprevisibilidad en el entorno empresarial	Aumenta el costo de los servicios públicos y reduce su calidad	Socava la legitimidad del gobierno y reduce la confianza pública en el mismo	Perpetúa la discriminación	Aumenta las extorsiones sexuales	
Distorsiona las políticas económicas	Empeora el ingreso y otras desigualdades	Debilita las bases institucionales, empeora la rendición de cuentas, la transparencia e integridad			

Trágicamente, son los más pobres los que sufren y padecen los peores efectos de la corrupción. El Banco Mundial se refiere a la corrupción como el mayor obstáculo para reducir la pobreza.[24] La corrupción afecta la pobreza al retardar el crecimiento económico, lo que contribuye a empeorar sus niveles. Asimismo, la corrupción incide en pobreza mediante su efecto negativo en la gobernabilidad (debilitando las instituciones y la

[23] United Nations Development Programme, "UNDP Framework on Corruption and Development", 7.

[24] World Bank, "Anti-corruption", (World Bank Brief, 2016), accedido el 21 de marzo de 2017, http://www.worldbank.org/en/topic/governance/brief/anti-corruption.

participación ciudadana y reduciendo la calidad de los servicios e infraestructura pública), que a su vez afecta los niveles de pobreza.

Veamos en forma concreta cómo la corrupción afecta en mayor medida a los más pobres. Ellos sufren servicios públicos menos accesibles, de menor calidad y más costosos que el resto de la sociedad. Padecen a diario el pago de sobornos para acceder a servicios y bienes públicos (como hospitales, médicos, medicamentos) o, alternativamente, la falta de acceso a tales servicios y bienes por no poder, o por resistirse a, pagar los sobornos. Cuando los pobres se ven sometidos a pagar sobornos, los montos respectivos representan un porcentaje mucho mayor de sus ingresos en relación con otros miembros de la sociedad.

En otras ocasiones, los pobres no acceden a beneficios públicos que le corresponden (vivienda o crédito subsidiado) porque se asignan ilegítimamente a personas con palanca o influencia. Frente a situaciones en las que los servicios públicos son de peor calidad a causa de la corrupción, los pobres son los más afectados ya que no cuentan con recursos para optar por servicios privados. Como ya hemos visto, en sociedades con niveles de corrupción más altos, el gasto público se dirige hacia obras de infraestructura o gastos militares, en detrimento de la educación y la salud, que beneficiarían a los pobres. Aun más, el fraude en las contrataciones en estas obras de infraestructura lleva a que los costos sean más altos, dejando fondos más reducidos para programas sociales que beneficiarían a los pobres. Frente a esta realidad, no sorprende que los más pobres sean los más pesimistas en cuanto a la probabilidad de reducción de la corrupción en sus sociedades.[25]

Distintas voces de la iglesia han expresado la prioridad de proteger a los pobres de la corrupción. El secretario general del Concilio Mundial de Iglesias, Dr. Olav Fykse Tveit, afirmó en 2013 que la opción preferencial por los pobres es lo que fundamenta la misión de la iglesia en luchar contra la corrupción.[26] El Secretario General de la Alianza Mundial Evangélica, Dr. Geoff Tunnicliffe, sostuvo en 2014 que el cuidado de los pobres es un mandato bíblico central y por consiguiente la corrupción es un tema prioritario para la iglesia.[27] Y el ya mencionado Consejo Pontificio Justicia

---

[25] Transparency International, "Report on the Transparency International Global Corruption Barometer 2007", (Transparency International Report, Berlin, 2007), 12, accedido el 21 de marzo de 2017, http://files.transparency.org/content/download/1980/12932/file/2007_GCB_EN.pdf.

[26] "WCC calls churches to speak against corruption", *World Council of Churches.*

[27] World Evangelical Alliance, "Evangelicals Shine a Light on Corruption at the G20 Summit in Brisbane", press release, 14 noviembre 2014, accedido el 21 de marzo de 2017, http://www.worldea.org/news/4494/evangelicals-shine-a-light-on-corruption-at-the-g20-summit-in-brisbane.

y Paz declara que la corrupción atenta contra los principios de la doctrina social de la Iglesia Católica incluyendo la opción preferencial por los pobres.[28]

Las causas

El tema de las causas de la corrupción ha sido enfocado desde varias disciplinas, incluidas la ciencia política, la economía y la sociología. Si bien existe un cuantioso y creciente número de estudios empíricos (en su mayoría análisis econométricos) sobre los factores determinantes o causales de la corrupción, los mismos no ofrecen un conocimiento cabal sobre las causas, sino más bien un cuadro muy parcial, limitado e inclusive contradictorio en algunas instancias.[29]

Las afirmaciones sobre las causas y consecuencias de la corrupción son ampliamente debatidas, ya que mientras algunos autores creen tener suficiente evidencia de causalidad, para otros no es absolutamente claro si las variables en cuestión son una consecuencia, una causa o un fenómeno paralelo al de la corrupción. Por otro lado, cada disciplina –sea la política, económica u otra– en general ha encarado el tema de las causas en forma aislada; en efecto, no existe mucha coordinación entre los enfoques disciplinarios y mucho menos un marco teórico integral que explique el fenómeno de la corrupción. Tampoco hay mucho análisis en cuanto al relativo impacto sobre la corrupción de cada uno de los factores estudiados, sean políticos, económicos o culturales.[30] Los expertos admiten que existen muchas limitaciones en cuanto al conocimiento de lo que origina la corrupción y de lo que motiva que persista. Por consiguiente, se debe proceder con mucha cautela al hacer inferencias o conclusiones derivadas de los resultados de los estudios en cuestión.

---

28 Raffaele, *Nota del Consejo Pontificio.*

29 Jain, "Corruption"; Ivar Kolstad, Verena Fritz, y Tam O'Neil, "Working Paper 3: Corruption, Anti-Corruption Efforts and Aid: Do Donors Have the Right Approach?", (Research project (RP-05-GG) of the Advisory Board for Irish Aid, London, 2008).; Rose-Ackerman, *Corruption and Government.*; Reyes Calderón Cuadrado y José Luis Álvarez Arce, "The Complexity of Corruption: Nature and Ethical Suggestions", (Facultad de Ciencias Económicas y Empresariales Universidad de Navarra, Working Paper no. 05/06, 2005).; Lambsdorff, "Corruption in Empirical Research"; Judge, "The Antecedents and Effects of National Corruption"; Lorenzo Pellegrini y Reyer Gerlagh, "Causes of Corruption: A Survey of Cross-Country Analyses and Extended Results", *Economics of Governance* 9.3 (2008): 245 – 263.; Daniel Treisman, "The Causes of Corruption: A Cross-National Study", *Journal of Public Economics* 76.3 (2000): 399 – 457.; Dimant, "The Nature of Corruption".;

30 Jain, "Corruption".

La corrupción es un fenómeno sistémico complejo y, por ende, los distintos factores causales o contribuyentes interactúan en forma diversa y no muy bien entendida. Por ejemplo, el hecho de que algún factor, como la libertad de prensa, esté asociado con niveles de corrupción más bajos, no significa que una reforma formal, como la promulgación de una ley que fortalezca la prensa independiente, vaya a reducir automáticamente la corrupción. Hay otros factores determinantes –sean políticos o de otra índole, más allá de una legislación adecuada– que intervienen y pueden facilitar u obstaculizar la implementación de la ley. Como afirma el economista Ivar Kolstad, el hecho de que sepamos qué atributos institucionales están asociados con niveles de corrupción más bajos no se traduce automáticamente en saber cómo una sociedad logra estos atributos.[31]

Por otro lado, no es fácil separar lo que es causa de la corrupción de lo que es una consecuencia de ella. La falta de independencia judicial: ¿es causa o consecuencia de la corrupción? Por un lado, podemos aseverar que la corrupción trae como consecuencia una falta de independencia e imparcialidad en la Justicia. Esto se ha visto claramente en situaciones como los procesos de privatización en países en los que una élite política corrupta, aprovechando las nuevas oportunidades de corrupción, interfiere en el control judicial mediante la manipulación de recursos públicos y nombramientos. Al mismo tiempo, frente a una merma en los recursos, la Justicia tiene menor capacidad para combatir la corrupción, de tal manera que ésta aumenta. Así vemos que un sistema judicial deficiente es tanto consecuencia como causa de la corrupción: es un círculo vicioso.

Al hablar de causas o factores determinantes de la corrupción, se puede decir, a efectos del presente análisis, que existen en general dos grandes grupos o categorías distintas, aunque relacionadas entre sí: las causas o factores estructurales (incluyendo las estructuras políticas y factores económicos) y las causas o factores socioculturales.[32] Desde la perspectiva

[31] Kolstad, "Corruption, Anti-Corruption Efforts and Aid", 1-2.

[32] Cuadrado, "The Complexity of Corruption" clasifica las causas en tres categorías: (1) político-institucional; (2) económico; y (3) cultural y sociológico; Judge, "The Antecedents and Effects of National Corruption" clasifican tres categorías: (1) económica; (2) político-legal; (3) socio-cultural; Dimant, "The Nature of Corruption" identifica tres niveles o "mundos" diferentes de influencias e incentivos que interactúan para moldear el accionar corrupto: la intención intrínseca (mundo interno), las condiciones sociológicas (mundo medio) y las oportunidades extrínsecas (mundo externo). El "mundo interno" incluye factores microeconómicos y sicológicos determinantes; el "mundo medio" tiene que ver con los factores sociológicos, con inclusión de las normas e instituciones informales (las prácticas sociales) y los valores; el "mundo externo" se relaciona principalmente con las instituciones formales, la

estructural, hay factores políticos y económicos. El enfoque político se preocupa por cuestiones de poder y los controles de dicho poder. La cuestión fundamental es la excesiva centralización en la distribución de poder. El enfoque económico, en cambio, presta atención a los incentivos y riesgos. La cuestión esencial son los incentivos inadecuados y el bajo riesgo. Desde la perspectiva cultural, lo crítico son los valores y actitudes personales y sociales. La cuestión central es la falta de internalización de valores y normas de buena gobernabilidad.

La categoría "estructural" es la que más se ha enfatizado en la literatura especializada de la ciencia política y la económica.[33] Expertos en estas disciplinas centran su atención en determinadas estructuras y condiciones políticas y económicas y el efecto que tienen en las oportunidades e incentivos para incrementar o reducir la corrupción. En particular, el énfasis se ha puesto en las deficiencias institucionales en la transparencia y la rendición de cuentas de los actos públicos. Como veremos más adelante, esta categoría de estudios es la que más ha influenciado en las estrategias y programas de los organismos de desarrollo internacional, los gobiernos y las organizaciones no gubernamentales para combatir la corrupción.

La categoría "cultural" centra su atención en los valores y las normas informales de comportamiento en una sociedad como factor determinante e independiente de las instituciones formales políticas y económicas.[34] Cabe

---

historia y la geografía. Otras fuentes que tratan distintas categorías de causas de corrupcion incluyen: Dimant, "The Nature of Corruption" (en cuanto aporta un estudio completo y vanguardista de la bibliografía actual en materia de corrupción, junto con sus antecedentes y efectos); Kolstad, "Corruption, Anti-Corruption Efforts and Aid" (en cuanto aporta un estudio de las perspectivas políticas, antropológicas y económicas sobre las causas de la corrupción); Cuadrado, "The Complexity of Corruption" (que brinda un análisis de los factores políticos, institucionales, económicos, culturales y sociales determinantes). Ver también: Lambsdorff, "Corruption in Empirical Research"; Judge, "The Antecedents and Effects of National Corruption"; Pellegrini, "Causes of Corruption"; Treisman, "The Causes of Corruption".

[33] Johnston, *Syndromes of Corruption.*; Rose-Ackerman, *Corruption and Government.*; Robert Klitgaard, *Controlling Corruption* (Berkeley: University of California Press, 1988).

[34] Daniel Jordan Smith, *A Culture of Corruption: Everyday Deception and Popular Discontent in Nigeria* (Princeton University Press, 2007); Bryan W. Husted, "Wealth, Culture, and Corruption", *Journal of International Business Studies* 30.2 (1999): 339-359; Ting Gong y Shiru Wang, "Indicators and Implications of Zero Tolerance of Corruption: The Case of Hong Kong", *Social Indicators Research* 112.3 (2013): 569-586; Peter Larmour, "Corruption and the Concept of 'Culture': Evidence from the Pacific Islands", *Crime, Law and Social Change* 49.3 (2008): 225 – 239; Sheheryar Banuri y Catherine Eckel, "Experiments in Culture and Corruption: A Review", en *New Advances in Experimental Research on Corruption,* ed. Danila Serra y Leonard Wantchekon, 51 – 76 (Somerville: Emerald Group Publishing, 2012); Jason M. DeBacker, Bradley T. Heim, y Ahn Tran, "Importing Corruption Culture from

destacar que, si bien las perspectivas estructurales y culturales son distintas, se ha dado en los últimos años una suerte de convergencia evidenciada por el creciente interés en la informalidad por parte de la ciencia política y económica. Estudios más recientes de política económica ponen mayor atención en el rol de las instituciones informales para explicar la corrupción y el clientelismo sistemático en muchas sociedades, particularmente en África.

Factores determinantes

A continuación, haremos una breve reseña de las teorías y explicaciones sobre los factores determinantes de la corrupción.

Factores estructurales

Desde la perspectiva de la ciencia política, hay ciertos atributos de un sistema político que llevan a aumentar o reducir la corrupción –es decir, hay ciertas estructuras y condiciones políticas y burocráticas que son más conducentes a facilitar la corrupción. Éstas serían el mayor grado de discrecionalidad de los políticos y burócratas, el monopolio o la falta de participación y competencia política y económica, y la ausencia o debilidad del control o fiscalización del comportamiento de los políticos y burócratas. Como lo sintetiza el politólogo Robert Klitgaard en su muy conocida fórmula: *C (corrupción) = M (monopolio) + D (discreción) – c (control).* Consecuentemente, cambios en el marco institucional que limiten la discrecionalidad, aumenten la participación y competencia política y económica, y que fortalezcan el control, llevarían a una reducción de la corrupción.

Desde la perspectiva de las ciencias económicas, la decisión de un político o burócrata de incurrir en un acto corrupto es función o depende de un cálculo racional de costos y beneficios económicos. El político o funcionario público evalúa los beneficios (por ejemplo, el monto del soborno) y el riesgo o probabilidad de ser detectado y sancionado (incluyendo multas, penas carcelarias y la pérdida del empleo). Si los beneficios superan los costos, el oficial incurre en corrupción. De acuerdo a

---

Overseas: Evidence from Corporate Tax Evasion in the United States", (NBER Working Paper No. 17770, 2012), DOI:10.3386/w17770; Abigail Barr y Danila Serra, "Corruption and Culture: An Experimental Analysis", *Journal of Public Economics* 94.11/12 (2010): 862 – 869 (un estudio experimental sobre el soborno con alumnos universitarios); Raymond Fisman y Edward Miguel, "Cultures of Corruption: Evidence from Diplomatic Parking Tickets", (NBER Working Paper No. 12312, 2006), DOI: 10.3386/w17770.

este pensamiento, la corrupción se reduce mediante la reducción de "beneficios" de la corrupción y el aumento de los "costos" por incurrir en la misma. Es decir, si reducimos la discrecionalidad del funcionario sobre fondos públicos u otras decisiones significativas, la oportunidad para sobornar y, por ende, la corrupción, se reducen. A su vez, si incrementamos el riesgo de detección del acto corrupto mediante sistemas de monitoreo y aumentamos las sanciones, la corrupción se reduce. Como podemos apreciar, existe una gran similitud entre las perspectivas políticas y económicas. Factores como el monopolio y la discrecionalidad crean mayor oportunidad para incurrir en corrupción y mayores ganancias derivadas de la misma, mientras que el control y la rendición de cuentas incrementa el riesgo y el costo de la corrupción.

Múltiples variables o factores políticos y económicos han sido objeto de análisis como posibles causas o factores determinantes de la corrupción. Estos factores incluyen el tamaño del Estado, la riqueza y crecimiento económico, la apertura económica, la equidad económica, la eficiencia económica, la carga impositiva, el nivel salarial y los mecanismos de selección del personal del sector público, la democracia, el tipo de normas electorales, la regulación de los partidos políticos, la centralización o descentralización, los sistemas de control o fiscalización horizontal y vertical, la independencia del Poder Judicial, el sistema civil o de "common law", la libertad de prensa y los recursos naturales.[35]

Los estudios demuestran que tanto los factores políticos como los económicos se correlacionan con la corrupción; no obstante, los factores políticos muestran una relación más cercana que los económicos. Es más, ambos tipos de factores parecen ser tanto causa como consecuencia de la corrupción.[36] Según los estudios, existen algunos factores o variables que se asocian más con la corrupción, otros que presentan resultados mixtos y, por último, aquéllos que no muestran una asociación o correlación.

Los factores o variables que más fuertemente están asociados o correlacionados a la escasa corrupción son un mayor desarrollo económico, una larga tradición democrática, una prensa libre y una independencia judicial "*de facto*". En relación a la democracia, la evidencia muestra que la corrupción aumenta en países con procesos de democratización relativamente nuevos comparados con democracias estables e, incluso, con regímenes autoritarios. Es decir, a largo plazo existe una relación inversamente proporcional entre corrupción y democracia, pero no es una relación lineal dado que en períodos de transición democrática el nivel de corrupción tiende a ser más alto.

---

[35] Judge, "The Antecedents and Effects of National Corruption", 98.

[36] Jain, "Corruption".

Los factores donde existen resultados mixtos o diversos incluyen la descentralización política, cambios normativos en la selección de funcionarios públicos, mayores niveles de compensación, altos controles institucionales y sociales, y la intensidad en la regulación gubernamental. En cuanto a la descentralización, existen estudios con resultados diversos según se mire a la descentralización de las facultades legislativas o los recursos fiscales. No obstante, no aparece existir una base empírica sólida para afirmar una relación estricta entre la descentralización o centralización y la corrupción.

Con respecto a los controles, tanto gubernamentales como sociales, los resultados empíricos son diversos. En algunos casos se ha demostrado que un mayor control horizontal (por ejemplo, auditores públicos) ha dado resultados en el corto plazo, aunque no hay certeza sobre los efectos en el largo plazo. En cuanto al monitoreo y control de la sociedad civil, la evidencia empírica es mixta y no se entiende cabalmente por qué funciona algún control en algunos contextos y otros no.[37] Existe poca evidencia del impacto de cambios en medidas e incentivos institucionales para servidores públicos como la selección o el nivel de compensación.[38]

Por último, hay factores que no se correlacionan con la corrupción, como el tamaño del gobierno (medido en base a la proporción que representan los ingresos públicos en relación al producto bruto nacional).[39] En la década del '90 los economistas sostenían casi como dogma que había una relación estricta entre un Estado grande y un nivel mayor de corrupción, dadas las mayores oportunidades para incurrir en actos corruptos. No obstante, la evidencia sugiere que no siempre un Estado grande significa mayores niveles de corrupción. En efecto, hay estudios que, midiendo el tamaño del Estado según el porcentaje del producto bruto

---

[37] Benjamin A. Olken, Rohini Pande, Iqbal Dhaliwal, Raluca Dragusanu, y Cristobal Marshall, "Governance Review Paper", (Governance Initiative Review Paper, J-PAL Governance Initiative Abdul Latif Jameel Poverty Action Lab, 2013), accedido el 21 de marzo de 2017, https://www.povertyactionlab.org/sites/default/files/publications/J-PAL%20GI%20-%20Governance%20Review%20Paper%20v%20October%202013.pdf.; Rema Hanna, Sarah Bishop, Sara Nadel, Gabe Scheffler, y Katherine Durlacher, "The Effectiveness of Anti-Corruption Policy: What Has Worked, What Hasn't, and What We Don't Know: A Systematic Review", (EPPI-Centre Report No. 1909, 2011): 66, 69-70. (analiza el impacto limitado de las iniciativas de auditorías gubernamentales en Indonesia y la India); Jesper Johnsøn, Nils Taxell, y Dominik Zaum, "Mapping Evidence Gaps in Anti-Corruption: Assessing the State of the Operationally Relevant Evidence on Donors' Actions and Approaches to Reducing Corruption", *U4 Anti-Corruption Resource Center* No. 7 (2012), 24-25.

[38] Olken, "Governance Review" 2013, 12.

[39] Kolstad, "Corruption, Anti-Corruption Efforts and Aid".; Pellegrini, "Causes of Corruption."; Treisman, "The Causes of Corruption".

nacional que representa el gasto público, sugieren una relación inversa donde los mayores ingresos públicos están asociados con un nivel de corrupción más baja. Esto podría explicarse por la inhabilidad de gobiernos corruptos de recaudar impuestos y el hecho de que mayores ingresos públicos sean síntoma de una mayor confianza de la ciudadanía en el gobierno. Los países nórdicos, por ejemplo, tienen los niveles más altos de gasto público y a la vez son los menos corruptos –es decir: que son otras las variables que explican el problema de corrupción. Como justificación de este fenómeno de elevado gasto público y buen desempeño en cuanto a niveles de corrupción en los países nórdicos, se puede señalar que la respuesta podría estar por el lado de la cultura política imperante.

Factores socioculturales

Varios autores identifican factores causales de la corrupción más allá de lo institucional y estructural político y económico. Entre los factores estudiados, se encuentran la religión, la diversidad social, la educación, el género, la edad, la confianza interpersonal y los valores culturales. Según los estudios, cada uno de estos factores se asocia en mayor o menor medida con la corrupción.[40]

Dentro de este grupo o categoría, existe un creciente interés en la cultura, en el sentido de los valores y normas informales de una sociedad, como factor determinante de la corrupción. Desde esta perspectiva, la cultura es un factor independiente que interactúa con lo político y económico. Las deficiencias en las instituciones políticas y económicas son sólo una parte del problema. La corrupción, o al menos algunas de sus facetas, se ve como un fenómeno que responde a, y resulta de, valores sociales incubados y arraigados en el tejido y en la cultura de una sociedad, por lo que es difícil que se elimine dado el carácter inercial de las matrices culturales propias de cada país.

No se puede entender y remediar la corrupción sin reconocer la importancia de las instituciones informales –o sea, las normas y prácticas culturales como el favoritismo y el personalismo– y cómo inciden en la tolerancia y aceptación de la corrupción. Sin reconocer estas normas y prácticas culturales, no es posible comprender los incentivos que influyen en la corrupción. Podemos tener un aparato institucional formal que impone costos a los actos corruptos, pero los costos son atenuados o neutralizados

---

[40] Lambsdorff, "Corruption in Empirical Research".; Judge, "The Antecedents and Effects of National Corruption".; Pellegrini, "Causes of Corruption".; Treisman, "The Causes of Corruption".; Dimant, "The Nature of Corruption".

por normas informales, como el nepotismo, favoritismo y la influencia personal, que están legitimadas en la sociedad.[41]

Varios estudios empíricos demuestran que la cultura o las normas sociales influyen en el comportamiento corrupto de individuos y grupos de personas. En uno de los estudios más citados, los economistas Raymond Fisman y Edward Miguel,[42] contrastaron el comportamiento de personas de diferentes contextos culturales bajo el mismo régimen legal. El objeto del estudio fueron las infracciones a las normas de estacionamiento cometidas por diplomáticos de 149 países ante las Naciones Unidas en la ciudad de Nueva York. En el Capítulo Sexto, dedicado íntegramente al Factor Cultural de la corrupción, analizaremos los resultados con más detalles, pero podemos adelantar que los funcionarios de los países con índices más altos de corrupción realizaban mayor cantidad de infracciones de tránsito (por las que no recibían sanción efectiva alguna, dada su condición de diplomáticos) que aquellos provenientes de países menos corruptos.

Un segundo estudio,[43] que también veremos con más detalle en el Capítulo Sexto, examinó el nivel de evasión impositiva por parte de compañías estadounidenses con propietarios extranjeros. Al igual que en el caso anterior, existía una correlación sólida entre el nivel de corrupción del país del propietario y la evasión impositiva que ejercía. Como veremos en el siguiente capítulo, los factores estructurales son los que han merecido la mayor atención en las reformas anticorrupción de las últimas décadas. Se ha buscado remediar el problema de la corrupción a través de soluciones de índole institucional, tales como nuevas normas legales, nuevas instituciones y capacitación institucional y nuevos procesos y mecanismos de transparencia y control, tanto a nivel gubernamental como social. Estas soluciones, en gran medida, han fracasado. Como demostraremos más

---

[41] En su estudio sobre corrupción política en los Estados africanos de Benín, Senegal y Níger, los antropólogos G. Blundo y J.P. Olivier de Sardan examinan la lógica y la dinámica del personalismo y el favoritismo como normas sociales legitimadas en las relaciones de los ciudadanos con el Estado. Dichos autores hablan de dos caras de la corrupción: la primera cara es la ilegal y condenada ampliamente; la segunda cara está legitimada por prácticas sociales, tolerada y a veces estimulada en forma no oficial. Los agentes adoptan una moral situacional dependiendo de la posición del agente y las circunstancias en las cuales opera. El favoritismo en los servicios públicos se denuncia ampliamente; sin embargo, se percibe socialmente legítimo como queda demostrado por el rechazo social a los que no se conforman con el *status quo* de favorecer a sus respectivos familiares y amigos. La corrupción ilegítima se reserva para aquellas prácticas que violan límites sociales definidos relativos al exceso, la codicia o egoísmo. Ver: Giorgio Blundo y Jean-Pierre Olivier de Sardan, *Everyday Corruption and the State: Citizens & Public Officials in Africa* (London/New York: Zed Books, 2006).

[42] Fisman, "Cultures of Corruption".

[43] DeBacker, "Importaing Corruption Culture from Overseas".

adelante, se necesitan soluciones que partan de un reconocimiento de la corrupción como un problema cultural que requiere la internalización de valores y códigos sociales de integridad pública.

Capítulo Quinto
Reformas institucionales

"Las instituciones van y vienen, pero la corrupción persiste..."

(Eric M. Uslaner)[1]

"La experiencia de las reformas del sector público patrocinadas por agencias internacionales de desarrollo (...) demuestran la futilidad de un enfoque puramente tecnócrata".

(Francis Fukujama)[2]

A partir de la década del '90 se ha dado una explosión de esfuerzos por combatir la corrupción alrededor del mundo, especialmente en los países emergentes y en desarrollo. Prácticamente todos han implementado reformas anticorrupción con el apoyo técnico y financiero de los organismos internacionales de desarrollo –sean multilaterales, como el Banco Mundial, o bilaterales, como la Agencia para el Desarrollo Internacional de los Estados Unidos de América–, que han invertido miles de millones de dólares en sus programas y proyectos para luchar contra la corrupción.[3] Para citar un ejemplo, al 2012, el Banco Mundial mismo había financiado más de 600 proyectos anticorrupción en los 16 años anteriores.[4]

¿En qué consisten las reformas anticorrupción patrocinadas por los organismos internacionales de desarrollo? ¿Cuál es su lógica? ¿Cuáles son sus resultados? Estos son los interrogantes que abordaremos en el presente capítulo.

Enfoque y lógica de las reformas

Como vimos en el capítulo anterior, la corrupción es un fenómeno complejo y multidisciplinario donde interactúan factores institucionales y socioculturales. Esta complejidad, particularmente la influencia de factores

---

[1] Eric M. Uslaner, "Corruption and Inequality", (UNUWIDER Research Paper No. 2006/34, United Nations University, 2006), 32.

[2] Fukuyama, *Political Order and Political Decay*, 162

[3] El Anexo 2 de este libro contiene una lista selectiva de proyectos de reforma anticorrupción en América Latina.

[4] Abhijit Banerjee, Sendhil Mullainathan, y Rema Hanna, "Corruption", (NBER Working Paper Series No 17968, National Bureau of Economic Research, 2012), 1, accedido el 21 de marzo de 2017, http://www.nber.org/papers/w17968.pdf.

socioculturales, no está reflejada en el enfoque de los organismos internacionales de desarrollo y otros actores principales en sus reformas anticorrupción. Más bien suelen realizar un enfoque parcial y limitado que enfatiza las estructuras políticas y económicas en desmedro de lo socio-cultural. Es un enfoque que ignora las distinciones culturales o, si las admite, presume que las mismas cambiarán como resultado de las reformas institucionales.

En general las reformas anticorrupción se han focalizado en el sector público y bajo modelos analíticos que privilegian los factores institucionales. Habitualmente, el problema es visto como un comportamiento individual e ilícito del funcionario público, sea éste político o burócrata. Es un enfoque parcial, centrado en el sector público, con poca atención de la corrupción en otros ámbitos de la sociedad y de los rasgos comunes del fenómeno. Dentro del sector público, el enfoque se limita mayormente a ciertas prácticas corruptas, como el soborno y la malversación de fondos públicos. Y, como veremos más adelante, las reformas responden a teorías economicistas e institucionalistas de la corrupción, en desmedro de poner el foco en los factores socioculturales. Las reformas anticorrupción pueden caracterizarse mayormente como modificaciones institucionales en los países respectivos. La razón es muy simple: a los ojos de los organismos internacionales de desarrollo, el fenómeno de la corrupción es un problema de raíces institucionales. En efecto, se dice que la corrupción es "una manifestación de las fallas institucionales"[5] y que "tiende a prosperar cuando las instituciones son débiles".[6] El Banco Mundial aseguraba en 1997 que "en última instancia, los países necesitan crear instituciones perdurables para apuntalar y proteger la integridad dentro de la esfera pública".[7] Y veían la necesidad de que los países clientes reforzaran la capacidad institucional, lo que –según afirmaban desde el organismo– tenía lugar cuando "los sistemas de gestión pública funcionan correctamente, existen organismos de fiscalización, un marco legal sólido, un sistema jurídico independiente y una sociedad civil atenta".[8] La importancia crucial de las instituciones fue ratificada en la última estrategia anticorrupción del Banco Mundial en el año 2012.[9]

---

[5] World Bank, "Mainstreaming Anticorruption Activities", 27.
[6] World Bank, "The Role of the World Bank", 12.
[7] Ibídem, 17.
[8] Ibídem, 39.
[9] World Bank, "Strengthening Governance: Tackling Corruption – The World Bank Group's Updated Strategy and Implementation Plan", (World Bank, 6 marzo 2012), 11, accedido el 21 de marzo de 2017, http://siteresources.worldbank.org/PUBLICSECTORANDGOVERNANCE/Resources/285741-1326816182754/GACStrategyImplementationPlan.pdf.

Ahora bien, las reformas anticorrupción se centran en los aspectos formales de las instituciones, sin reconocer debidamente los factores informales que las sustentan. ¿Qué queremos decir cuando afirmamos que las reformas se centran en los aspectos formales? Cuando hablamos de instituciones, nos referimos a las reglas de juego que moldean el comportamiento de organizaciones y personas en una sociedad.[10] Estas reglas de juego pueden ser tanto formales como informales. Las reglas de juego formales son, entre otras, la constitución, las leyes, los reglamentos, las políticas, los contratos y procedimientos internos de las organizaciones. Las reglas de juego informales son las "normas sociales compartidas, usualmente no escritas, que son creadas, comunicadas y exigidas desde fuera de los canales oficialmente creados".[11] Las reglas de juego formales son aplicadas por organismos formales y sujetas a sanciones formales y legales mientras que la violación de las reglas de juego informales genera una sanción personal (culpa) o social (ostracismo, deshonor). Las reglas formales e informales no existen en forma autónoma y separada sino que interactúan y se superponen entre sí, a veces en armonía y otras en tensión y conflicto. Como veremos más adelante, ciertas prácticas corruptas son normas sociales en muchas sociedades y pesan más que las reglas formales que las proscriben. Las reformas institucionales ignoran la realidad de las normas sociales o presumen que las mismas serán cambiadas por nuevas normas sociales, resultado de las modificaciones formales.

Las reformas institucionales proponen fundamentalmente cambios formales, como la promulgación de nuevas leyes y regulaciones, la creación de nuevas instituciones (como las agencias u oficinas anticorrupción) y la adopción de nuevas reglas y procedimientos internos de entidades estatales para mejorar las condiciones de trabajo del personal respectivo y asegurar mayor transparencia y fiscalización. ¿Qué buscan lograr estas reformas? Reducir las oportunidades y los beneficios eventuales de la corrupción y aumentar sus costos. De acuerdo a este enfoque institucionalista, hay mayor corrupción de políticos y burócratas cuando la transparencia y los controles son escasos, existe un alto poder de discrecionalidad y los mecanismos de fiscalización son deficientes.[12] La

---

[10] Shahid Javed Burki y Guillermo E. Perry, "Beyond the Washington Consensus: Institutions Matter", (World Bank Latin American and Carribean Studies, Washington, D.C., 1998), 2, accedido el 21 de marzo de 2017, http://documents.worldbank.org/curated/en/556471468265784712/pdf/multi-page.pdf.

[11] Gretchen Helmke y Steven Levitsky, "Informal Institutions and Comparative Politics: A Research Agenda", *Perspectives on Politics* Vol. 2, No. 4 (2004), 725-740, 727, accedido el 21 de marzo de 2017, http://www.jstor.org/stable/3688540.

[12] Ver World Bank, "The State in a Changing World", (World Development Report, Oxford University Press, 1997), 102-103, accedido el 21 de marzo de 2017,

solución es simple: darle mejores incentivos a los burócratas (como pueden ser los aumentos de salarios) e incrementar la transparencia y la vigilancia de los actos públicos, sea a través de controles gubernamentales o sociales.

La lógica que rige estas reformas por lo general se basa en lo que los expertos denominan un problema o patología en la relación "principal-agente" (*"principal-agent" problem*).[13] La relación principal-agente se presenta en dos casos: en el primero, el "principal" son los ciudadanos que eligen a sus "agentes" –los políticos–, que deben dictar políticas que concuerden con los intereses de los ciudadanos. En el segundo caso, los políticos son el "principal" y los burócratas son los "agentes" responsables de implementar las políticas.

De acuerdo a este enfoque, la corrupción resulta de una asimetría o conflicto entre los intereses del agente (sea el burócrata o el líder político), que se asume que persigue su propio beneficio y el principal (sea el líder político o los ciudadanos), que se presume honesto y actuando en pos del interés general (*"principled principal"*). Es una concepción de "buenos" y "malos", donde el principal es el bueno y el agente es el malo que necesita, más que nada, ser controlado.

Según este enfoque el control del principal sobre el agente es débil. Así, cuando el electorado no puede controlar a los políticos, ellos terminan beneficiando a grupos conectados y a sus propios bolsillos. Del mismo modo, cuando son los políticos quienes no logran controlar a los burócratas, se generan prácticas corruptas como coimas percibidas de los usuarios de servicios públicos y el ausentismo laboral. Lo que se desprende de esta lógica es que hay que aumentar el control del principal y cambiar otros incentivos de manera que el costo de incurrir en la corrupción sea mayor que los beneficios o ganancias de la misma.[14]

Es una lógica instrumentalista que "concibe a un individuo racional (calculador de costos-beneficios) como actor, promotor y ejecutor de actos corruptos, en donde la redefinición de incentivos –que coordinen objetivos

---

http://documents.worldbank.org/curated/en/518341468315316376/pdf/173000REPLACEMENT0WDR01997.pdf.
(La corrupción es "un síntoma de un problema más general causado por perversos incentivos subyacentes en la gestión pública [...]. Los factores que incentivan la corrupción aparecen cuando los funcionarios públicos tienen un gran poder de decisión pero el control o fiscalización de su accionar es insuficiente")

[13] Uslaner, "Mass Education", 4-5.; Olken, "Governance Review Paper" 2011, 5.; Anna Persson, Bo Rothstein, y Jan Teorell, "The Failure of Anti-Corruption Policies: A Theoretical Mischaracterization of the Problem", (University of Gothenberg QoG Working Paper Series 19, 2010), 4, accedido el 21 de marzo de 2017, http://www.qog.pol.gu.se/digitalAssets/1350/1350163_2010_19_persson_rothstein_teorell.pdf.

[14] Olken, "Governance Review Paper" 2011, 16.

y anulen asimetrías de información– es la vía para producir cambios casi automáticos en la generación del fenómeno. Esta perspectiva usualmente no considera elementos relacionales, de contexto, tiempo, posición, poder y espacio en los escenarios proclives a la corrupción. De modo que la simplicidad sustituye a la complejidad del análisis con el objeto de proveer respuestas "fáciles de implementar" y con una lógica causal sencilla y directa. En consecuencia, los mecanismos prescritos para tratar la corrupción son, regularmente, de dos tipos: de control y de castigo".[15]

Esta lógica institucionalista moldea y condiciona, en grandes líneas, los diagnósticos y las prescripciones que propician los organismos internacionales de desarrollo para entender y remediar la corrupción. Por ejemplo, los diagnósticos de gobernabilidad y corrupción del Banco Mundial se orientan principalmente a identificar y analizar causales o "vulnerabilidades" institucionales de la corrupción con poca atención y marginación de otros posibles factores socioculturales.[16] Estos diagnósticos tienden a identificar en forma recurrente "deficiencias" institucionales, como la cantidad inadecuada de regulaciones e inspecciones gubernamentales de la actividad económica privada; la falta de claridad en las regulaciones sobre la contratación, promoción, transparencia y remoción de personal; la inefectividad de los mecanismos de denuncia de la corrupción dentro de las instituciones públicas; la falta de transparencia en las contribuciones privadas a las campañas políticas; la falta de regulaciones y mecanismos adecuados de acceso público a la información;

---

[15] David Arellano Gault, Jesús Fidel Hernández Galicia, y Walter Lepore, "Corrupción sistémica: límites y desafíos de las agencias anticorrupción. El caso de la Oficina Anticorrupción de Argentina", *Revista del CLAD Reforma y Democracia* No. 61 (2015), 75-106, 81. Refiriéndose al control, el Banco Mundial expresa que "sabiendo que uno está siendo monitoreado puede ser el incentivo fundamental para un buen desempeño en el trabajo, más que aumentos salariales, cursos de ética y auto-estima e inclusive capacitación en habilidades": World Bank, "Implementation Completion and Results Report (IBRD-44010) on a Loan in the Amount of US$33.00 Million Equivalent to the Republic of Guatemala for a Judicial Reform Project", (World Bank Report No. ICR0000623, Washington, D.C., 2008), 33, accedido el 21 de marzo de 2017, http://documents.worldbank.org/curated/en/757351468282583850/pdf/ICR6230Box033 41IC010disclosed081261.pdf.

[16] Francesca Recanatini, "Voices of the Misgoverned and Misruled: An Empirical Diagnostic Study on Governance, Rule of Law and Corruption for Peru", (World Bank Institute, Washington, D.C., 2001), 37 & 47-48, accedido el 21 de marzo de 2017, http://siteresources.worldbank.org/INTANTICORRUPTION/Resources/383901-1317672198081/peru_voicesreport.pdf. Otros organismos internacionales de desarrollo, como la USAID, tienen sus propios diagnósticos de gobernabilidad y corrupción. Si bien aducen tener un enfoque más integral y sistémico, prevalece un enfoque institucionalista al observar las recomendaciones que se realizan.

y los mecanismos limitados e inadecuados de participación y fiscalización social por parte de la sociedad civil.

En una auditoría interna del Banco Mundial sobre su accionar en el campo de la gobernabilidad y anticorrupción, se nota la ausencia en general de análisis político y cultural en los diagnósticos sobre gobernabilidad y corrupción. En efecto, "las herramientas de diagnóstico tienden a identificar debilidades en las instituciones formales y los donantes en general buscan remediar estas debilidades mediante asistencia técnica y capacidad institucional. Si bien el mejoramiento de las instituciones formales es importante, lo que decide cómo se gastan los recursos públicos son generalmente procesos informales que con frequencia socavan el funcionamiento del sistema formal y, por ende, reducen la efectividad de las intervenciones para mejorar cómo funciona el sistema formal".[17]

Protesta popular contra la corrupción en Honduras[18]

Por otro lado, en los casos donde los diagnósticos identifican factores políticos y culturales subyacentes a las prácticas corruptas, las soluciones propuestas son generalmente las mismas intervenciones convencionales y tecnocráticas incluyendo el dictado de nuevas políticas, mayores controles sobre la autoridad del poder ejecutivo, descentralización y mayor transparencia.[19] Pareciera asumirse que los cambios de las normas formales

---

[17] Fjeldstad, "Anti-Corruption Reforms", 7, 92, 21.

[18] "Unión Europea apoya a Honduras en su lucha contra la corrupción e impunidad", *Suyapa Medios*, 25 julio 2015, accedido el 15 de noviembre de 2017, https://fidesdiariodigital.com/2015/07/25/union-europea-apoya-a-honduras-en-su-lucha-contra-la-corrupcion-e-impunidad.

[19] World Bank, "Country-Level Engagement on Governance and Anticorruption", 86.

e incentivos económicos, por si mismos, traerán aparejados cambios en la cultura y los valores.

De estos diagnósticos, resultan prescripciones de naturaleza institucional y tecnocrática para combatir la corrupción. Se prescriben reformas institucionales que buscan reducir las oportunidades para incurrir en prácticas corruptas, facilitar la detección de las mismas y asegurar que los actores corruptos sean sancionados. Se trata de un enfoque de "zanahorias y garrotes". En la práctica, dichas reformas tratan primordialmente de cambios en las normas legales, los procesos y/o las instituciones de una sociedad y el fortalecimiento de la capacitación técnica de las entidades gubernamentales y de organizaciones de la sociedad civil.

Tipos de reformas

Las reformas suelen clasificarse como de oferta o de demanda. Las reformas de oferta buscan mejorar el desempeño de las entidades gubernamentales (los "oferentes de la gobernabilidad") por medio de la modificación de normas legales y de las políticas que rigen tales entidades, como así también de proveer asistencia técnica para desarrollar sus capacidades institucionales. Las reformas de oferta son las que virtualmente monopolizaron los programas y proyectos anticorrupción en los primeros años de asistencia financiera de los organismos internacionales de desarrollo, reflejando una perspectiva más economicista y de administración pública.

Existen dos tipos de reformas de oferta:

1) *Gestión pública:* las reformas de oferta más habituales apuntan a mejorar la gestión pública, en especial en lo relacionado con las finanzas públicas y el manejo de los recursos humanos. Estas reformas incluyen políticas y normas específicas para que el procedimiento presupuestario sea más transparente y fiscalizado, las contrataciones públicas (los contratos de los cuales el Estado constituye una de las partes) resulten más cristalinas y rentables y que la contratación y la promoción de los empleados públicos se realice de acuerdo con procedimientos nítidos y en base a méritos.

2) *Fiscalización formal de las entidades gubernamentales:* el segundo tipo de reformas de oferta se centra en las políticas, normas, procesos e instituciones para fortalecer los controles de la actividad estatal. Incluyen la creación y fortalecimiento de organismos especiales de anticorrupción y la mejora del sistema judicial y de las entidades de auditoría.

Como complemento de las reformas de oferta, y con el fin de atacar la corrupción de forma más eficaz, surgieron las reformas de demanda, aquellas que se centran en las exigencias de la sociedad civil. Si bien las primeras estrategias anticorrupción de los organismos internacionales de desarrollo preveían la necesidad de reformas de demanda, a mediados de la primera década del siglo XXI dichas reformas cobraron una mayor importancia. Debido a los magros resultados de las reformas de oferta, las evaluaciones de los programas anticorrupción, tanto las realizadas internamente por los organismos internacionales como las efectuadas por entidades externas, concluyeron que sólo es posible combatir la corrupción en forma sostenible cuando los ciudadanos exigen integridad y rendición de cuentas de sus políticos y funcionarios públicos. No son las instancias gubernamentales las que promoverán la buena gobernabilidad, sino una sociedad civil involucrada y activa. Sin presión ciudadana, las autoridades e instancias gubernamentales no tienen incentivo suficiente para actuar en forma honesta y denunciar y sancionar los actos corruptos. Por ello, son necesarias reformas estructurales que promuevan mayor participación social y competencia política. Dichas reformas deberían fortalecer la participación de la sociedad civil, a través de una mayor transparencia del sector público y un mayor empoderamiento de los ciudadanos en exigir la rendición de cuentas de quienes los gobiernan.

En otras palabras, se trata de crear activismo ciudadano. En el período 2005 – 2006, varios organismos de desarrollo bilaterales[20] lanzaron nuevas estrategias que proponían una mayor orientación hacia las reformas de demanda.[21] Del mismo modo, por medio de su estrategia del año 2007, el Banco Mundial enfatizó el involucramiento del sector privado, los medios de comunicación, y las organizaciones no gubernamentales en la lucha contra la corrupción.[22] Esta nueva prioridad y dirección se ratificó en la última estrategia anticorrupción del Banco Mundial del año 2012.

---

[20] Se destacan entre ellos: la Agencia de los Estados Unidos para el Desarrollo Internacional (USAID), el Departamento para el Desarrollo Internacional del Reino Unido (DFID), la Agencia Danesa de Asistencia al Desarrollo (DANIDA), la Agencia Francesa para el Desarrollo (AFD), la Agencia Sueca de Cooperación Internacional para el Desarrollo (ASDI) y la Comisión Europea.

[21] La Agencia de los Estados Unidos para el Desarrollo Internacional (USAID) fue uno de los primeros organismos en adoptar una estrategia más amplia. Las reformas deben trascender reformas en administración pública y la gestión financiera y alcanzar relaciones estructurales en sentido más amplio, incluyendo la organización interna del sistema político, la relación entre el Estado y las empresas y la relación entre Estado y sociedad civil. Como destaca USAID, "estos son temas de competencia política y económica (o la falta de las mismas) donde redes de corrupción restringen el acceso a las oportunidades políticas y económicas y protegen posiciones privilegiadas de las élites": USAID, "USAID Anticorruption Strategy", 14.

[22] World Bank, "Strengthening World Bank Group Engagement", 17-18. Ya con anterioridad el Banco Mundial anunció la importancia de la participación de la sociedad civil en su Informe del Desarrollo Mundial del año 2004. Este Informe analizó la participación y capacidad de los ciudadanos usuarios para mejorar los servicios públicos, así como los diferentes mecanismos para fortalecer dicha participación y

Las reformas de demanda buscan fortalecer la participación y capacidad de grupos no estatales (por ejemplo, organizaciones no gubernamentales, empresas privadas y la sociedad civil en general) para demandar una buena gobernabilidad. El Banco Mundial, como otros organismos internacionales de desarrollo, buscó complementar las reformas de oferta con "...un mayor compromiso proveniente de las empresas multinacionales, el sector privado interno, el sector financiero, y la sociedad civil".[23] Surgieron entonces tres tipos de reformas de demanda:

1) *Participación:* estas reformas buscan aumentar las oportunidades de participación y supervisión por parte de la sociedad civil y los medios de comunicación. Las medidas específicas que incluyen, entre otras, son:

a. mecanismos para que la sociedad civil participe en el desarrollo de políticas públicas y la fijación de prioridades para el gasto público;

b. mecanismos sociales de rendición de cuentas en el ámbito de la provisión de servicios públicos;

c. mecanismos para que la sociedad civil y los medios de comunicación puedan supervisar los procedimientos y la ejecución de contrataciones públicas; y

d. normas y procesos sobre la declaración y verificación de bienes y patrimonios por parte de funcionarios públicos.

2) *Fiscalización del mercado:* estas reformas buscan que el sector privado sea más competitivo y responsable. Las medidas específicas incluyen normas y procesos orientados a establecer un clima de negocios más favorable para la actividad económica y a mejorar la gobernabilidad en las empresas privadas.

3) *Fiscalización política:* este último tipo de reformas busca que haya mayor transparencia y participación en la actividad política y reducción de captura del Estado. Algunas de las medidas incluyen normas y procesos que promuevan la competencia política y regulen el financiamiento de las campañas electorales y los partidos políticos.[24]

---

capacidad. Ver: World Bank, "Making Services Work for Poor People", (World Development Report, Washington, D.C., 2004).

[23] World Bank, "Strengthening World Bank Group Engagement", 10.

[24] Ídem. La captura del Estado tuvo una importancia central en el Informe del Banco Mundial titulado: World Bank, "Anticorruption in Transition: A Contribution to the Policy Debate", (World Bank Report, Washington, D.C., 2000), accedido el 21 de marzo de 2017, http://siteresources.worldbank.org/INTWBIGOVANTCOR/Resources/contribution.pdf.

El informe se realizó en base a la experiencia del Banco Mundial con reformas anticorrupción en los países de Europa Occidental y Central, del Báltico y de la Comunidad de Estados Independientes (conformada por Rusia y otros 8 exmiembros de la antigua URSS). El informe revela algunas críticas por parte del Banco Mundial hacia el enfoque tecnocrático de las reformas anticorrupción al no tener en cuenta factores

El **Cuadro 1** sintetiza las áreas específicas (o los llamados "puntos de entrada") de las reformas de oferta y de demanda.

Cuadro 1: "Puntos de Entrada" para la gobernabilidad y las reformas anticorrupción[25]

---

políticos como el poder y la concentración de intereses creados, la capacidad del Estado y los mecanismos de rendición de cuentas entre el Estado y la sociedad civil (xv). El informe da cuenta de la primera vez que el Banco Mundial distinguió la captura del Estado de la corrupción administrativa. El Banco Mundial definió a la captura del Estado como "el accionar de personas, agrupaciones o empresas, tanto en el sector público como en el privado, orientado a *ejercer influencia sobre la creación* de leyes, normativas, decretos y otras políticas gubernamentales para favorecer sus intereses como resultado del otorgamiento de beneficios en forma ilícita y poco transparente a funcionarios públicos". Ídem, xv.
La captura del Estado tiene lugar cuando el poder económico se encuentra altamente concentrado, la defensa de los intereses generales es débil y los mecanismos formales de influencia política y de intermediación de intereses no están completamente desarrollados. El informe propone un conjunto de medidas diversas para abordar la captura del Estado. Destacando que existen "amplios sectores abiertos al abuso, en especial el financiamiento de partidos políticos y los conflictos de interés". También propone, entre otras actividades, una normativa clara en relación con el financiamiento de partidos políticos y mecanismos para mejorar la transparencia; la elaboración e implementación efectiva de una normativa que contemple en forma integral los conflictos de intereses; y la educación y concientización públicas para generar demanda de reforma desde dentro de la sociedad civil. Ídem, xxv.

[25] World Bank, "Strengthening World Bank Group Engagement", 40.

Las reformas institucionales, tanto de oferta como demanda, ponen gran énfasis en el control o la fiscalización de los líderes políticos y funcionarios públicos. En este sentido, se pueden diferenciar en reformas de fiscalización horizontal y de fiscalización vertical.[26] En la fiscalización horizontal la supervisión, control, corrección y sanción de las entidades gubernamentales se realiza en instancias del Estado. Los mecanismos de transparencia y fiscalización dentro del aparato estatal han sido el centro principal de las reformas anticorrupción. Entre ellas, se incluye a los organismos de auditoría, los organismos especiales de anticorrupción y otras entidades y procesos formales de control de la actividad estatal. En la fiscalización vertical son la sociedad civil y las agrupaciones no gubernamentales las que controlan a los líderes políticos y a la burocracia gubernamental.

Se distingue la fiscalización política de la social. En la fiscalización política se trata de fortalecer la rendición de cuentas de los líderes políticos frente al electorado. En este aspecto, los organismos internacionales de desarrollo, en su mayoría bilaterales, han promovido reformas tales como modificaciones de las leyes electorales, de la competencia política y de las formas de financiamiento de las campañas políticas.[27] En la fiscalización social son la sociedad civil y los medios de comunicación quienes vigilan y exponen el accionar de los funcionarios públicos. Las reformas en este aspecto incluyen marcos normativos relacionados con el derecho a la información, el funcionamiento de organizaciones no gubernamentales y la protección de la independencia de los medios de comunicación.[28]

Sean de oferta o demanda, de fiscalización horizontal o vertical, política o social, las reformas institucionales para combatir la corrupción son esencialmente reformas estructurales, formales y técnicas. En efecto, buscan promover una mejor gobernabilidad por medio de "instituciones formales como la defensoría del pueblo, comisiones de información, autoridades anticorrupción, organismos de auditoría, el Poder Judicial y otras instituciones del sector Justicia, como así también por medio de mecanismos de la sociedad civil, tales como los sistemas de evaluación comunitarias (*community scorecards*) o los sistemas de monitoreo social (*third-party monitoring*)".[29]

---

[26] Fjeldstad, "Anti-Corruption Reforms", 7, 92, 6.
[27] Kolstad, "Corruption, Anti-Corruption Efforts and Aid", 43.
[28] Ídem. Ver también: David de Ferranti, Justin Jacinto, Anthony J. Ody, y Graeme Ramshaw, *A New Framework for Analysis and Action* (Washington, D.C.: Brookings Institution Press, 2009), 46-47 (en cuanto clasifica a la fiscalización en cuatro tipos: descendiente, horizontal, ascendiente y externa).
[29] World Bank, "Strengthening Governance", 8.

Asimismo, estas reformas privilegian los mecanismos gubernamentales de supervisión y control por sobre los de la sociedad civil. El informe de evaluación del Banco Mundial del año 2012 pone en evidencia que la mayor parte de la asistencia brindada por esa entidad luego de la estrategia del año 2007 sigue siendo en forma de reformas de oferta y que este patrón, en general, se corresponde con las tendencias de otros organismos internacionales de desarrollo.[30]

En la próxima sección veremos algunos de los resultados de estas reformas que, en gran medida, han sido desalentadores.

La eficacia de las reformas

Si existe algún acuerdo entre los estudiosos y los expertos en el ámbito de la anticorrupción es que, en general, las reformas institucionales no han tenido los resultados esperados. El "cáncer de la corrupción" no está remitiendo. La mayoría de los países son, por lo menos, igual de corruptos en la actualidad que lo que eran antes de la aplicación de las reformas anticorrupción. En efecto, "de acuerdo con todas las mediciones disponibles, en la mayoría de los países que estaban afectados por una corrupción generalizada antes de que se implementaran las reformas, la corrupción permanece fuera de control".[31] Tanto las evaluaciones internas de los organismos internacionales de desarrollo, como las de entidades externas, confirman la escasa incidencia que han tenido las reformas aplicadas en la última generación.

No hay duda de que ha habido avances en la lucha contra la corrupción. Existe mayor conciencia sobre el problema. Los países tienen más acceso a una variedad de herramientas tecnológicas, legales, institucionales y administrativas para combatirla. Y existen mejores instrumentos para medirla. Se han acordado nuevas convenciones internacionales y han surgido nuevos actores en la lucha contra la corrupción. Y en algunos casos se ha enjuiciado a funcionarios corruptos de alto nivel. Sin embargo, y a pesar de algunos avances, no se ve un impacto real en la reducción de la corrupción. Si observamos la evolución del Índice de Percepción de la Corrupción (CPI) en América Latina, surge claramente que los niveles de

---

[30] World Bank, "Country-Level Engagement on Governance and Anticorruption", 69-70.

[31] Anna Persson, Bo Rothstein, y Jan Teorell, "Why Anticorruption Reforms Fail: Systemic Corruption as a Collective Action Problem", *Governance* Vol. 26.3 (2013): 449-471, 453 (en cuanto hace mención de las numerosas fuentes que respaldan esta conclusión).

corrupción no han bajado en las últimas décadas, a pesar de las reformas implementadas.

En el año 2011, el Grupo de Evaluación Independiente del Banco Mundial emitió un informe sobre la importancia y la efectividad de su estrategia de gobernabilidad y anticorrupción del año 2007.[32] La evaluación analizó el accionar del Banco Mundial durante un período de siete años, entre 2004 y 2010. Se estudiaron 50 programas de países clientes y 200 operaciones y diagnósticos durante el período en cuestión. Las evaluaciones de campo fueron llevadas a cabo en seis países: Azerbaiyán, Bangladesh, Camboya, Guatemala, Liberia y Moldavia.[33] Las conclusiones de la evaluación son terminantes: "No detectó casos en los que los programas del Banco hubieran abordado de manera efectiva la problemática de la corrupción sistémica u otras patologías arraigadas en la gobernabilidad (como la distribución de bienes del Estado de acuerdo a las lealtades personales y políticas)."[34]

También en el mismo año 2011, se emitió otra evaluación externa de proyectos anticorrupción de seis organismos internacionales de desarrollo: la Agencia Noruega para la Cooperación en el Desarrollo (NORAD), el Banco de Desarrollo Asiático (ADB), la Asistencia Danesa para el Desarrollo (DANIDA), la Agencia Sueca de Evaluación del Desarrollo (SADEV), la Agencia Sueca de Cooperación para el Desarrollo Internacional (SIDA) y el Departamento de Desarrollo Internacional del Reino Unido (DFID). La evaluación abarcó proyectos en cinco países – Bangladesh, Nicaragua, Tanzania, Vietnam y Zambia– y concluyó que, si bien los proyectos habían fortalecido sistemas e instituciones formales, esto no se había traducido en una reducción de la corrupción. Agregaba, también, que "hay poca evidencia que demuestre el éxito de los donantes en incrementar la rendición de cuentas en los países o en promover cambios de comportamiento o de cultura".[35] Otras evaluaciones realizadas por otros organismos internacionales de desarrollo y por individuos y entidades expertos confirman que las reformas anticorrupción no han sido efectivas.[36]

---

[32] World Bank, "Country-Level Engagement on Governance and Anticorruption", 1.

[33] Para obtener más detalles acerca del alcance y la metodología de la evaluación: Ibídem, Anexo A, 105.

[34] Ibídem, 89. El informe establece de forma explícita que la estrategia del año 2007 no abordó cuestiones estratégicas como, "¿De qué manera pueden los encargados de las reformas utilizar la ayuda para el desarrollo para tratar problemáticas de corrupción sistémica?". Ibídem, 100.

[35] ITAD y LDP, "Joint Evaluation of Support", 69.

[36] Banco Interamericano del Desarrollo, "Proposal for the Action Plan", 3 (en cuanto cita una tendencia negativa en el 60% de los países latinoamericanos desde 2000). Ver también: World Bank, "Mainstreaming Anticorruption Activities". Esta evaluación

Resulta claro que las reformas institucionales que se han implementado hasta el momento no han tenido mayor efecto sobre los niveles de corrupción en los países respectivos. Teniendo en cuenta que el objetivo último de tales reformas es reducir la corrupción en dichos países, es obvio, de acuerdo con las mediciones y evaluaciones existentes, que las reformas

---

analiza el progreso inicial que hubo al implementar la estrategia anticorrupción del Banco lanzada en septiembre de 1997. La evaluación comprende las actividades anticorrupción desarrolladas entre el ejercicio 1998 y 2001.
Ver también: Sarah Bracking, ed., *Corruption and Development: The Anti-Corruption Campaigns* (Basingstoke: Palgrave Macmillan, 2007); Ed Brown y Jonathan Cloke, "Neoliberal Reform, Governance and Corruption in the South: Assessing the International Anti-Corruption Crusade", *Antipode* Vol. 36.2 (2004): 272 – 294, doi:10.1111/j.1467-8330.2004.00406.x; Luís de Sousa, "Anti-Corruption Agencies: Between Empowerment and Irrelevance", *Crime, Law and Social Change* Vol. 53.1 (2011): 5 – 22, doi:10.1007/s10611-009-9211-3; Alan Doig, David Watt, y Robert Williams, "Why Do Developing Country Anti-Corruption Commissions Fail to Deal with Corruption? Understanding the Three Dilemmas of Organizational Development, Performance Expectation, and Donor and Government Cycle", *Public Administration and Development* Vol. 27.3 (2007): 251 – 259, doi:10.1002/pad.452; Johnston, *Syndromes of Corruption.*; Timothy Lindsey y Howard W. Dick, ed., *Corruption in Asia: Rethinking the Governance Paradigm* (Leichhardt: The Federation Press, 2002); Persson, "The Failure of Anti-Corruption Policies"; Morris Szeftel, "Misunderstanding African Politics: Corruption and the Governance Agenda", *Review of African Political Economy* Vol. 25.76 (1998): 221-240, doi:10.1080/03056249808704311; Jakob Svensson, "Eight Questions about Corruption", *Journal of Economic Perspectives* Vol. 19.3 (2005): 19-42, accedido el 21 de marzo de 2017, http://kie.vse.cz/wp-content/uploads/Svensson-2005.pdf; Heather Marquette, "'Finding God' or 'Moral Disengagement' in the Fight against Corruption in Developing Countries? Evidence from India and Nigeria", *Public Administration and Development* Vol. 32.1 (2012): 11-26, doi: 10.1002/pad.1605.
Estudios empíricos recientes han puesto de manifiesto que las reformas anticorrupción carecen de una base empírica sólida. Dichas evaluaciones demuestran que las reformas institucionales con resultado positivo son pocas y no conclusivas. Olken, "Governance Review Paper" 2011, 12.
Ver también: Hanna, "The Effectiveness of Anti-Corruption Policy", (afirmando el impacto limitado de auditorías gubernamentales en Indonesia y la India); Jesper Johnsøn, "Theories of Change in Anti-Corruption Work: A Tool for Programme Design and Evaluation" *U4 Issue* no. 6 (2012), 24-25, accedido el 21 de marzo de 2017, http://issuu.com/cmi-norway/docs/u4issue-2012-06-theories-of-change/1?e=0. ("Los programas anticorrupción con agentes de la sociedad civil por lo general se apoyan en "la creación de conciencia" y el "empoderamiento" como teorías generales. Sin embargo, ha habido poca documentación o prueba empírica en relación con estos enfoques generales. Asimismo, son raros los ejemplos de efectos positivos que pueden hallarse en la bibliografía existente al respecto". [...] "Se han estado utilizando cada vez más el monitoreo y la vigilancia por parte de la comunidad y otros tipos de métodos de fiscalización a nivel social. La evidencia sobre la efectividad de estos métodos para reducir la corrupción es variada".

no han sido efectivas. Esto se explica, en gran medida, en base al enfoque institucionalista que ha guiado y moldeado las mencionadas reformas.

Las evaluaciones demuestran que el enfoque institucionalista adolece de una suerte de miopía de la realidad. Es un enfoque basado en un conocimiento limitado e incompleto del fenómeno de la corrupción, que pasa por alto el contexto más amplio en el que se desarrollan e implementan las reformas institucionales.[37] Según esta mirada, la corrupción se reduce a un desafío mayormente técnico que requiere soluciones técnicas.[38] En efecto, la corrupción "con frecuencia se considera un problema de ingeniería y, por consiguiente, un fenómeno que debe abordarse utilizando soluciones 'de manual' o 'herramientas tecnocráticas'.[39] Como sostienen algunos, es un enfoque de "talle único",[40] que "[exagera la importancia] de las herramientas en perjuicio del análisis contextual"[41] y menosprecia "el hecho de que las reformas anticorrupción, si bien tienen aspectos técnicos dignos de atención, son también un fenómeno político y social motivado por el comportamiento humano y las circunstancias de cada lugar".[42]

El análisis del contexto, incluyendo la cultura política, es clave para la formulación de soluciones al fenómeno de la corrupción. Ante la falta de un

---

[37] Cuadrado, "The Complexity of Corruption", 3. ("El aumento repentino de la investigación ha enriquecido enormemente el conocimiento acerca de relaciones simples de causa y efecto pero, al mismo tiempo, los investigadores, los Estados y los organismos internacionales están tomando conciencia de que las investigaciones parciales no brindan una comprensión fiel del fenómeno [...] y que todavía hace falta un marco empírico y teórico acabado para la corrupción [...] incluso se ha sugerido que programas anticorrupción generosamente financiados han fracasado a nivel mundial justamente porque los análisis parciales han propiciado la utilización de un enfoque no integral"). Ver también: ITAD y LDP, "Joint Evaluation of Support", 29, 31. ("En general, el análisis de la corrupción impulsado por los donantes ha sido relativamente limitado e irregular [...] Los esfuerzos de los donantes por entender qué es lo que ha motivado a la corrupción y cómo combatirla siguen siendo limitados y carecen de evidencia suficiente").

[38] Un informe emitido por el Banco Mundial en el año 2000 ya daba cuenta de la "*importancia excesiva atribuida a las medidas tecnocráticas*". Ver: World Bank, "Anticorruption in Transition", xv.

[39] Fjeldstad, "Anti-Corruption Reforms", 7, 92, 17.

[40] ITAD y LDP, "Joint Evaluation of Support", 32-33. (En cuanto pone de manifiesto que "en general, los donantes han seguido utilizando medidas "de talle único" para combatir la corrupción sistémica y endémica en base a un enfoque de "actor principal-agente"). Ver también: John Gaventa y Rosemary McGee, "The Impact of Transparency and Accountability Initiatives", *Development Policy Review* Vol. 31.s1 (2013), 19, doi:10.1111/dpr.12017.

[41] Gaventa, "The Impact of Transparency and Accountability Initiatives", 6.

[42] Fjeldstad, "Anti-Corruption Reforms", 7, 92, 17.

análisis apropiado del contexto en el cual operarán las reformas específicas, las condiciones previas para lograr el éxito de dichas reformas no se identifican ni se encaran correctamente.[43] Por esta razón, resulta imperioso "analizar la medida en que el contexto social preexistente habilita o restringe los mecanismos de cambio que se desean implementar".[44]

¿Qué factores favorecen o limitan que las iniciativas de transparencia y rendición de cuentas alcancen los objetivos que se propusieron? Como quedará demostrado más adelante, hay factores culturales en muchas sociedades que restringen la eficacia de reformas institucionales tendientes a reducir la corrupción. La marginalización de estos factores culturales y el énfasis exagerado en la ingeniería institucional son producto mayormente de una concepción mecanicista de la naturaleza humana como puramente racional y motivada por incentivos externos. Como afirma el profesor de Gobierno y Políticas de la Universidad de Maryland, Estados Unidos, Eric Uslaner, las reformas son "caparazones institucionales" sin un componente moral que demande mayor igualdad en la sociedad.[45]

Estos factores culturales son puntos ciegos en el enfoque institucionalista. No se nos escapa el hecho de que en tiempos más recientes los organismos internacionales han mejorado el análisis de las dinámicas políticas en los trabajos de diagnóstico anticorrupción. Algunos identifican factores como la informalidad y el clientelismo como patologías de gobernabilidad y de falta de confianza. No obstante, la cuestión de la cultura política permanece sin ser entendida adecuadamente y mucho menos transformada. Y es aquí, en el ámbito de la cultura política, donde se pueden encontrar respuestas al porqué del fracaso de las reformas institucionales.

---

[43] Los críticos notan que las reformas anticorrupción carecen de una adecuada teoría del cambio. Como han señalado, "[un] buen análisis de la Teoría del Cambio depende muchas veces de conocer en profundidad el contexto, especialmente el contexto político-económico, de la política, estrategia o programa siendo analizado." Johnsøn, "Theories of Change in Anti-Corruption Work", 5. Se hacen presunciones que ciertas reformas (las medidas de "oferta" y de "demanda") llevarán a ciertos resultados e impactos, mientras se ignora o no se reconoce plenamente que tales resultados e impactos dependen de cómo dichas reformas son mediadas por las normas políticas y sociales particulares. "Muchas veces, las teorías acerca de la relación causal entre los recursos aportados (inputs) y el impacto no se hacen explícitas y las condiciones previas para lograr el éxito muchas veces no se abordan". Ibídem., 39. No resulta claro el porqué y el cómo funcionarán las reformas institucionales. "Las presunciones relativas a la cadena de causalidad, desde los recursos aportados (inputs) hasta los resultados e impacto están ausentes, son vagas o aparecen únicamente implícitas." Gaventa, "The Impact of Transparency and Accountability Initiatives", 12.

[44] Johnsøn, "Theories of Change in Anti-Corruption Work", 6.

[45] Uslaner, *Corruption, Inequality, and the Rule of Law.*

Los puntos ciegos están presentes tanto en las reformas de oferta como de demanda al asumir la legitimidad, imparcialidad e integridad de los agentes de cambio (el llamado *principled principal* o principal honorable [principal con principios]).

En las reformas de oferta se supone que los líderes políticos son socios dispuestos, comprometidos y fiables en la promoción de un gobierno honesto e imparcial. Es sólo cuestión de adoptar nuevas normas, procesos, mecanismos y herramientas para prevenir, detectar y sancionar el comportamiento corrupto de los burócratas. Sin embargo, tal como lo demuestran las evaluaciones de dichas reformas, la corrupción persiste ante la falta de legitimidad y compromiso de los líderes políticos.

En la primera evaluación de sus reformas anticorrupción, el Banco Mundial detectó que su eficacia limitada se debía en gran parte "a la aplicación endeble de las leyes anticorrupción, la baja legitimidad del Estado a los ojos de los ciudadanos y el escaso compromiso por parte de los líderes políticos en la batalla contra la corrupción".[46] En el año 2011, el Banco Mundial puso de manifiesto que "el éxito relativo de estas iniciativas y la persistente fragilidad de la gobernabilidad fueron muchas veces el resultado de contra estrategias deliberadamente impulsadas por las élites políticas y otros factores *político-económicos*".[47] Estas contra estrategias incluyeron el tráfico de influencias por parte de las empresas para ganar un acceso preferencial a los subsidios o la protección contra la competencia. Tal como se desarrollará más adelante, la falta de legitimidad y compromiso de las élites es un claro reflejo de una serie de patrones culturales que entran en conflicto con nociones de interés público y buena gobernabilidad.

Los puntos ciegos en las reformas de demanda responden generalmente a presunciones erróneas y simplistas acerca de los valores y actitudes subyacentes de la sociedad civil en general. Este enfoque presume en general que las organizaciones de la sociedad civil y los ciudadanos comunes son un grupo benevolente y homogéneo que solamente necesita un mayor acceso a la información, una conciencia más acabada acerca de sus propios derechos y herramientas más efectivas para su empoderamiento. Se supone que, si se provee a la ciudadanía de mayor

---

[46] World Bank, "Mainstreaming Anticorruption Activities", 44. Ver también: World Bank, "Anticorruption in Transition", xv. (donde dice que las reformas estructurales clave han sido bloqueadas por poderosos intereses establecidos y que, en algunos casos, los políticos han acaparado al programa anticorrupción y lo han utilizado para atacar a sus rivales).

[47] World Bank, "Country-Level Engagement on Governance and Anticorruption", 15, 21-22.

información y nuevos mecanismos sociales para fiscalizar el desempeño del Estado, la corrupción se reducirá automáticamente.

No hay duda de la necesidad e importancia de mayor información y mecanismos sociales de rendición de cuentas; sin embargo, las reformas "no tienen en cuenta las formas en que las organizaciones de la sociedad civil dependen de otros factores y agentes en sus esfuerzos para generar el cambio".[48] Las iniciativas para promover activismo ciudadano deben tener en cuenta, entre otros factores, aspectos socioculturales tales como niveles de confianza interpersonal, relaciones particularistas o expectativas de favoritismo. Los mecanismos de transparencia y fiscalizaciones son sólo medios y no fines.

Una de las reformas de demanda más comunes es la de crear mecanismos y espacios de monitoreo social o comunitario de los servicios públicos, como la educación o la salud. Esto presupone que un público más informado conlleva a mayor empoderamiento de la sociedad y a un mejor control de la corrupción, sea por vías formales (voto electoral, proceso criminal) o sociales (ostracismo). No obstante, las evaluaciones analíticas de estas intervenciones demuestran que no se puede simplemente asumir que la ciudadanía tenga automáticamente un interés en combatir la corrupción ya que puede estar envuelta en, o beneficiarse de, los actos corruptos. O puede ser que tema a las consecuencias de oponerse a funcionarios poderosos. O que crea que el problema es demasiado complejo y que cualquier esfuerzo por combatirlo es en vano.[49]

Por sí mismas, las iniciativas de transparencia y rendición de cuentas son ejercicios tecnocráticos que gobiernos poco honestos pueden fácilmente manipular y neutralizar. Las organizaciones de la sociedad civil también pueden –y, por lo general, es lo que sucede– verse inmersas en los mismos patrones culturales de corrupción sistémica que afectan a los líderes políticos y burócratas. Es posible que carezcan de legitimidad o compromiso. De hecho, "en un país donde la corrupción es generalizada y endémica, uno puede preguntarse con qué facilidad se podría hallar una ONG transparente".[50]

Incluso no es fácil dar por sentado que los ciudadanos estén interesados automáticamente en denunciar la corrupción, aún en el caso de que existan mecanismos formales de fiscalización, tanto estatales como sociales. La información y el empoderamiento no se traducen automáticamente en reducción de la corrupción.[51] No es sólo una cuestión de empoderar a los

---

[48] Johnsøn, "Theories of Change in Anti-Corruption Work", 24.
[49] Ibídem, 28.
[50] Fjeldstad, "Anti-Corruption Reforms", 7, 92, 27.
[51] Johnsøn, "Theories of Change in Anti-Corruption Work", 24.

ciudadanos ("el principal") para controlar a los líderes políticos y burócratas ("los agentes"). Si existe una cultura política de tolerancia y aceptación de la corrupción o de ciertas manifestaciones de la misma, no nos debe sorprender que los mecanismos de fiscalización, que pueden parecer muy progresistas y atractivos en el papel, no sean muy efectivos en la realidad.

Hasta aquí hemos visto que las reformas para combatir la corrupción se han focalizado mayormente en el cambio de instituciones formales. La evidencia demuestra que han tenido muy poco impacto y que, además, requieren de valores y actitudes congruentes que las respalden; es decir: una cultura de integridad, que asegure su funcionamiento efectivo. En el próximo capítulo examinaremos con mayor detalle de qué manera la cultura tiene una influencia y relevancia determinantes en la gobernabilidad y la corrupción en las distintas sociedades.

Capítulo Sexto
El factor cultural

"A mis amigos todo, a mis enemigos la Ley."

(Frases atribuídas a varios presidentes latinoamericanos)

"El Estado es una inconcebible abstracción, el Estado es impersonal, el argentino sólo concibe una relación personal. Por eso, para él, robar dineros públicos no es un crimen. Compruebo un hecho, no lo justifico o excuso…"

(Jorge Luis Borges[1])

Aclaraciones preliminares

Antes de continuar analizando la dimensión cultural de la gobernabilidad y la corrupción, caben las siguientes aclaraciones. Primero, debemos aclarar a qué nos referiremos cuando hablemos de cultura, ya que se trata de un concepto complejo con muchas acepciones distintas. A nuestros efectos, la cultura comprende los valores, actitudes, creencias y las presuposiciones subyacentes que prevalecen entre los individuos de una sociedad.[2]

También vale la pena destacar que la cultura es un factor entre muchos otros que inciden en la corrupción. Si bien proponemos que es fundamental tenerla en cuenta al momento de pensar y trazar soluciones para combatir la corrupción, estamos, como ya lo hemos visto, frente a un fenómeno de carácter multifacético y complejo y que la cultura es solamente uno de los varios factores que influyen en ella.

La corrupción se describe como "un complejo fenómeno sistémico" y como un "sistema inmensamente rico, con numerosos y muy variados elementos conectados por medio de complejas interacciones no lineales".[3] Las prácticas corruptas no son solamente el resultado de una optimización egoísta de la utilidad, sino que también inciden sobre ellas otras consideraciones sociales y de otra índole ajena a los intereses puramente

---

[1] Jorge Luis Borges, "Nuestro pobre individualismo", en *Otras Inquisiciones* (Buenos Aires: Emecé. 1996), 59-60.
[2] Lawrence E. Harrison y Samuel P. Huntington, ed., *Culture Matters: How Values Shape Human Progress* (New York: Basic Books, 2000), xv.
[3] Cuadrado, "The Complexity of Corruption", 12, 36.

egoístas y utilitarios.[4] En efecto, la corrupción "no es solamente el resultado de un cálculo racional de costos y beneficios, sino que es la interacción de una serie de factores lo que lleva al acto de corrupción".[5] Sólo un enfoque holístico interdisciplinario puede captar su complejidad.[6]

Desde principios del siglo XXI, probablemente debido al poco éxito de las reformas anticorrupción, el tema de los factores culturales y la corrupción ha despertado un renovado y creciente interés en el mundo académico. Si bien los estudios de "ingeniería institucional" dominan el mundo académico de las ciencias sociales y la administración pública, una serie de trabajos incipientes examina la relación entre cultura y corrupción desde diferentes puntos de vista.[7] Nuestro análisis se nutre de, y busca

---

[4] Críticas a la teoría de la elección racional son las obras de Dimant, "The Nature of Corruption", 17. (la argumentación de la elección racional "no [deja] lugar a la interferencia de prácticas sociales, valores, rasgos de la personalidad, etc.") y de Johann Graf Lambsdorff, "Behavioral and Experimental Economics as a Guidance to Anticorruption", en *New Advances in Experimental Research on Corruption,* ed. Danila Serra y Leonard Wantchekon (Somerville: Emerald Group Publishing Limited, 2012): 279-300, 280. (donde formulan el siguiente cuestionamiento: "Parece que el cálculo racional y egocéntrico de la detección y el castigo aporta sólo la mitad de la respuesta para explicar la toma de decisiones humana. ¿Cuál es la otra mitad?")

[5] Ver Dimant, "The Nature of Corruption", 21.

[6] Cuadrado, "The Complexity of Corruption", 36.

[7] Esta literatura incluye trabajos provenientes de diversas perspectivas y metodologías académicas con inclusión tanto de análisis generales como de estudios discretos, empíricos, experimentales y no experimentales. Trabajos más generales son los de Harrison, *Culture Matters*.; Smith, *A Culture of Corruption*.; Rachel Kleinfeld, *Advancing the Rule of Law Abroad: Next Generation Reform* (Carnegie Endowment for International Peace, 2012).; Lawrence E. Harrison, *Jews, Confucians and Protestants: Cultural Capital and the End of Multiculturalism* (Lanham: Rowman & Littlefield Publishers, 2013).; Osvaldo Hurtado, *Portrait of a Nation: Culture and Progress in Ecuador* (Lanham: Madison Books, 2010).; Uslaner, *Corruption, Inequality, and the Rule of Law.* Trabajos más específicos, que incluyen trabajos de campo y otros estudios empíricos, son los de: Husted, "Wealth, Culture, and Corruption" (estudio que examina el efecto de la riqueza del país, la distribución del ingreso, el tamaño del Estado y cuatro variables culturales en el nivel de corrupción que se percibe en un país determinado. El estudio arroja que la corrupción tiene un fuerte correlato con el Producto Bruto Interno per cápita, las jerarquías, la masculinidad y la elusión de incertidumbre); Gong, "Indicators and Implications of Zero Tolerance" (estudio que pone de manifiesto el mayor efecto de las instituciones informales por sobre el de las formales en el caso de la corrupción en Hong Kong); Rajib N. Sanyal y Subarna K. Samanta, "Corruption Across Countries: The Cultural and Economic Factors", *Business & Professional Ethics Journal* Vol. 21.1 (2012): 21-46, doi:10.2307/27801269 (estudio que examina la relación entre los factores económicos y culturales y los niveles de corrupción en países determinados, tal como lo perciben los gerentes comerciales internacionales que llevan a cabo operaciones comerciales con los gobiernos de esos países); Larmour, "Corruption

expandir, los hallazgos y conocimientos sobre la cultura y la corrupción que ofrece esta literatura emergente. No obstante, no se pretende ofrecer un análisis exhaustivo de la relación entre cultura y corrupción, si eso fuera posible. No emitimos ninguna valoración final o con carácter de autoridad; sin embargo, buscamos resaltar diferentes modos de abordar la relación cultura-corrupción. No es fácil abordar el tema de la cultura y siempre se corre el riesgo de caer en generalizaciones y miradas simplistas. Al mismo tiempo, existe el riesgo de que minimicemos factores culturales y que sigamos sin advertir la verdadera influencia de la cultura en el accionar corrupto.

La cultura como factor influyente e independiente

En sus diagnósticos de anticorrupción, el Banco Mundial no duda en concluir que los factores clave de la corrupción son los incentivos y mecanismos de control, mientras que a los factores culturales los han llegado a calificar como un mito.[8] En defensa de su postura, la entidad utiliza los resultados de un erróneamente llamado "experimento natural", que aplica en encuestas realizadas a funcionarios públicos y usuarios del país respectivo. En el mismo se les pregunta a los encuestados qué reacción tendrían si encontraran una noche un sobre de 2.000 dólares en el piso de un estacionamiento sin ninguna vigilancia: ¿se quedarían con el sobre o se

---

and the Concept of 'Culture'" (en cuanto cita la influencia de la cultura en lo que los habitantes de las islas del Pacífico consideran que se trata de un comportamiento corrupto); O. O. Adeyemi, S. T. Akindele, O. A. Aluko, y B. Agesin, "Institutionalizing the Culture of Accountability in Local Government Administration in Nigeria", *African Journal of Political Science and International Relations*, Vol. 6.4 (2012): 81 – 91, doi:10.5897/AJPSIR11.127; Banuri, "Experiments in Culture and Corruption"; DeBacker, "Importing Corruption Culture from Overseas"; Ugur Omurgonulsen y M. Kemal Oktem, "Towards an Understanding of the Cultural Pillars of Ethical Administration in Turkey: A Qualitative Research Endeavour" (Conferencia Anual de la EGPA, Milan, 2006), accedido el 21 de marzo de 2017, https://www.law.kuleuven.be/integriteit/egpa/previous-egpa-conferences/milan-2006/omurgunulson.pdf; Margit Tavits, "Why Do People Engage in Corruption? The Case of Estonia", *Social Forces* Vol. 88.3 (2010): 1257 – 1279, doi:10.1353/sof.0.0288; Barr, "Corruption and Culture" (estudio experimental acerca de los sobornos relacionados con estudiantes universitarios); Fisman, "Cultures of Corruption"; Pellegrini, "Causes of Corruption" (análisis econométrico de los factores determinantes de la corrupción, con inclusión de los factores culturales); Treisman, "The Causes of Corruption" (análisis econométrico de los factores determinantes de la corrupción, con inclusión de los factores culturales); Marina Kurkchiyan, "Judicial Corruption in the Context of Legal Culture", en *Global Corruption Report 2007: Corruption in Judicial Systems*, Transparency International (New York: Cambridge University Press, 2007): 99-107.

[8] Recanatini, " Voices of the Misgoverned and Misruled", 47.

lo entregarían a un agente de seguridad? Posteriormente, les hacen la misma pregunta a los encuestados pero con la variante de que hay un 30 por ciento de probabilidades de que podrían estar siendo monitoreados por una cámara oculta. Según el informe de diagnóstico, el experimento da resultados asombrosos. Mientras que en el primer caso –donde no hay probabilidad de monitoreo– la mayoría de los encuestados responde que se quedarían con el dinero; en el segundo caso –con un 30% por ciento de probabilidad de vigilancia– el resultado es el inverso y la mayoría responde que lo devolvería.[9] Con este experimento, el Banco pretende demostrar que los incentivos son clave en controlar o promover la corrupción. Es difícil entender de qué manera los resultados de este "experimento natural" invalidan a la cultura como un posible factor en la respuesta elegida por los encuestados.

En primer lugar, el experimento no aborda una práctica corrupta de abuso de poder o autoridad para fines personales sino que plantea una conducta privada de apropiación indebida de dinero. A esto se suma que el experimento no está examinando la existencia o grado de legitimidad cultural de la conducta en cuestión y, en tercer lugar, demuestra un cambio de conducta frente a una probabilidad de control sin advertir que la efectividad misma del control de la corrupción está asociada con la legitimidad social de la conducta a controlar. Si una cierta conducta corrupta –sea favoritismo, nepotismo o influencia indebida– está legitimada culturalmente (un tipo de corrupción blanca o gris), difícilmente los controles serán efectivos.

En el experimento se presume la honestidad y el control efectivo del agente de seguridad. Pero justamente ahí puede radicar el problema. Habría que haberles preguntado a los encuestados cuánta confianza tendrían en los agentes de seguridad. ¿Qué suponen que harían los agentes de seguridad si recibieran el sobre de dinero? ¿Quién controla a los agentes de seguridad? Si la deshonestidad es generalizada, difícilmente funcionen los controles de manera efectiva.

A diferencia del experimento del Banco Mundial, existen otros, verdaderos experimentos "naturales" –y más relevantes– , que muestran que la cultura no es un mito. Ni mucho menos.

Dos estudios empíricos dejan ver de qué manera el factor cultural opera en forma independiente de los incentivos legales e institucionales. En el primer caso se estudió el comportamiento que tenían los diplomáticos de todas partes del mundo ante las Naciones Unidas en la Ciudad de Nueva York. Con anterioridad a 2002, ellos no estaban sujetos a ninguna sanción por violaciones a las normas de estacionamiento de tránsito: si un

---

[9] Ibídem, 47-48.

diplomático estacionaba mal su vehículo en la Ciudad de Nueva York y recibía una multa por la infracción, ésta no podía ser ejecutada. Mientras que un vehículo de diplomáticos –que tienen una placa con la letra D para indicar su status– puede ser multado, el propietario del mismo está exento de sanción si no paga la multa. Esto permite que los diplomáticos estacionen ilegalmente sin padecer ninguna sanción legal, dejando, no obstante, constancia escrita de los actos ilegales que se han cometido. Se estima que en Nueva York, entre noviembre de 1997 y fines de 2002, hubo un total acumulado de 150.000 multas impagas de dichos diplomáticos por un monto superior a los 18 millones de dólares.

Siguiendo un razonamiento económico tradicional, uno supondría que la inmunidad –o sea, la falta de una sanción efectiva por el incumplimiento de la norma– llevaría a un comportamiento similar entre los diplomáticos, sin importar su país de origen. Todos los diplomáticos de los distintos países estaban bajo el mismo régimen regulatorio y punitivo; es decir: inmunes a cualquier sanción por las infracciones de tránsito impagas. Ningún diplomático se preocuparía por estacionar su vehículo correctamente, dado la falta de consecuencias negativas en caso de no hacerlo. Dos economistas decidieron poner a prueba esta hipótesis.

Raymond Fisman y Edward Miguel examinaron el estacionamiento ilegal de los vehículos de los diplomáticos destinados a la sede de la ONU en Nueva York entre 1998 y 2002, dado que –con posterioridad a 2002 tal como se mencionó anteriormente– la ciudad impuso sanciones por dichas infracciones.[10] El objeto del estudio fueron las infracciones de estacionamiento de vehículos cometidas por diplomáticos de 149 países miembros de las Naciones Unidas. El estudio demostró que la cantidad de infracciones por cada diplomático se correlacionaba en forma contundente y positiva con el nivel de corrupción de sus países de origen, según el índice CPI de Transparencia Internacional. Es decir: los diplomáticos de países más corruptos tenían mayor cantidad de infracciones, mientras que los diplomáticos de países menos corruptos no tenían infracciones o eran muy pocas en comparación con las de sus colegas.

Estos resultados van en contra de lo que predicen modelos económicos estándar de actividad criminal en situaciones de ausencia de sanción. Según estos modelos, el nivel de infracciones de tránsito sería igual de alto para todos los diplomáticos. Sin embargo, el estudio demuestra que hay diplomáticos de países con poca corrupción, como Noruega, que se comportan de forma debida aún en ausencia de sanción, mientras que aquéllos de países con corrupción alta, como Nigeria, cometen muchas infracciones, lo que sugiere que "traen consigo" a Nueva York las normas

---

[10] Fisman, "Cultures of Corruption".

sociales o la cultura corrupta de su país de origen. Los autores del estudio concluyeron que "la implicancia teórica más importante de estos patrones de comportamiento en su conjunto es que la cultura, las normas informales y las emociones (en otras palabras, factores distintos de la sanción legal) desempeñan un papel clave en las decisiones de los funcionarios públicos de incurrir en prácticas corruptas".[11]

Edificio de las Naciones Unidas, Nueva York

En el segundo caso, se estudió el comportamiento de los propietarios extranjeros de empresas estadounidenses en relación a sus obligaciones impositivas. Este otro "experimento natural" llegó a conclusiones similares que el de Fisman y Miguel. En concreto, el estudio[12] examinó la relación entre el grado de evasión impositiva por parte de empresas estadounidenses

[11] Ibídem, 3. El estudio también demostró que después de 2002, con la entrada en vigencia de un régimen sancionatorio aplicable, las infracciones cayeron en forma dramática y en general con todos los diplomáticos.

[12] DeBacker, "Importing Corruption Culture from Overseas".

con propietarios extranjeros y los niveles de corrupción en sus países de origen. Al analizar información confidencial proveniente de las auditorías del Servicio de Recaudación Interna de los Estados Unidos (*Internal Revenue Service* o IRS, por sus siglas en inglés), el estudio demostró una correlación contundente entre el nivel de corrupción del país del propietario de la empresa y la evasión impositiva. La correlación era evidente, puesto que las leyes impositivas que regían en el caso eran las mismas para todas las empresas.[13] Además, el estudio demostró que, aun frente a nuevas medidas de control, las empresas con propietarios de países más corruptos seguían evadiendo impuestos en mayor escala. Los autores del estudio concluyeron que "la cultura parece desempeñar un papel importante en la evasión fiscal... Nuestros resultados exigen que se consideren los factores culturales al momento de diseñar marcos de gobernabilidad empresarial y aplicación de normas legales".[14]

La prevalencia de normas sociales sobre normas formales contra la corrupción

La mayoría de los diplomáticos en el estudio mencionado son de países donde la corrupción es sistémica; la misma es más norma que excepción. El comportamiento evidenciado por estos diplomáticos es generalmente lo normal, lo que se espera, en sus países de origen. En efecto, el abuso de la autoridad, del poder y de la confianza pública, son prácticas informales o códigos de comportamiento muy generalizados. No son conductas aisladas, que se encuentran en un solo sector o institución de la sociedad, sino que se encuentran profundamente arraigadas en todos los niveles sociales. Si bien existen normas formales que prohíben y sancionan la corrupción, su cumplimiento y ejecución es nulo o escaso. Los mecanismos de fiscalización, sean estatales o sociales, son débiles e ineficaces en impedir o controlar el abuso de poder o confianza pública para fines particulares.

La corrupción, o muchas de sus manifestaciones, no ocurren en ausencia de normas formales prohibitivas en la sociedad respectiva sino, muy por lo contrario, en contravención de las mismas. Es decir, el problema no es una falta de leyes o normas formales adecuadas, sino la prevalencia de normas sociales o informales que compiten y entran en conflicto con aquéllas. Tal como la auditoría del Banco Mundial lo explica, "una característica determinante de los contextos en los que la corrupción tiene lugar es una

---

[13] Ibídem, 6.

[14] Ibídem, 30. Para estudios empíricos experimentales sobre la corrupción, ver: Banuri, "Experiments in Culture and Corruption" [el articulo describe una serie de experimentos examinando la influencia de normas sociales en la proclividad a incurrir en soborno].

divergencia entre las normas formales e informales que regulan el comportamiento en el sector público [...]. Cuando la corrupción es sistémica, las normas formales continúan vigentes, pero en la práctica son sustituidas por normas informales".[15]

Esta prevalencia de las normas informales por sobre las formales obedece a razones culturales subyacentes y no simple y exclusivamente a estructuras políticas y/o económicas. Es decir: las normas formales, como las que prohíben los conflictos de interés, la influencia indebida o el nepotismo, entran en colisión con normas sociales que prescriben patrones o códigos de comportamiento que gozan de un nivel mayor de aceptación y legitimidad en las sociedades respectivas. Las prácticas corruptas se perciben como legítimas en la visión compartida de los miembros de una sociedad (o al menos en la de una parte significativa) y no actuar de ese modo presupone sanciones informales.[16] Sin perjuicio de las normas formales, prevalecen modos de uso de la autoridad o el poder político, económico o de otro tipo, que compiten y entran en conflicto con las primeras y dan como resultado la erosión de la confianza interpersonal y de la confianza pública en las instituciones.[17]

La legitimidad y aceptación social de la corrupción

Las normas sociales de corrupción reflejan y son motivadas por las actitudes y valores de la sociedad: es decir, su cultura. La prevalencia de las prácticas corruptas tiene sustento en características de la cultura. En dichas sociedades, los valores culturales no respaldan a las normas formales y las instituciones que promueven y protegen la integridad pública. Cuando la corrupción es la norma en una sociedad, no hay una adecuada internalización de los valores y actitudes en su contra. En sociedades con corrupción sistémica, como remarca la mencionada auditoría del Banco Mundial, la noción de interés público no está muy arraigada y compartida por los miembros de una sociedad y el Estado se percibe como una extensión de los intereses privados de los políticos, funcionarios públicos y grupos favorecidos. Consecuentemente, la ley no se aplica en forma

---

[15] World Bank, "The Role of the World Bank", 13.

[16] Amir N. Ver Licht, Chanan Goldschmidt, y Shalom H. Schwartz, "Culture Rules: The Foundations of the Rule of Law and Other Norms of Governance", *Journal of Comparative Economics* Vol. 35.4 (2007): 659-688, 660, doi:10.1016/j.jce.2007.09.001; Amir N. Licht, Chanan Goldschmidt, y Shalom H. Schwartz, "Culture Rules: The Foundations of the Rule of Law and Other Norms of Governance", (Interdisciplinary Center Herzliya, Israel, 24 diciembre 2002), 7, accedido el 21 de marzo de 2017, http://dev3.cepr.org/meets/wkcn/7/756/papers/licht.pdf.

[17] Ídem. Ver Licht, "Culture Rules" 2007, 660.

igualitaria y sirve a intereses privados y no públicos. A su vez, no hay una cultura de mérito en el sector estatal, sino que priman las relaciones personales y/o políticas en las contrataciones. En dicho contexto, no hay fiscalización efectiva de la corrupción y prevalece una cultura de la impunidad.[18]

Muchos autores sostienen que sus propias regiones y países tienen una "cultura de corrupción". Sobre África, los investigadores Gbolahan Gbadamosi de la Universidad de Worcester, Reino Unido, y Moshood Bello de la Facultad de Tecnología de Yaba, Nigeria, afirman que la corrupción es una forma de vida.[19] En Nigeria, uno de los países africanos con un alto nivel de corrupción, varios investigadores y estudiosos concuerdan que la corrupción está profundamente arraigada en la cultura. Por ejemplo, el investigador nigeriano Chinenye Leo Ochulor dice que "...todo nivel de la sociedad nigeriana ha sido profundamente permeado por una generalizada debilitante cultura de corrupción. Nuestras muchas iniciativas e instituciones anticorrupción son estériles y vacías de integridad...".[20] Otros dos investigadores nigerianos afirman que "el virus de la corrupción ha infectado a casi todos en la sociedad, (...) se ha internalizado por la mayoría de los nigerianos como si fuera una forma de vida o un valor aceptado en la sociedad. La persona que trata de no participar en prácticas corruptas en Nigeria no es nadie, (...) la vida sin la corrupción es una enfermedad porque la corrupción es lo correcto y sólo los tontos no lo cometen, (...) la honestidad es un crimen serio que se sanciona con el ridículo y la exclusión de la atención pública...".[21] Sobre América Latina, se ha afirmado que "la corrupción es un cáncer que se ha extendido

---

[18] World Bank, "Mainstreaming Anticorruption Activities", 37, 40.

[19] Gbolahan Gbadamosi y Moshood Bello, "Profiling Corruption Perception in Nigeria: Role of Religion and Gender", en *Business Strategies and Technological Innovations for Sustainable Development: Creating Global Prosperity for Humanity*, ed. Nejdet Delener et al. (Global Business and Technology Association (GBATA) Eleventh International Conference Readings Book, Prague, 2009), 440-447, 440, accedido el 21 de marzo de 2017, http://gbata.org/wp-content/uploads/2013/06/GBATA_2009_Readings_Book.pdf.

[20] Chinenye Leo Ochulor, "Ethical and Moral Implications of Corruption/Corruption: D'Implications éthiques et morales", *Canadian Social Science* Vol. 7.5 (2011): 223-224, doi:10.3968/J.css.1923669720110705.231. Ver también Smith, *A Culture of Corruption.*

[21] Wale Adesina y Catherine Ajoke Oluyemo, "Attitude, Perception and Practices of Male and Female Youth in Regard to Corruption in Nigeria: Implication for Development", en *Book of Proceedings: 2° International Conference on Human and Social Sciences* Vol. 7, ed. Antonello Biagini, Giovanna Motta, Andrea Carteny, Alessandro Vagnini (ICHSS, Tirana, 2012): 143-150, 143, 144, 147, doi:10.5901/ichss-2012-vol-07.

por todo el mundo, pero lo ha hecho en una manera particular en nuestro continente, al punto que tenemos una cultura de corrupción".[22] Como ejemplo, Osvaldo Hurtado, politólogo y ex presidente de Ecuador, explica en su libro *Las Costumbres de los Ecuatorianos* cómo distintos comportamientos corruptos son aprobados y promovidos socialmente en su país.[23] Con respecto a Asia, si bien las estructuras legales e institucionales se han fortalecido, la corrupción se ha devenido en una forma de vida en muchos países de la región del Asia Pacífico".[24] Como ejemplo, varios expertos locales, en una serie de talleres organizado por la agencia alemana de desarrollo internacional (GTZ), expresaron cómo la corrupción está arraigada culturalmente en países como Vietnam, Malasia, Filipinas e Indonesia.[25]

Decir que la cultura es un factor determinante de la corrupción o que una sociedad tiene una "cultura de corrupción", no significa que toda forma o manifestación de corrupción tenga el mismo grado de legitimidad o aceptación social. En otras palabras, hay formas o manifestaciones de corrupción que pueden ser generalizadas en una sociedad pero que no necesariamente resultan de los valores culturales de la misma. Hay estudios empíricos que demuestran con claridad que pueden existir profundas y significativas variaciones en los valores y las actitudes de la sociedad, según el tipo de corrupción y las circunstancias particulares de que se trate. No todas las formas de corrupción son identificadas y desaprobadas de la misma manera y en igual medida. Mientras que el soborno a gran escala entre las élites políticas y económicas recibe una fuerte condena social, la llamada corrupción en red (*network corruption*), que toma la forma de influencias indebidas, nepotismo y otros favoritismos, aparenta ser una práctica más habitual y legitimada en muchas sociedades.

Lo dicho nos recuerda, y trae a colación, la clasificación de la corrupción del politólogo Arnold Heidenheimer, que analizamos en el capítulo

---

[22] Katherine Marshall y Marisa Van Saanen, "Faith and Good Governance: Towards Strengthening Global Coalitions", (Berkley Center Reports, Berkley Center for Religion, Peace, and World Affairs, Washington, D.C.: 2009), 24, accedido el 21 de marzo de 2017, https://s3.amazonaws.com/berkley-center/090117FaithGoodGovernanceTowardsStrengtheningGlobalCoalitions.pdf. [citando al Cardenal de Honduras, Óscar Andrés Rodríguez Maradiaga]

[23] Osvaldo Hurtado, *Las Costumbres de Los Ecuatorianos* (Barcelona: Editorial Planeta, 2007), 219-243.

[24] Kumar, "Corruption, Development and Good Governance", 475, 477.

[25] GTZ y Goethe-Institut, "Cultural Aspects of Corruption", (Reports from Regional Round Tables in Asia, Eschborn, 2006), accedido el 21 de marzo de 2017, http://agriwaterpedia.info/images/6/67/GIZ,_Goethe-Institut_e.V._(2006)_Cultural_Aspects_of_Corruption.pdf.

segundo. Como recordamos, dicho experto explica que un mismo comportamiento corrupto puede clasificarse como corrupción blanca, gris o negra, según el grado de aceptación social en una comunidad. El comportamiento sería corrupción blanca si se tratara de una práctica social aceptada y legitimada en la sociedad en general. En el otro extremo, el comportamiento sería corrupción negra si se refiere a una práctica reprobada por toda la sociedad. Entre estas dos categorías estaría la corrupción gris, que engloban a aquellos comportamientos donde no hay un consenso social. Estas actitudes son reprobadas por un segmento de la sociedad, usualmente una minoría, mientras que son aceptados por el resto, en general la mayoría.[26]

Un singular estudio empírico llevado a cabo en Nepal demuestra cabalmente los distintos grados de aceptación social que reciben las distintas prácticas de corrupción.[27] Una original encuesta llamada "Encuesta de Aceptación de la Corrupción" (*Corruption Acceptance Survey*) se realizó sobre 853 ciudadanos nepalíes en 2009. Consistía en trece preguntas para evaluar el nivel de aceptación del que gozaban siete dimensiones de la corrupción. Las dimensiones eran:

1) *Menor versus Mayor*: ¿Tienen los encuestados diferentes opiniones respecto a la corrupción menor y la corrupción mayor? ¿Es importante a qué escala se lleva a cabo la transacción?

2) *Regalos versus Dinero*: ¿Tienen los encuestados distintas opiniones acerca de los sobornos monetarios y los no monetarios? ¿Se justifica la entrega de regalos?

3) *Público versus Privado:* ¿Tienen los encuestados distintas opiniones según se trate de agentes públicos o privados? ¿Existe una tendencia a fusionar el comportamiento público con el privado?

4) *Político versus Funcionario Público*: ¿Tienen los encuestados distintas opiniones según se trate de políticos o funcionarios públicos? ¿Se acepta el clientelismo político?

5) *Merecido versus Ilícito:* ¿Son los encuestados más compasivos con los ciudadanos que utilizan los sobornos para acceder a servicios que merecen? ¿Justifican los encuestados la corrupción en torno a servicios que no les corresponde legalmente?

6) *Oferentes versus Receptores:* ¿Tienen los encuestados distintas opiniones sobre los oferentes y los receptores de sobornos? ¿Condenan los encuestados únicamente al que recibe el soborno?

---

[26] Heidenheimer, *Political Corruption.*; Trujillo, "La corrupción política".

[27] Rory Truex, "Corruption, Attitudes, and Education: Survey Evidence from Nepal", *World Development* Vol. 39.7 (2011): 1133-1142, doi:10.1016/j.worlddev.2010.11.003.

7) *Favoritismo:* ¿Toleran los encuestados los actos de corrupción por parte de familiares y amigos? ¿Ven los encuestados al favoritismo como corrupción?[28]

Las trece preguntas se enumeran a continuación en la **Tabla 1**.

Tabla 1[29]

Pregunta	**Dimensión (número)**	**Nombre de la Pregunta**	**Contrapunto**
P1: Un empresario ofrece a un funcionario importante de la aduana una gran suma de dinero para poder importar bienes sin pagar impuestos	Corrupción Mayor (1)	Suma importante de dinero	Pregunta (P) 2
P2: Un comerciante ofrece a un recaudador de impuestos una pequeña suma de dinero para evadir el pago de impuestos	Corrupción Menor (1)/ Dinero (2)	Suma de dinero menor	P1, P3
P3: Un comerciante le ofrece a un recaudador de impuestos un pequeño regalo con el fin de evadir el pago de impuestos	Regalo (2)	Regalo menor	P2
P4: Un político le da un puesto de trabajo a un miembro de su familia a pesar de que otros candidatos estén más calificados	Sector Público (3)/ Político (4)	Cargo Político	P5, P6
P5: Un empresario le da un puesto de trabajo a un miembro de su familia a pesar de que otros candidatos estén más calificados	Sector Privado (3)	Cargo privado	P4, P6
P6: Un empleado público le da un puesto de trabajo a un miembro de su familia a pesar de que otros candidatos estén más calificados	Sector Público (3)/ Funcionario Público	Cargo Burocrático	P4, P5
P7: Un contratista de la construcción le entrega un importante regalo a un empleado público, esperando que le sea adjudicada una obra pública	Sector Público (3)	Contratación pública	P8
P8: Un contratista de la construcción le entrega un	Sector Privado (3)	Contratación privada	P7

[28] Ibídem, 1135.
[29] Ibídem, 1136.

importante regalo a un empresario privado, esperando que le sea adjudicada una contratación privada			
P9: Un empleado público le adjudica la construcción de una obra pública a la empresa de un amigo porque es su amigo	Favoritismo (7)	Contratación por favoritismo	P13
P10: Debido a un retraso, un docente de una escuela le entrega a un empleado público un pequeño regalo para asegurarse que su pasaporte sea tramitado	Servicio Merecido (5)	Oferente merecido	P11
P11: Un docente de escuela le entrega a un empleado público un pequeño regalo con el fin de obtener su pasaporte sin presentar la documentación necesaria	Servicio no merecido/ilícito (5)/ Oferente (6)	Oferente ilícito	P10, P12
P12: Un empleado público le solicita a un docente de escuela un pequeño regalo a cambio de entregarle su pasaporte sin haber presentado la documentación necesaria	Receptor (6)	Receptor ilícito	P11
P13: Un policía no le emite una multa de tránsito a un taxista porque es su amigo	Favoritismo (7)	Multa favoritismo	P9

Los resultados del estudio demuestran "una considerable diferencia en las actitudes frente a los distintos tipos de comportamientos corruptos (…). En general, hubo un mayor desacuerdo entre los ciudadanos respecto a los actos realizados fuera del contexto típico de un soborno y, como resultado, puede decirse que las reservas morales contra esos tipos de corrupción son más débiles".[30] El estudio confirma una colisión entre los valores que hacen énfasis en la imparcialidad y las normas sociales locales que enfatizan el favoritismo. El ejemplo de Nepal refleja la tensión mencionada entre las normas formales y las informales, debido a que los "titulares de un cargo público viven una 'situación esquizofrénica'; atrapados entre dos sistemas de valores opuestos entre sí".[31]

---

[30] Ibídem, 1137.

[31] Ibídem, 1134. Observaciones similares al estudio en Nepal se han realizado en relación a otros países del Pacífico incluyendo las Islas Salomón, Fiyi, Islas Cook,

Estudios antropológicos llevados a cabo en África han arrojado conclusiones semejantes, lo que demuestra que la legitimidad de una práctica de corrupción es altamente dependiente de su contexto. La corrupción tiene "dos caras", como explican los profesores y antropólogos franceses Giorgio Blundo y Olivier de Sardan: "la primera es abiertamente ilegal y condenada por todos. La segunda está legitimada por las prácticas sociales, es tolerada y en ocasiones fomentada de modo extraoficial, (...) los agentes adquieren una 'moral situacional' según dónde se ubique el agente y las circunstancias en las que se esté actuando".[32] Los autores examinan la diferencia entre las prácticas de corrupción que cuentan con legitimación social (informal), tales como el favoritismo en la administración de los servicios públicos, y las prácticas de corrupción que están prohibidas formalmente y además se denuncian como ilegítimas. En el primer caso, se espera que un agente público aproveche ilegítimamente de su posición o cargo para beneficiar a sus familiares y colegas; actuar en forma honesta es considerado inaceptable moralmente y sufre rechazo social. La última categoría incluye a los actos como la extorsión o aquellos relacionados con el robo de recursos privados. Si bien el hurto y la malversación son repudiados, "se vuelven más aceptables cuando el autor es conocido y la 'víctima' es abstracta, como por ejemplo, una dependencia estatal".[33] Por consiguiente, en sociedades con prácticas clientelistas profundamente arraigadas, los cambios en las estructuras y los incentivos institucionales no llegan a mucho. La **Tabla 2** describe el grado de legitimidad que reciben las formas básicas de corrupción en África.

Tabla 2[34]

Formas de corrupción	**Tipo de interacción**	**Grado de legitimidad**
Pago de gratificación	Transacción espontánea	Legítimo

Vanuatu, Palaos y Tonga. Ver: Larmour, "Corruption and the Concept of 'Culture'", 225, 228, 231-232.

[32] Blundo, *Everyday Corruption and the State.* Citado en Kolstad, "Corruption, Anti-Corruption Efforts and Aid", 27.

[33] Kolstad, "Corruption, Anti-Corruption Efforts and Aid", 27. Ver también: Francis Fukuyama, "Social Capital and Civil Society", (Elaborado para su presentación en la Conferencia del FMI sobre las Reformas de Segunda Generación, Washington, D.C., 1 octubre 1999), 67, accedido el 21 de marzo de 2017, http://www.imf.org/external/pubs/ft/seminar/1999/reforms/fukuyama.htm.

[34] Kolstad, "Corruption, Anti-Corruption Efforts and Aid", 27. La fuente de donde se extrajo la tabla es: Blundo, *Everyday Corruption and the State.*

Pago de comisión por servicio ilícito	Transacción negociada	Altamente ambivalente
Uso de influencias, favores, nepotismo	Transacción espontánea	Legítimo
Pago injustificado a cambio de un servicio público	Transacción negociada o extorsión	Predominantemente ilegítimo
Pago de una multa o tasa	Extorsión	Ilegítimo
Delitos de guante blanco, incompatibilidades	Apropiación	Predominantemente ilegítimo
Malversación	Apropiación	Altamente ambivalente

Otro estudio empírico examina las percepciones e interpretaciones de integridad profesional que tienen los docentes en las escuelas públicas de la República de Armenia y demuestra cómo el favoritismo y nepotismo constituyen normas sociales aceptadas.[35] Muchos de los docentes encuestados destacaron el trato favorable otorgado a los hijos de colegas. En varios de los casos, se les dio un puntaje más alto a estos estudiantes o se les permitió copiarse durante los exámenes. El estudio demuestra que este tipo de favoritismo es una fuerte expectativa de la comunidad de docentes y que la no conformidad con dicha expectativa trae como consecuencia acusaciones de falta de compañerismo y lealtad profesional. La mayoría de los profesores expresó que ésta es una conducta aceptable aunque eran conscientes de que violaba la norma formal. "En mi extensa carrera profesional ha habido muchos casos en donde les he pedido a mis colegas que les den notas más altas a mis familiares y yo misma he dado puntaje más alto a los hijos de mis colegas. Así es la vida y uno debe respetar a sus colegas", expresó una de las profesoras.[36] Como contraparte, aquéllos pocos que se resistieron a esta norma informal fueron marginados y tildados de "ovejas negras".[37] Aunque entienden que esta práctica de favoritismo viola la ética profesional y erosiona la confianza en las escuelas, la mayoría de los profesores se comporta de ese modo porque pareciera que valoran las relaciones personales más que la integridad profesional.

---

[35] Meri Avetisyan y Varsenik Khachatryan, "Nepotism at Schools in Armenia: A Cultural Perspective", (Edmond J. Safra Working Papers No. 51, Harvard University, 2014).
[36] Ibídem, 10.
[37] Ídem.

En América Latina, varios estudios empíricos realizados ofrecen hallazgos muy relevantes. En uno realizado en México,[38] se demuestra la aceptación social del favoritismo hacia familiares y parientes (también llamado por el autor como amiguismo o cuatismo), tanto en recibir servicios que le corresponden legalmente como en evadir la norma. El estudio, basado en investigaciones empíricas en Aguascalientes, demuestra que "el intercambio de favores es una costumbre arraigada en la sociedad mexicana por lo que incluye prácticas que la población, o parte de ella, no considera como corrupción".[39] La obtención de favores se puede conseguir mediante dos vías: el soborno o las palancas. Según las encuestas, la mayoría de los mexicanos prefiere tener palancas que tener dinero, lo que valida el dicho de "el que tiene amigos no es pobre".[40] Asimismo, la mayoría de los encuestados "cree que quien ocupa un cargo (público o privado) tiene obligación de ayudar a sus parientes y amigos, aunque para hacerlo tenga que violar normas...".[41]

Como concluye el estudio, este sistema de favoritismo (al que el autor del estudio categoriza como un caso de corrupción gris) "es sostenido por variables culturales de lealtad, confianza y amistad, por lo que es socialmente validado y legitimado; la mayoría de la gente común, y muchos de los funcionarios, no ve en estas conductas algo ilícito, inmoral ni corrupto; por el contrario, aquél que no respeta esta costumbre es sancionado por su grupo social etiquetándolo como mal amigo, mal paisano o, de plano, como una mala persona".[42] Lo que ocurre, agrega el estudio, "es un problema cultural, que no se resuelve con medidas administrativas o legales, sino con estrategias culturales... El análisis de la relación entre el intercambio de favores y la corrupción nos muestra la estrecha relación entre corrupción y cultura. Si definimos la cultura como "el significado social de la realidad", la problemática planteada acerca de la significación que tiene para una sociedad el intercambio de favores y su relación con la corrupción se presenta, precisamente, como una problemática cultural. Si el intercambio de favores, más que como corrupción se ve como una obligación social que no sólo no es reprobable, sino encomiable, difícilmente se podrá combatir. E igual consideración debe hacerse acerca de la corrupción burocrática, la que no involucra en cada transacción grandes cantidades de dinero...".[43]

---

[38] Zalpa, "'El que a buen árbol se arrima...'".
[39] Ibídem, 149.
[40] Ibídem, 164.
[41] Ibídem, 166.
[42] Ibídem, 165.
[43] Ibídem, 173-174.

En un segundo estudio en México,[44] los autores se refieren al uso de "palancas" como comportamiento socialmente aceptado. Dentro del contexto cultural mexicano, "es explicable que una persona utilice sus influencias o su puesto para ayudar a familiares y amigos a conseguir trabajo, evitar un trámite, evadir una multa o conseguir un contrato sin sentirse culpable por ello; porque existen en su grupo familiar, social o cultural obligaciones que orientan su actuar que relega a segundo plano las obligaciones administrativas o legales, sobre todo en aquellos casos en los que no hay una clara definición para separar lo legal de lo ilegal, o cuando la impunidad es muy frecuente".[45] Sin embargo, agrega el estudio, utilizar palancas o conocidos implica un tratamiento preferencial e injusto dado que relega a los que no tienen conocidos o palancas y que "lleva a una situación social de inequidad en la que en ocasiones podemos resultar beneficiados de manera individual, pero como sociedad nos perjudica".[46]

La investigación que estaba realizando en 2017 con otros colaboradores en América Latina arrojaba una variación semejante en las actitudes frente a los distintos tipos de corrupción. Un estudio empírico en Ecuador examinaba la relación entre una serie de variables demográficas y las actitudes frente a los tipos de corrupción. La metodología de investigación combinaba información cuantitativa (encuestas) e información cualitativa (entrevistas). La encuesta incluía una serie de variables demográficas y varias situaciones hipotéticas que reflejaban distintos modos de razonamiento ético en relación con varias formas de corrupción (nepotismo, amiguismo, malversación, clientelismo, extorsión y soborno). Se les daba situaciones hipotéticas a los participantes y se les preguntaba en qué medida, usando una escala de seis puntos, estarían de acuerdo con un modo de razonamiento ético frente a dichas situaciones. Los resultados preliminares al momento de publicación de este libro revelaban que los participantes adoptan una ética situacional y una aceptación generalizada del favoritismo. No parecía haber diferencias significativas en relación con el género, la ocupación o el nivel de educación.

Los resultados preliminares citados son similares a las observaciones realizadas por muchos especialistas en América Latina. El politólogo y ex-presidente ecuatoriano, Hurtado, demuestra de forma muy gráfica la ausencia de normas y valores que contemplen la imparcialidad en su país de origen. De hecho, "... las jerarquías sociales hacen que prevalezcan las relaciones personales por sobre las institucionales. Quienes toman decisiones piensan en la persona o grupo que será beneficiado o

---

[44] Tovar, "La corrupción a la luz de los dichos y refranes", 21-65.
[45] Ibídem, 32-33.
[46] Ibídem, 57.

perjudicado y no en los méritos que pudiera tener el recurrente y en las necesidades que merecerían atenderse, especialmente en el caso del sector público. Cuando una autoridad se halla en posibilidad de retribuir o sancionar a un individuo, (...) en lugar de tener en mente sus conocimientos, capacidades, experiencias y responsabilidades, lo que con frecuencia registra son las relaciones de amistad, parentesco y compadrazgo, como también afinidades políticas, compañerismo gremial, conexiones, contactos y *palancas.* (...) El personalismo, la palanca y el compadrazgo son factores fundamentales que permiten navegar exitosamente en un sistema que premia al estatus social y las conexiones".[47] Hurtado agrega que el "nepotismo y el amiguismo están regularmente presentes. La relación entre parientes es tan fuerte que la persona que no acepte sus peticiones y no los coloque en cargos burocráticos provoca el resentimiento de los afectados, a los que jamás se les ocurre pensar en sus merecimientos".[48]

En líneas generales, lo que Hurtado explica sobre el Ecuador se aplica al resto de América Latina. El periodista y escritor Carlos Alberto Montaner señala con pesar que "un alto porcentaje de latinoamericanos propician o toleran relaciones en las cuales la lealtad personal se premia y el mérito es prácticamente descartado. En la cultura latinoamericana, la lealtad rara vez se extiende más allá del círculo de familiares y amigos. Por esta razón, el sector público cuenta con muy poca credibilidad y la noción de bien común es muy débil".[49] Asimismo, Montaner afirma que en América Latina se percibe al poder como la capacidad de operar por encima de la ley.[50] El politólogo estadounidense Francis Fukuyama se hace eco de Montaner y agrega: "En muchas sociedades latinoamericanas, confiar en un círculo muy limitado de personas da como resultado un sistema de doble moral, en el cual el buen trato se reserva a los familiares y a los amigos personales, al mismo tiempo que la relación es decididamente menos atenta con el resto de la sociedad que no forma parte de estos grupos. Esta práctica sirve de base cultural para la corrupción, la que muchas veces se considera una forma legítima de cuidar a la familia (...). En gran parte de América Latina, el capital social radica mayormente en la familia y en un círculo más bien reducido de amigos personales. A las personas les resulta difícil confiar en aquéllos que se encuentran por fuera de estos grupos restringidos. Las

---

[47] Hurtado, *Las Costumbres de Los Ecuatorianos,* 233.
[48] Ibídem, 234.
[49] Carlos Alberto Montaner, "Culture and the Behavior of Elites in Latin America", en *Culture Matters: How Values Shape Human Progress*, ed. Lawrence E. Harrison y Samuel P. Huntington (New York: Basic Books, 2000): 59.
[50] Ibídem, 58.

personas no conocidas o extrañas están en una categoría distinta a la de los parientes; las normas morales son menos exigentes cuando uno se convierte en funcionario público. Esto refuerza la corrupción desde la cultura: en estas sociedades, uno se cree en su derecho de robar si es en beneficio de su familia".[51]

El logro de la imparcialidad puede dificultarse enormemente en sociedades donde las personas que ocupan cargos de confianza pública (jueces, fiscales o policía) consideran que la lealtad a la familia, amigos u otras "conexiones" prevalecen por sobre la norma formal que debería guiar su comportamiento. Para ser claro: no estamos diciendo que las prácticas corruptas estén siempre relacionadas con un sistema de valores en conflicto y sean únicamente motivadas por éste. La verdad es que hay un sinnúmero de razones diferentes por las que las personas participan de actos de corrupción; por eso, si uno se los atribuyera únicamente a factores culturales caería irremediablemente en una grosera generalización. El accionar corrupto puede ser el resultado de una frustración como consecuencia de sistemas políticos y económicos débiles o una estrategia de supervivencia ante la falta de igualdad de oportunidades políticas y económicas.[52] Del mismo modo, es posible que la gente cometa actos de corrupción (generalmente sobornos) porque los demás también lo hacen: se trata de un problema de acción colectiva en el que no tiene propósito alguno ser el único tonto que respeta las normas formales.

Si bien pueden existir razones desde el punto de vista pragmático para que los ciudadanos participen en la reproducción social de la corrupción, también hay factores culturales que no pueden desestimarse o hacerse a un lado con liviandad. De otro modo, no se puede explicar por qué sociedades con instituciones y sistemas de incentivos similares tienen diferentes niveles de corrupción. Hay prácticas corruptas que están arraigadas en la conciencia de amplios segmentos poblacionales –es decir: que no se consideran ilegítimas sino como un modo de vida. Como hemos visto anteriormente, no toda forma de corrupción recibe el mismo grado de reprobación moral. Si bien es cierto que en los líderes políticos recae una mayor responsabilidad, las prácticas de corrupción están presentes en todos los estratos y sectores de la sociedad. Hasta que las normas de buena gobernabilidad no sean respetadas tanto por los líderes como por los ciudadanos, la corrupción continuará siendo moneda corriente. Los líderes y los ciudadanos tienen que internalizar tales reglas; "la corrupción es una cuestión de 'apropiación' (*ownership*) en la misma medida en que es un

[51] Fukuyama, "Social Capital and Civil Society", 8.
[52] GTZ, "Mainstreaming Anti-Corruption", 6-7.

problema técnico".[53] Una estrategia anticorrupción focalizada única o mayormente en estructuras políticas y económicas no tendrá éxito sin entender profundamente y abordar adecuadamente los factores culturales que la promuevan y sustenten.

Legitimidad social y valores sociales

Las prácticas o normas sociales mencionadas tienen mucho que ver con los valores incubados en la cultura de una sociedad. Existen ciertas orientaciones, preferencias o énfasis en los valores de las sociedades que facilitan o restringen normas sociales de corrupción. Los valores "son la esencia de la cultura [...], son las ideas abstractas compartidas de forma implícita o explícita acerca de lo que es bueno, correcto y deseable en una sociedad".[54] Los valores "justifican y guían la manera en que funcionan las instituciones sociales (por ejemplo, el sistema familiar, educativo, económico, político y religioso) y cuáles son sus objetivos y metodología. Los actores sociales recurren a los mismos para elegir sus acciones, evaluar a individuos y eventos, y explicar o justificar sus acciones y evaluaciones".[55] Es por esto que los valores de una sociedad influyen y moldean las normas sociales de gobernabilidad: es decir, la manera de adquisición y ejercicio del poder o autoridad dentro de una sociedad.[56] Hay una relación entre las normas informales y los valores culturales. Volviendo a Heidenheimer, los niveles más altos de corrupción blanca y corrupción gris están asociados con sociedades o comunidades donde las lealtades a la familia, "patrones" o círculos muy cerrados de personas son los que priman, no importando el acto de la persona, y donde hay poca o ninguna identificación con la comunidad más amplia –o sea, con el resto de los ciudadanos.

Otros estudios empíricos asocian el nivel de la corrupción en una sociedad con su perfil cultural que surge de su posicionamiento dentro de determinadas escalas de valores o dimensiones valorativas surgidas de la psicología social.[57] En su estudio, los profesores Licht, Goldshmidt y Schwartz aseguran que el perfil cultural de una sociedad –es decir, sus

---

[53] World Bank, "Mainstreaming Anticorruption Activities", 40.

[54] Ver Licht, "Culture Rules" 2002, 3-4.

[55] Ídem.

[56] Ver Licht, "Culture Rules" 2007, 663.

[57] Ídem. Ver también: Husted, "Wealth, Culture, and Corruption"; Sanyal, "Corruption Across Countries"; Brian S. Connelly y Deniz S. Ones, "The Personality of Corruption: A National-Level Analysis", *Cross-Cultural Research* 42.4 (2008): 353-385, doi:10.1177/1069397108321904 (en cuanto explica la relación entre las dimensiones culturales de Geert Hofstede y el consumo nacional).

valores– anticipa y explica las diferencias que se perciben en la adherencia a las normas de buena gobernabilidad, incluyendo aquéllas contra la corrupción.[58] Las sociedades que tienen fuertes valores de individualismo e igualitarismo, y que son menos paternalistas y jerárquicas, son las que más fortalecen y sustentan normas sociales contrarias a la corrupción y favorables al estado de derecho. Donde hay un énfasis cultural en la autonomía y el igualitarismo, donde prevalece la igualdad moral de los individuos, la corrupción es más incompatible porque atenta contra nociones de imparcialidad.

Una sociedad con valores igualitarios enfatiza la igualdad moral de todos los individuos, los que ejercen la autoridad y los que están sujetos a los mismos. Sin importar las diferencias de estatus formal, una cultura con valores igualitarios exhorta a todos a promover el interés general. Una sociedad con valores menos igualitarios y más jerárquicos es más tolerante del abuso de autoridad y la falta de rendición de cuentas. Los autores concluyen que "las sociedades que enfatizan la individualidad de cada persona y la igualdad moral de las mismas tienden a desarrollar y sostener instituciones que promuevan la transparencia social, lo que permite que cada miembro de la sociedad planee su accionar independiente. Por el contrario, las sociedades que enfatizan menos dichos valores y que ven al individuo como parte arraigada de grupos sociales jerárquicos son más propensas a desarrollar instituciones que admitan y faciliten el ejercicio del poder desde arriba y que comprometan los intereses de los individuos".[59]

En un estudio similar al mencionado anteriormente, el profesor canadiense Bryan W. Husted[60] descubre una fuerte asociación entre la dimensión cultural de jerarquía (*power distance*, entendido como la expectativa y aceptación social de desigualdades en la distribución de poder en una sociedad) y la corrupción. Esta dimensión cultural de jerarquía refleja determinadas actitudes sociales hacia estilos de liderazgo y el disenso con la autoridad. Se destaca una mayor subordinación y lealtad a la autoridad, lo que lleva a mayor impunidad (*cover-ups* u ocultaciones ilícitas). A su vez, Husted destaca una asociación importante entre la corrupción y la dimensión cultural de colectivismo, entendida como la tendencia social a favorecer el grupo o red particular de pertenencia del individuo. En el estudio referido anteriormente sobre favoritismo y nepotismo en las escuelas públicas en Armenia, los autores establecen la

---

[58] Ver Licht, "Culture Rules" 2007.
[59] Ibídem, 663.
[60] Husted, "Wealth, Culture, and Corruption".

conformidad de dichas prácticas con las orientaciones o dimensiones valorativas de la sociedad armenia.[61]

Nos encontramos frente a un choque de valores: la lealtad o las relaciones personales prevalecen por sobre la imparcialidad y la equidad; se siente más culpa frente al socio corrupto (pariente, amigo, colega o superior) que hacia un tercero (otras personas, la comunidad) víctima. En efecto, "en aquellas sociedades donde es débil la separación entre las esferas pública y privada, y donde se hacen todavía muy presentes los sentimientos de lealtad a las familias, grupos o etnias de procedencia, las acciones corruptas se perciben libres de penalización moral cuando el beneficiario pertenece al propio grupo: es lo que se ha conocido como amoral *familism*".[62] Por consiguiente, a menos que se internalicen valores y normas de buena gobernabilidad y se eleve la cultura de legalidad, no habrá control social que reaccione con indignación y denuncia frente a estas prácticas corruptas.

Valores e instituciones

La cultura no es solamente un factor relevante de la corrupción, sino que es fundamental al buen funcionamiento de las instituciones. En efecto, se puede decir que la integridad de una sociedad depende más de los valores personales y sociales que de las estructuras y los sistemas. El funcionamiento de las instituciones depende de –y refleja– los valores y actitudes culturales. Como dijo el economista Daniel Etounga-Manguelle de Camerún, "la cultura es la madre, las instituciones son los hijos".[63] Transparencia Internacional identifica a la cultura como uno de los elementos fundacionales que sustentan la integridad de un país. Según el organismo, el sistema de integridad de un país puede compararse con un templo griego donde los pilares están representados por las distintas instituciones, tanto públicas como privadas, que desempeñan un papel en promover y proteger la integridad (ver Cuadro 1).[64]

---

[61] Avetisyan, "Nepotism at Schools in Armenia".

[62] José Antonio Alonso, "Corrupción y Calidad Institucional en América Latina", (Anuario Iberoamericano, Real Instituto Elcano, 2012): 44-63, 59, accedido el 21 de marzo de 2017, http://www19.iadb.org/intal/intalcdi/PE/2012/10978.pdf.

[63] Daniel Etounga-Manguelle, "Does Africa Need a Cultural Adjustment Program?", en *Culture Matters: How Values Shape Human Progress*, ed. Lawrence E. Harrison y Samuel P. Huntington (New York: Basic Books, 2000): 65-79, 75.

[64] Traducción del cuadro en Jeremy Pope, "Confronting Corruption: The Elements of a National Integrity System," (Transparency International, 2000), 36.

Cuadro 1

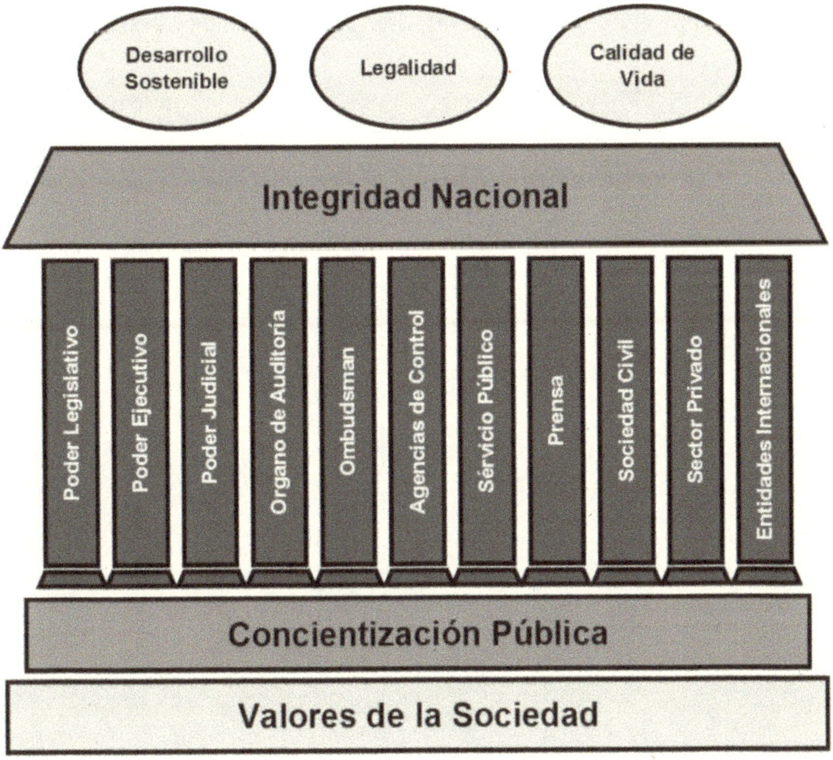

Estas instituciones incluyen el Poder Ejecutivo, el Legislativo, el Judicial, los organismos auditores, *ombudsman* y otras entidades de fiscalización, así como la sociedad civil y los medios de comunicación. A su vez, estos pilares están asentados en los cimientos que incluyen los valores de una sociedad. Si estos valores no están arraigados, los cimientos serán débiles y los pilares serán inefectivos. De todo esto se desprende que, en última instancia, los incentivos fundamentales para reducir la corrupción son los valores morales y la ética de la sociedad. Aquí es donde debe residir el énfasis de las reformas.

Capítulo Séptimo
La cultura de corrupción en la Justicia

"Hacete amigo del Juez, no le dés de qué quejarse, que siempre es bueno tener, palenque de ande rascarse"

(José Hernández, *Martín Fierro*)

" Nombren jueces y oficiales…que juzguen al pueblo con verdadera justicia. No perviertan la justicia; no hagan ninguna diferencia entre unas personas y otras, ni se dejen sobornar, pues el soborno ciega los ojos de los sabios y pervierte las palabras de las personas justas."

(Deuteronomio 16:18-19)

Reformas institucionales para combatir la corrupción judicial

La corrupción en la Justicia es uno de los problemas más serios de gobernabilidad en América Latina, en particular la interferencia en la independencia e imparcialidad judicial, tanto respecto de los poderes políticos del gobierno como en relación a cualquier grupo o persona. En su último Barómetro de la Corrupción Mundial,[1] Transparencia Internacional puso de manifiesto que se percibe que la corrupción ha penetrado hasta los cimientos de los sistemas judiciales en una gran cantidad de países. De hecho, el sistema judicial ocupa el segundo puesto en el ranking de las instituciones más corruptas, sólo superado por la policía. En América Latina, el sistema judicial es una de las instituciones más corruptas en la mayoría de los países encuestados. En efecto, los ciudadanos consultados en seis de once países ubicaron al sistema judicial por encima de los 4 puntos (de una escala de 1 a 5, donde 1 significa que no existe corrupción en absoluto y 5 significa que hay un nivel superlativo de ella); otros tres países latinoamericanos calificaron al sistema judicial apenas por debajo de los 4 puntos y sólo los dos restantes lo situaron apenas por encima de los 3 puntos.

La independencia e imparcialidad judicial es una norma constitucional fundamental en todas partes del mundo; asimismo, resulta vital para la función central y la integridad del sistema de justicia.[2] En términos

---

[1] Transparency International, "Global Corruption Barometer 2013".

[2] Adam Dodek y Lorne Sossin, ed., *Judicial Independence in Context* (Toronto: Irwin Law, 2010), 298. (donde se citan varias fuentes); Shimon Shetreet y Christopher

sencillos, los jueces, en el ejercicio de sus funciones, deben estar sometidos únicamente a la fuerza de ley y encontrarse exentos de interferencias o presiones indebidas. Como afirma el profesor de Derecho de la Universidad de Harvard, Lawrence Lessig, la independencia del sistema judicial es en realidad una "dependencia debida", que se define como "un sistema judicial que dependa de la ley y no del presidente, de la política, o de cualquier otro factor que pueda contaminar a la Justicia".[3] Las órdenes emanadas de los jueces deben cumplirse en todos sus puntos y con total veracidad, sin perjuicio de su incidencia en el gobierno o en otros intereses de poder.

En América Latina, la independencia de la que goza la Justicia en la práctica es muy limitada. La representación que se hace de ella, como una dama con sus ojos vendados, es sólo eso: una utopía que dista mucho de la realidad; su venda muchas veces se corre o nunca estuvo en su lugar. La Justicia independiente e imparcial es un fenómeno poco frecuente: rara vez se imparte sin miedo, sin ánimo de favorecer a alguien o sin estar condicionada por el dinero o el poder. La independencia judicial ha sido obstaculizada en gran medida por la influencia penetrante e indebida que han ejercido actores provenientes del Poder Ejecutivo. Es habitual que los gobiernos interfieran en la gestión de nombramientos y procesos judiciales. Esta influencia sistemática e indebida sobre la imparcialidad de los procesos judiciales debilita la integridad de la Justicia como institución y erosiona la confianza pública.

Desde fines de la década del '80, los gobiernos latinoamericanos y de otros países, con ayuda de organismos bilaterales y multilaterales de desarrollo, han implementado reformas para fortalecer la independencia de la Justicia, ya que constituye un objetivo clave de las reformas apoyadas por dichas entidades con el fin de promover la buena gobernabilidad en los países prestatarios. En efecto, el Banco Mundial, de igual manera que otros organismos internacionales, identificó desde un inicio a la independencia judicial como un elemento central de los proyectos de reforma judicial[4] y

---

Forsyth, ed., *The Culture of Judicial Independence: Conceptual Foundations and Practical Challenges* (Leiden: Martinus Nijhoff Publishers, 2012), 1.

[3] Lessig, *Republic, Lost*, 130-131.

[4] Ibrahim F. I. Shihata, "Legal Framework for Development: The World Bank's Role in Legal and Judicial Reform", en *Judicial Reform in Latin America and the Caribbean: Proceedings of a World Bank Conference*, ed., Malcom Rowat, Waleed H. Malik, y Maria Dakolias (World Bank Technical Paper Number 280, Washington, D.C., 1996): 13-15, accedido el 21 de marzo de 2017, http://documents.worldbank.org/curated/en/490731468772466693/pdf/multi-page.pdf. (La función principal del sistema judicial se compone de tres elementos: 1) un sistema judicial plenamente operativo en el que los jueces apliquen la ley de forma equitativa y predecible sin retrasos indebidos ni costos inaccesibles; 2) normas interpretadas y

reafirmó su importancia en el marco estratégico para las reformas judiciales del año 2003.[5] La independencia judicial es el primer pilar de la estrategia de reforma legal y judicial del Banco Mundial.[6] Como señalan desde la entidad, "primero y principal, el Poder Judicial debe ser independiente, imparcial y efectivo".[7] El estado de derecho (tal como lo expresa el Banco) "se construye sobre la base de un sistema judicial independiente, eficiente y efectivo".[8] Asimismo, la independencia judicial se considera "una característica obligatoria de cualquier proyecto de reforma[9] y los esfuerzos por promover la independencia judicial son (...) vitales para asegurar la reforma judicial".[10] Del mismo modo que otros organismos internacionales de desarrollo, el Banco Mundial ha financiado en sus operaciones una gran variedad de soluciones para reducir la influencia política indebida en los procesos judiciales.

En concordancia con el abordaje que hace de la corrupción en todos los ámbitos, el Banco Mundial plantea una posible solución del problema de la corrupción en la Justicia mediante reformas institucionales que incluyen varias de las opciones ya vistas de las reformas de oferta y de demanda.[11]

---

aplicadas de acuerdo con los procesos establecidos y 3) un órgano independiente para resolver los conflictos).

5 World Bank, "Legal and Judicial Reform: Strategic Directions", (World Bank Working Paper, Washington, D.C., 2003), accedido el 21 de marzo de 2017, http://documents. worldbank.org/curated/en/2003/01/2629017/legal-judicial-reform-strategic-directions.

6 Ibídem, 3.

7 Ibídem, 2.

8 Ídem.

9 Jeffrey A. Clark, "Building on Quicksand: The Collapse of the World Bank's Judicial Reform Project in Peru", (New York: Lawyers Committee for Human Rights, 2000), 3, accedido el 21 de marzo de 2017, https://pdfs.semanticscholar.org/3b7b/33841d1c96300b06bcb0f3c3ca02200aacab.pdf.

10 Maria Dakolias, "A Strategy for Judicial Reform: The Experience in Latin America", *Virginia Journal of International Law* Vol. 36.1 (1995): 167-232, 172.

11 Mary Noel Pepys, "Justice System", en *Fighting Corruption in Developing Countries: Strategies and Analysis*, ed., Bertram I. Spector (Bloomfield: Kumarian Press, 2005). (en cuanto hace referencia a cuatro grandes esferas de la reforma judicial: disminución de las atribuciones, limitación de la discrecionalidad, aumento de la transparencia y la rendición de cuentas, y la mejora de las condiciones de trabajo); y Mary Noel Pepys, "Corruption within the Judiciary: Causes and Remedies", en *Global Corruption Report 2007: Corruption in Judicial Systems,* Transparency International (New York: Cambridge University Press, 2007): 3-10, 4-5. (donde menciona tres grandes categorías de reformas: fortalecimiento de la independencia del Poder Judicial, implementación de mecanismos de rendición de cuentas y mejora de la competencia de los controles externos). En estos programas de reforma judicial (y en América Latina en particular) son habituales los consejos judiciales, creados como mecanismos independientes que participan en la selección y designación de jueces. Ver: Nuno

Las reformas de oferta se centran en la estructura y las funciones del gobierno relacionadas con la Justicia. Consisten primordialmente en modificaciones en las normas formales (incluyendo normas constitucionales), las instituciones y los procedimientos relacionados con el proceso de las designaciones judiciales, estabilidad en el cargo, seguridad económica de los jueces y control judicial sobre la administración y la disciplina presupuestaria de los juzgados. Más allá de estas medidas estructurales, los organismos internacionales financian intervenciones para estimular la denominada "independencia operacional"; es decir: la capacidad técnica del sistema judicial para gestionar y administrar sus propios recursos humanos y materiales, incluyendo la educación, la seguridad, las condiciones laborales, la información de carácter jurídico y los procedimientos y gestiones judiciales.[12]

En lo que se refiere a las reformas de demanda, los organismos internacionales promueven la mayor participación de la sociedad civil a través de medidas tendientes a incentivar la transparencia y la rendición de cuentas, con el fin de aumentar la vigilancia pública del sistema judicial. Estas reformas tratan principalmente de nuevas normas y mecanismos institucionales para favorecer el involucramiento de las organizaciones no gubernamentales, los medios de comunicación y la población en general.[13]

El caso de Perú, que me ha tocado vivir personalmente como funcionario del Banco Mundial, ofrece un buen ejemplo del enfoque de los organismos internacionales hacia la independencia judicial. A principios de los '90, existía un reconocimiento generalizado acerca de que la Justicia peruana carecía de integridad y de confianza pública, debido en gran medida a la percepción de que la misma estaba altamente politizada. Los organismos internacionales de desarrollo registraban que existía una tradición histórica

---

Garoupa y Tom Ginsburg, "Guarding the Guardians: Judicial Councils and Judicial Independence", *American Journal of Comparative Law* Vol. 57.1 (2009): 103-134 ("por iniciativa del Banco Mundial y otros organismos donantes multilaterales, los consejos judiciales forman parte del paquete estándar de instituciones asociadas a la programación de reformas políticas y en materia del estado de derecho").
Muchas veces estas nuevas instituciones poseen integrantes diversos que representan no solamente a numerosas áreas de gobierno, sino también a grupos conformados por miembros de la sociedad civil, como los colegios de abogados, las universidades y otras organizaciones profesionales. En el papel, estos consejos prometían importantes avances; sin embargo, en la práctica, sus desempeños han sido desalentadores. Han perdurado los patrones de influencia indebida, los amiguismos y la parcialidad. Estas modernizaciones institucionales demostraron ser incapaces de sobreponerse a las prácticas sociales del particularismo y el favoritismo exacerbados.

[12] Roberto Laver, "The World Bank and Judicial Reform: Overcoming 'Blind Spots' in the Approach to Judicial Independence", *Duke Journal of Comparative & International Law* Vol. 22.2 (2012): 183-238.

[13] Ídem.

de interferencia política en Perú, similar a la de muchos otros países de América Latina.

Como respuesta a la corrupción judicial, el entonces Gobierno peruano llevó a cabo una serie de reformas estructurales. La más significativa fue la modificación de su proceso político de nombramiento y remoción judicial por un mecanismo que se preveía que sería más independiente y pluralista. Por mandato constitucional, Perú estableció un nuevo órgano, el Consejo Nacional de la Magistratura, con el propósito de despolitizar el Poder Judicial e implementar un sistema de nombramiento, promoción y remoción basado en los méritos y sin representación de los poderes políticos. El Consejo no tiene representación ni del Poder Ejecutivo ni del Legislativo. Sus miembros son integrantes del Poder Judicial y de diversas organizaciones de la sociedad civil, como el colegio de abogados, las universidades públicas y privadas y otras asociaciones profesionales. Además de esta reforma estructural, otras reformas institucionales incluyeron el incremento de los salarios judiciales, un nuevo sistema de evaluaciones de desempeño de jueces y fiscales y una mayor transparencia en el funcionamiento de los tribunales.

Estas reformas institucionales, implementadas en Perú y en otros países latinoamericanos, han mayormente fracasado en su búsqueda de lograr una Justicia más independiente. Casi tres décadas después de realizadas, los resultados han sido, por lo menos, bastante decepcionantes.[14] Ha habido

---

[14] Ver, por ejemplo: Keith Henderson, "Global Lessons and Best Practices: Fighting Corruption and Promoting the Rule of Law through Transparency, Openness and Judicial Independence" (International Foundation for Electoral Systems Rule of Law White Paper Series, Chengdu, 2005). ("Si bien es cierto que muchos países no encuentran la forma de crear o promover un sistema judicial independiente dentro de contextos socioeconómicos diferentes, la realidad es que la mayoría no tuvo éxito debido a la falta de liderazgo político y de un amplio apoyo popular; no porque la independencia jurídica sea demasiado abstracta desde el punto de vista conceptual como para ser definida, o demasiado compleja como para que sea posible implementarla desde el punto de vista estructural"); Maria González de Asís, "Anticorruption Reform in Rule of Law Programs", (World Bank Institute, Washington, D.C., 2006), accedido el 21 de marzo de 2017, http://web.worldbank.org/archive/website01006/WEB/IMAGES/ANTICORR.PDF. (en cuanto hace referencia a datos que demuestran que la corrupción judicial no ha disminuido y que los niveles de independencia se han deteriorado, y en cuanto agrega que "un examen global de las reformas judiciales implementadas en los últimos veinte o treinta años no arroja resultados de importancia"); Margaret Popkin, "Esfuerzos para Aumentar la Independencia e Imparcialidad Judicial en América Latina", *Sistemas Judiciales* No. 4 (2002): 47-61, accedido el 21 de marzo de 2017, http://www.sistemasjudiciales.org/content/jud/archivos/revpdf/28.pdf. (en cuanto cita los resultados poco satisfactorios de las reformas aplicadas a los sistemas de selección,

mucha reforma formal pero poca real; las intervenciones institucionales han sido inadecuadas en mejorar la independencia real, o *de facto*, de la Justicia. La evidencia es contundente. Varios estudios empíricos demuestran una relación débil, si es que existe, entre la independencia formal o institucional y la independencia real en los países en vías de desarrollo, como los de América Latina.[15] En síntesis: "sólo existe, en el

---

nombramiento, sanciones, promoción y evaluación de los jueces); Linn Hammergren, "Fighting Judicial Corruption: A Comparative Perspective from Latin America", en *Global Corruption Report 2007: Corruption in Judicial Systems,* Transparency International (New York: Cambridge University Press, 2007): 139-146, 139-140. (en cuanto hace mención de ciertos efectos positivos de las reformas en algunos países latinoamericanos, pero también reconoce que las encuestas de opinión pública de la región evidencian un retroceso de la confianza pública en la administración de la justicia desde 1996 [página 140] y que "la implementación de los consejos judiciales no ha sido un absoluto desastre, pero su escaso éxito (el caso de El Salvador) es superado por los evidentes fracasos [los casos de Bolivia y Ecuador] y por muchos ejemplos (los casos de Perú y Colombia) en los que los resultados han sido ambiguos" [página 144]); Peter DeShazo, y Juan Enrique Vargas, "Judicial Reform in Latin America: An Assessment", (Policy Papers on the Americas Volume XVII Study 2, Center for Strategic and International Studies Americas Program, Washington, D.C., 2006), accedido el 21 de marzo de 2017, http://siteresources.worldbank.org/INTLAWJUSTINST/Resources/0609_latin_judicial_reform.pdf. (donde se cita que sólo Chile ha tenido un progreso significativo). Existen opiniones semejantes también en relación con los resultados de las reformas al estado de derecho y de la buena gobernabilidad en general. Ver: Kleinfeld, *Advancing the Rule of Law Abroad.*; Thomas Carothers, ed., *Promoting the Rule of Law Abroad: In Search of Knowledge* (Washington, D.C.: Carnegie Endowment for International Peace, 2006).; Anja C. Gebel, "Human Nature and Morality in the Anti-Corruption Discourse of Transparency International", *Public Administration and Development* Vol. 32.1 (2012): 109-128, doi:10.1002/pad.1604. (donde nombra una serie de fuentes que incluyen declaraciones del Banco Mundial, del Programa de las Naciones Unidas para el Desarrollo y de Transparencia Internacional); Svensson, "Eight Questions about Corruption" (donde menciona que los métodos tradicionales para mejorar la gobernabilidad han producido resultados un tanto decepcionantes); Sebastian Wolf y Diana Schmidt-Pfister, "Between Corruption, Integration, and Culture: The Politics of International Anti-Corruption", *Schriftenreihe des Arbeitskreises Europäische Integration, International Anti-Corruption Regimes in Europe* Vol. 70 (2011): 13-22, accedido el 21 de marzo de 2017, http://www.nomosshop.de/_assets/downloads/9783832958466_lese01.pdf.

[15] Juan Carlos Donoso, "A Means to an End: Judicial Independence, Corruption and the Rule of Law in Latin America", Ph.D. Dissertation, Vanderbilt University, 2009, accedido el 21 de marzo de 2017, http://etd.library.vanderbilt.edu/available/etd-07152009-154311/unrestricted/donoso.pdf. (presenta una comparación entre dos medidas *de facto* y dos medidas *de jure* tendientes a fortalecer la independencia judicial en países latinoamericanos); Julio Ríos-Figueroa y Jeffery K. Staton, "Unpacking the Rule of Law: A Review of Judicial Independence Measures", (4th Annual Conference on Empirical Legal Studies Paper, CELS, 2009) doi:10.2139/ssrn.1434234. (presenta

mejor de los casos, una correlación débil entre los indicadores de la independencia *de facto* y los de la independencia *de jure* y, en ocasiones, estos indicadores se relacionan negativamente".[16]

Este panorama sombrío ha llevado a Transparencia Internacional a admitir que "[a] pesar de los esfuerzos de reforma e instrumentos internacionales que protegen la independencia judicial, jueces y personal judicial en todo el mundo siguen siendo presionados a fallar en favor de las élites económicas o políticas poderosas en lugar de hacerlo de acuerdo a derecho".[17] En Perú, la confianza en el sistema judicial ha empeorado en relación a su situación en los '90, las prácticas sociales de clientelismo y amiguismo perduran y la Justicia se percibe como la institución más corrupta de ese país.[18]

Como ya hemos visto anteriormente, hay un énfasis exagerado en situar a las reformas institucionales como la solución al problema de la corrupción. Resulta evidente que existen otros factores, además de lo institucional, que influyen en la falta de autonomía del Poder Judicial. A pesar de cambios institucionales, en muchas sociedades los políticos siguen dispuestos a, y capaces de, interferir con la independencia judicial y existe la situación en que los casos más claros y evidentes de violación de esa independencia son, por lo general, de carácter político.

Si bien las cuestiones relacionadas con la distribución del poder político y los frenos y contrapesos son de vital importancia, se puede decir que las prácticas sociales o normas culturales constituyen un factor clave aunque marginado en el discurso y análisis sobre la independencia judicial. En general, los políticos interfieren en la Justicia en contextos sociales donde existe mayor tolerancia a la falta de respeto de la ley y menor indignación y oposición pública frente a violaciones políticas de la independencia judicial. Lo institucional no es suficiente sin un cambio de cultura política.

---

una comparación entre 13 de las medidas más utilizadas para lograr la independencia judicial); Lars P. Feld y Stefan Voigt, "Economic Growth and Judicial Independence: Cross Country Evidence Using a New Set of Indicators", *European Journal of Political Economy* Vol. 19.3 (2003): 497-527. (presenta diseño y comparación del efecto de las medidas *de facto* y *de jure* sobre el crecimiento económico en 66 países).
Para más investigaciones que arrojan que las normas formales en sí mismas no garantizan resultados significativos en cuanto a la independencia y la imparcialidad judicial, ver: Matthew C. Stephenson, "When the Devil Turns … The Political Foundations of Independent Judicial Review", *Journal of Legal Studies* Vol. 32.1 (2003): 59-89, 60. (se citan numerosas fuentes).

[16] Julio Ríos-Figueroa y Jeffrey K. Staton, "An Evaluation of Cross-National Measures of Judicial Independence", *Journal of Law, Economics and Organization* Vol. 30.1 (2012): 104-137, doi:10.1093/jleo/ews029.

[17] Pepys, "Corruption within the Judiciary", xxii-xxiii.

[18] Transparency International, "Global Corruption Barometer 2013".

Las garantías y salvaguardas institucionales de la Justicia "probablemente necesitan el sustento de una norma política en virtud de la cual otros actores, en especial los ciudadanos votantes, sancionen a sus dirigentes políticos en caso de que estos trasgredan las protecciones formales del sistema judicial".[19] Si bien el enfoque institucionalista "aborda temas de importancia, no aporta luz acerca de la medida en que la independencia judicial debe ser reconocida y aceptada como parte de la cultura política y jurídica para que sea efectiva".[20] Debemos reconocer que "todos los ciudadanos somos responsables de la integridad de la cultura jurídica"[21] y asumir tal responsabilidad. A continuación, examinaremos cómo ciertas normas informales en América Latina influyen en la corrupción judicial.

Cultura y corrupción judicial

Palacio de Justicia, Lima, Perú

---

[19] Charles M. Cameron, "Judicial Independence: How Can You Tell It When You See It? And, Who Cares?", en *Judicial Independence at the Crossroads: An Interdisciplinary Approach*, ed. Stephen B. Burbank y Barry Friedman (Thousand Oaks: Sage Publications, 2002): 134-47, 139.

[20] Patricia Hughes, "The Significance of Public Pressure on Judicial Independence", en *Judicial Independence in Context*, ed. Adam Dodek y Lorne Sossin (Toronto: Irwin Law, 2010): 259-294, 269.

[21] Ídem.

En América Latina, la confianza pública en los sistemas judiciales es sumamente débil, debido en gran medida a que las personas experimentan o perciben que la Justicia no es independiente. Esta falta de independencia deriva en gran medida de normas sociales que permean a las sociedades latinoamericanas e influyen profundamente en la confianza interpersonal por fuera del círculo pequeño de familiares y de amigos. A pesar de las reformas políticas, institucionales y económicas que se vienen implementando desde hace décadas, tal como informa el Latinobarómetro, "la confianza sigue siendo uno de los nudos gordianos del desarrollo de las sociedades latinoamericanas".[22]

Como hemos notado en el capítulo anterior, el uso del poder y la influencia política para promover el favoritismo hacia los familiares, amigos y otros "contactos" se concibe con frecuencia, en sociedades latinoamericanas, como una conducta aceptable y legítima. Este comportamiento disfuncional al bien común no es exclusivo de las élites políticas y económicas. Es cierto que los líderes de un país tienen una responsabilidad mayor; sin embargo, el problema está presente en todos los estratos y sectores de la sociedad. En efecto, "hacer favores a la familia y amigos es una práctica tan arraigada en muchas culturas que, con frecuencia, los magistrados no consideran que afecte su desempeño como árbitros imparciales".[23] Tales prácticas sociales se entretejen en la vida diaria del ciudadano común. Los parientes y amigos esperan favoritismo y un trato parcial de parte de aquéllos con alguna autoridad o influencia, ya sea que se trate de un dirigente político, un agente de policía o un docente. Ante la ausencia de confianza social, las instituciones se debilitan y la cooperación entre ciudadanos para exigir una mejor gobernabilidad se dificulta. En América Latina, los bajos niveles de confianza se correlacionan fuertemente con elevados niveles de corrupción y pobres calificaciones acerca del estado de derecho (ver **Tabla 1** y **Gráfico 1** a continuación).

---

[22] Corporación Latinobarómetro, "Informe 2010", (La Corporación Latinobarómetro, Santiago, 2010), 75, accedido el 21 de marzo de 2017, http://www.latinobarometro.org/documentos/LATBD_INFORME_LATINOBAROMETRO_2010.pdf.

[23] Pepys, "Justice System", 18.

Tabla 1. Confianza en América Latina[24]

	Encuesta Mundial de Valores* % de personas que respondieron que se puede confiar en la mayoría de las personas y no que nunca se es demasiado precavido	**Encuesta Mundial de Valores*** % de personas que respondieron que confían en su familia plenamente	**Encuesta Mundial de Valores*** % de personas que respondieron que confían plenamente en los individuos que conocen personalmente	**Latinobarómetro 1996-2010**** % de personas que respondieron que se puede confiar en la mayoría de las personas	**Latinobarómetro 2010 ***** % de confianza en las instituciones democráticas: Poder Judicial
Argentina	17.6	90.9	36.7	24	34
Bolivia				18	24
Brasil	9.4	66.7	14.2	10	51
Chile	12.6	82.9	14.7	17	38
Colombia	14.5	84.5	17.2	20	34
Costa Rica				19	46
Cuba					
República Dominicana				31	28
Ecuador				17	21
El Salvador				26	22
Guatemala	15.7			18	17
Honduras				22	34
México	15.6	78.1	25.7	26	28
Nicaragua				16	22
Panamá				21	34
Paraguay				14	27
Perú	6.3	76.1	10	14	15
Uruguay	28.4	84.9	33	30	58
Venezuela				24	38
Promedio	**15**	**80.6**	**21.6**	**20.4**	**31.7**

* Países/muestras seleccionados para la EMV: Argentina (2006), Brasil (2006), Colombia (2005), Chile (2006), Guatemala (2004), México (2005), Perú (2006), Uruguay (2006)

** Latinobarómetro, p. 69. Promedio en América Latina: 20%

*** Latinobarómetro, Tabla N° 17: Confianza en las instituciones democráticas, 2010 (en %) p. 71. Promedio en América Latina: 32%

---

[24] World Values Survey Wave 5 2005-2008 Official Aggregate v.20140429. World Values Survey Association (www.worldvaluessurvey.org). Aggregate File Producer: Asep/JDS, Madrid Spain, disponible en http://www.wvsevsdb.com/wvs/WVSAnalizeSample.jsp; Corporación Latinobarómetro, "Análisis Online", *La Corporación Latinobarómetro,* Santiago, 2015, accedido el 21 de marzo de 2017, http://www.latinobarometro.org/latOnline.jsp.

Estas observaciones sobre América Latina también tienen lugar en otros países y regiones del mundo. Fuera de América Latina, un líder político nigeriano hace la pregunta retórica de "¿Quién alcanza (…) una posición de poder y luego se niega a ayudar a su propia gente?"[25] En el caso de Filipinas, Stephen Golub, profesor de desarrollo internacional de la Universidad de California Berkeley, manifiesta que "la sociedad filipina premia de forma extraordinaria a las conexiones personales" y que "el personalismo extremo (…) sienta las bases para la proliferación del soborno y la corrupción que son evidentes en la sociedad filipina".[26] El autor agrega que "un sondeo realizado por el Banco Mundial detectó que sólo el 5 por ciento de los filipinos cree que 'se puede confiar en la mayoría de las personas', un fenómeno que intensifica la dependencia de las personas hacia los favores especiales. Del mismo modo, este favoritismo origina *utang na loob* ('deber de gratitud') que impone obligaciones recíprocas que en ocasiones suponen actos de corrupción. Para complicar aún más las cosas, la corrupción en Filipinas no tiene que ver únicamente con cosechar beneficios personales y materiales. Es posible que aquéllos que no favorecen los intereses de quienes ostentan el poder enfrenten el ostracismo social, perjuicios económicos o daños a nivel profesional. Para los empleados públicos, esto se traduce en traslados hacia puestos donde no es posible avanzar profesionalmente o hacia zonas del país donde nadie quiere trabajar. La moraleja es que la gobernabilidad no es un conjunto de instituciones neutrales, sino que se trata de una red de conexiones personales y económicas. Por esta razón, se encuentran bloqueadas las reformas de las leyes, su cumplimiento y el acceso a la justicia de la mayoría de la sociedad que no cuenta con conexiones de importancia".[27]

Frente a tales contextos sociales, la Justicia no es más que el reflejo de la sociedad en su conjunto; no funciona de manera aislada: los jueces son un producto de las sociedades a las que pertenecen. La captura de la Justicia por parte de los actores políticos no es simplemente la consecuencia de incentivos institucionales, sino también de normas culturales subyacentes. La corrupción de la Justicia está íntimamente relacionada con el fenómeno de corrupción general en una sociedad. Como afirma Transparencia Internacional, "el sistema judicial también forma parte de la sociedad: la

---

[25] Daniel Jordan Smith, "The Paradoxes of Popular Participation in Corruption in Nigeria", en *Corruption, Global Security, and World Order,* ed. Robert. I. Rotberg (Washington, D.C.: Brookings Institution Press, 2009): 283-309, 290.

[26] Stephen Golub, "The 'Other 90 Per Cent': How NGOs Combat Corruption in Non-Judicial Justice Systems", en *Global Corruption Report 2007: Corruption in Judicial Systems,* Transparency International (New York: Cambridge University Press, 2007): 129-137, 131.

[27] Ídem.

realidad es que los niveles de corrupción presentes en la sociedad en general tienen su correlato en los niveles de corrupción del sistema judicial. Esto parece sustentar la postura de que un sistema judicial honesto es clave en la lucha contra la corrupción, pero también puede sugerir que la calidad de la justicia y la tendencia de sus miembros a usar su cargo para beneficio personal es un reflejo de actitudes hacia la corrupción presentes en la sociedad en general".[28] El entorno social y cultural condiciona lo que podría lograr la más perfecta estructura institucional y, por ende, dicho entorno también limita la capacidad de reducir la corrupción judicial mediante un enfoque que se restrinja exclusivamente a reformas institucionales en el sector.

En estos contextos sociales, los jueces operan bajo condicionamientos culturales que están en conflicto con su deber de fidelidad hacia la ley. En lugar de imparcialidad judicial, la expectativa y norma social es de parcialidad y favoritismo. En efecto, "[los jueces] sufren las presiones no sólo de los grupos e instituciones poderosas, tales como los políticos, las grandes empresas y el crimen organizado, sino a su vez de redes y conexiones informales, menos definidas pero no por ello menos intensas, que conforman los familiares, los amigos, los vecinos y otros grupos con los que pudieran estar asociados. Para un juez que trabaja en un entorno tal, la forma, alcance e importancia de las prácticas corruptas se vuelven indistintas, debido a que reflejan normas sociales de relacionamiento, intercambio de favores y regalos, y el ofrecimiento y recepción de sobornos para asegurar un resultado favorable".[29]

Tal como expresa la experta internacional en reforma judicial Mary Noel Pepys, "hacerles favores a la familia y amigos es una práctica tan arraigada en muchas culturas que los magistrados usualmente no creen que la misma afecte su rol de árbitro imparcial. En lugar de declarar un conflicto de intereses y recusarse, los magistrados frecuentemente ceden ante las presiones sin reservas".[30] Las relaciones personales y las influencias prevalecen sobre la imparcialidad, incluso sobre la concepción misma del juez de qué constituye una conducta inmoral. "Es posible que desde el punto de vista de un juez sea más deshonroso hacer caso omiso de los deseos de un miembro de la familia que no actuar con plena sujeción a la ley [...]. El peso de las relaciones personales es tal en algunos países que toda decisión judicial se presume como producto de la influencia".[31]

---

[28] Transparency International, *Global Corruption Report 2007: Corruption in Judicial Systems* (New York: Cambridge University Press, 2007), xx.
[29] Kurkchiyan, "Judicial Corruption in the Context of Legal Culture", 103.
[30] Pepys, "Justice System", 18.
[31] Pepys, "Corruption within the Judiciary", 4.

Gabriel Ferreyra Orozco, investigador y profesor de la Universidad de Texas A&M Corpus Christi, da cuenta de estas prácticas sociales corruptas en su estudio empírico ejemplar sobre la corrupción del sistema judicial en un estado de la zona central de México.[32] El estudio incluyó entrevistas semiestructuradas a 32 personas, en su mayoría magistrados, jueces y empleados judiciales. Algunos de los entrevistados definieron a la corrupción como un fenómeno cultural: "Es una mala costumbre que tienen los mexicanos". La investigación revela que la corrupción en el sistema judicial mexicano va más allá de los simples sobornos: existe también la "otra corrupción", como la llama Ferreyra Orozco, la que comprende el tráfico de influencias, favores, amiguismo y nepotismo. El 78 por ciento de los encuestados afirma que la "otra corrupción" sucede en forma diaria.

Según los entrevistados, dicha corrupción muchas veces influye en el resultado de los juicios. La experiencia personal del autor como abogado latinoamericano corrobora este descubrimiento. Por razones de amistad, presiones políticas, amiguismo, favores, parentesco o intereses personales, una persona que está a cargo de un proceso de toma de decisiones (en su mayoría jueces y magistrados; pero que también ocurre en el caso de algunos empleados, como lo son los secretarios de los juzgados) pueden influenciar en un fallo de forma directa o bien tergiversar las pruebas para que tengan un efecto distinto en el resultado del juicio.

El estudio demuestra que el favoritismo y la influencia indebida son utilizados de forma habitual con dos fines:

1) como ventaja para obtener cargos y puestos; y

2) para incidir en el procedimiento y la resolución de un litigio determinado.

Asimismo, afirma que tales prácticas sociales son "moneda corriente en el día a día del sistema judicial, porque no se consideran algo fuera de lo común. Lo anormal se convirtió en lo normal".[33] Las prácticas sociales

---

[32] Gabriel Ferreyra-Orozco, "Understanding Corruption in a State Supreme Court in Central Mexico: An Ethnographic Approach", *Human Organization* Vol. 69.3 (2010): 242-251, doi: 10.17730/humo.69.3.g378078k2686m38j. El estudio emplea nombres ficticios para los lugares reales.

[33] Ídem. Para otros ejemplos de estudios empíricos, véase: Santiago Basabe-Serrano, "Instituciones informales: discusión conceptual y evidencia empírica en el caso ecuatoriano", en *Cultura de la legalidad en Iberoamérica: desafíos y experiencias 1ª ed.*, ed. Isabel Wences, Rosa Conde, y Adrián Bonilla (San José: FLACSO, 2014): 219-240 [el estudio demuestra la existencia de reglas informales en Ecuador que legitiman la interferencia de los políticos en las decisiones de los jueces]; Mariana Llanos, "Acción estratégica y cultura de la informalidad: la reforma judicial en Argentina", en *Cultura de la legalidad en Iberoamérica: desafíos y experiencias 1ª ed.*, ed. Isabel Wences, Rosa Conde, y Adrián Bonilla (San José: FLACSO, 2014): 277-296. [el estudio demuestra la

mencionadas socavan aún más la confianza social, un elemento determinante de la independencia judicial.[34]

Gráfico 1: Confianza y corrupción en América Latina

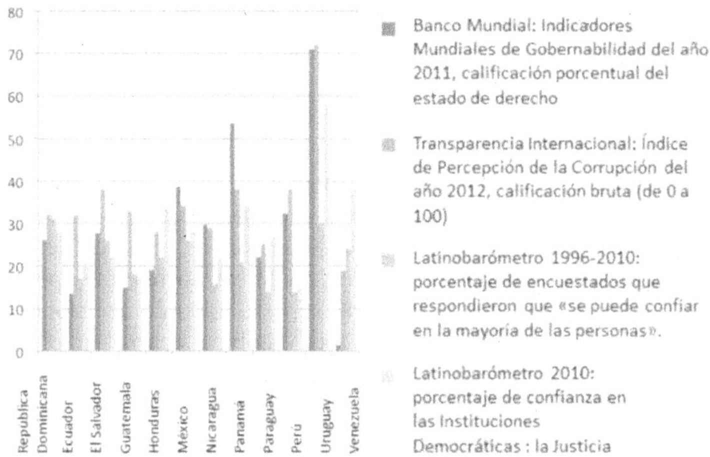

Reflexiones finales

Tal como se ha analizado en el presente capítulo, las reformas orientadas a combatir la corrupción de la Justicia en América Latina (así como en países de otras regiones del mundo) se han centrado primordialmente en nuevas estructuras de nombramientos de jueces y mecanismos sociales de fiscalización. En líneas generales, tales reformas no han producido los resultados que se esperaban para contribuir de forma significativa a mejorar la integridad y credibilidad del sistema judicial. En América Latina, la brecha entre la independencia judicial formal (la que encontramos en las normas escritas) y la independencia real, o *de facto*, persiste a pesar de las iniciativas de reforma institucionales apoyadas por los organismos internacionales de desarrollo.

---

brecha entre la norma formal y la práctica informal de contactos informales entre litigantes y profesionales con jueces ante los cuales se tiene un caso]

[34] Bernd Hayo y Stefan Voigt, "Explaining De Facto Judicial Independence", *International Review of Law and Economics* Vol. 27.3 (2007): 269-290.

El presente capítulo ha expuesto las razones por las cuales la independencia judicial obedece a normas sociales que la sustenten, algo que falta en América Latina. El particularismo, como preferencia excesiva del interés particular sobre el general, está muy arraigado socialmente e incide profundamente en cómo se aplican (o no) las normas formales en todas las esferas de interacción humana. Estas prácticas sociales de particularismo ayudan a explicar el problema sistemático y generalizado de la falta de "dependencia debida" de las leyes. De más está decir que estas prácticas sociales no son exclusivas de América Latina y, llegado el caso, de ningún grupo de países o sociedades determinados. Es más una cuestión de grados respecto del alcance, la frecuencia e intensidad de dichas prácticas y el nivel de tolerancia y complicidad social con las mismas. En estos contextos sociales, el desafío no es eliminar unas pocas "manzanas podridas" (como podrían ser los políticos y jueces corruptos) sino un "barril podrido" de prácticas sociales disfuncionales al bien común.

El capital cívico en América Latina es deficitario. Los jueces y las personas que con ellos interactúan son, por lo general, más sensibles a las relaciones y lealtades políticas y personales que a los méritos de la ley, a pesar de las garantías e incentivos institucionales que salvaguardan la independencia judicial. Tal como reconoce Transparencia Internacional, los factores socioculturales son una pieza fundamental del sistema de integridad de un país y, en particular, de la Justicia. Una Justicia efectiva se sustenta en valores y normas sociales que la promuevan, como lo son la confianza pública y la integridad personal.[35] En este sentido, Mary Noel Pepys agrega que "la ética personal y los valores morales son los incentivos fundamentales para un comportamiento responsable. Las reformas deben focalizarse en la ética personal y la actitud de la sociedad hacia la conducta ética. Tiene que haber una creencia compartida en la sociedad de que la ética importa".[36]

Conforme vamos avanzando, la nueva etapa de reformas debe priorizar las iniciativas encaminadas a lograr un mejor entendimiento de la interacción entre estos factores socioculturales y la corrupción, así como la promoción de estrategias y soluciones alternativas para fortalecer no sólo el *hardware*, sino también el *software* del estado de derecho y la integridad pública en América Latina.

---

[35] Transparency International, "Annex 3 – NIS Indicators and Foundations", (National Integrity System, Transparency International, 2012), accedido el 21 de marzo de 2017, http://www.transparency.org/files/content/nis/NISIndicatorsFoundations_EN.pdf.

[36] Pepys, "Justice System", 26.

El capítulo siguiente ofrece algunas observaciones sobre un posible camino a seguir en esta búsqueda de soluciones al cáncer social de la corrupción.

Capítulo Octavo
El rol de la fe y la iglesia cristiana para un cambio cultural

> "Una reforma contundente en la religión sea quizá lo suficiente para un cambio cultural"
>
> (Larry Harrison, *Judíos, Confucianos y Protestantes: Capital Cultural y el Fin del Multiculturalismo*)[1]

La corrupción no está ajena ni más allá de la cultura; la corrupción es cultura en muchas sociedades incluyendo las latinoamericanas. Tal como vimos en los capítulos anteriores, la corrupción es en parte un fenómeno cultural, de falta de valores y normas o códigos sociales sólidos de buena gobernabilidad. No se trata simplemente de un problema de leyes inadecuadas o instituciones deficientes sino de un déficit en la moralidad personal y social de una comunidad. Sin valores y normas sociales que las sustenten, las instituciones estatales y privadas no serán efectivas en promover la integridad pública y reducir la corrupción.

Es necesario, como afirmó Lawrence Harrison, ex profesor e investigador en la Universidad de Harvard y co-autor de la muy conocida obra "Culture Matters", fortalecer el capital cultural.[2] Debemos poner énfasis en los valores y normas de integridad pública a nivel personal y social. Sería deseable que existiera una convicción social de que la integridad pública es esencial. Sin una transformación cultural, no se podrá lograr una mejora genuina y sostenible en la gobernabilidad de una sociedad.

Resulta claro que las reformas anticorrupción que se vienen implementando en las últimas décadas no son suficientes y por ello necesitamos considerar otras vías para lograr internalizar nuevos valores y códigos de comportamiento sociales. No bastan los incentivos externos para cambiar los comportamientos sociales; hay que focalizar en los valores y actitudes personales y sociales. Como analizamos, los esfuerzos e iniciativas para empoderar a la sociedad civil han sido en gran medida formales y tecnocráticos. Estas iniciativas consisten básicamente en dar mayor información a la sociedad sobre la gestión pública así como en crear

---

[1] Harrison, *Jews, Confucians and Protestants.*

[2] Ibídem, 13.

mecanismos y herramientas de participación y fiscalización social. Entiéndase bien que de ninguna manera se niega o minimiza la necesidad y utilidad de estas medidas y que las mismas coadyuven a fomentar cambios culturales. Pero estas medidas, sin una internalización de valores y actitudes de buena gobernabilidad y cambios de expectativas sociales, son como el *hardware* sin el *software*.

En las sociedades donde existe un alto nivel de legitimación social de la corrupción y bajos niveles de acatamiento a las leyes, de confianza interpersonal y de confianza pública en las instituciones, lo que se necesita es nada menos que una revolución cultural: un despertar profundo que ponga de manifiesto los efectos destructivos de las normas sociales que propician la corrupción y un cambio radical de mentalidad.

Si bien hay formas de corrupción que, a pesar de la reprobación moral general, mucha gente las comete "porque todo el mundo lo hace" y nadie quiere ser el único tonto, no todos actúan de esa manera aunque el costo social sea muy alto. Por otro lado, hay formas de corrupción que son más aceptadas moralmente por la mayoría o un segmento significativo de la sociedad. Como la evidencia muestra, no toda forma de corrupción es reprobada y rechazada moralmente de la misma manera. Hay un componente moral que no se puede negar. En Nigeria, lo que podría extenderse a otras sociedades, "la corrupción ha sido internalizada por la mayoría de los nigerianos como si fuera una forma de vida o un valor culturalmente aceptado en la sociedad. El individuo que no participa en las prácticas corruptas en Nigeria es considerado un don nadie".[3]

No podemos generalizar y decir que todos los individuos en una sociedad actúan en forma corrupta porque ésa es la expectativa social y no actuar en forma corrupta sería ilógico, hasta ridículo. No hay duda de que hay un elemento de resignación y pragmatismo en muchos casos en los que la persona comete un acto corrupto aunque crea que es inmoral. No obstante, hay muchos otros casos en donde el acto corrupto, sea de favoritismo o nepotismo, es normal y no reprobado moralmente. Sea una cuestión de resignación y pragmatismo o una de legitimidad y aceptación, hace falta una profunda revolución cultural comenzando por aquéllos que son líderes en distintos ámbitos de la sociedad.

El verdadero empoderamiento de la sociedad civil pasa por cambiar las reglas de juego de gobernabilidad. No se trata únicamente de fortalecer la demanda, como si hubiera una separación nítida entre gobernantes y ciudadanos, y donde son estos últimos quienes deben empoderarse para reclamar la integridad de los primeros. No basta con crear mecanismos de transparencia y rendición de cuentas si la sociedad no confía ni espera que

---

[3] Adesina, "Attitude, Perception and Practices of Male and Female Youth", 147.

tanto sus servidores públicos como los miembros mismos de la sociedad actúen en forma honesta e íntegra. Lo que se trata es de una transformación social que trascienda las dicotomías tradicionales de estado-sociedad civil y reformas de oferta o de demanda. Un enfoque cultural brinda una conceptualización transversal que conecta a los agentes e instituciones en todos los sectores de la sociedad.

Entonces, ¿cómo hacemos para cambiar la situación? ¿De qué manera se pueden formar y mantener normas sociales de buena gobernabilidad? ¿Es posible desarrollar y fortalecer una cultura de integridad pública?

El rol de la fe y la iglesia

La fe y la iglesia cristiana tienen una fuerte presencia e influencia en América Latina. En casi todos los países de la región, las personas que profesan la fe cristiana superan el 90 por ciento de la población respectiva. Como veremos más adelante, la mayoría de los que se declaran cristianos son de tradición católica aunque las personas de tradición protestante han ido creciendo notablemente en las últimas décadas. Si bien no todas las personas que se manifiestan cristianas están muy comprometidas con su fe, los porcentajes de aquéllos que consideran su fe cristiana importante y que son parte activa de una iglesia local son en general bastante significativos.

La iglesia cristiana, a través de sus líderes, instituciones y creyentes en general, tiene un rol potencial en la transformación social que América Latina necesita para fortalecer la integridad pública. Sin embargo, su posible contribución no ocupa una atención central en la agenda global de anticorrupción, ni mucho menos. En efecto, la iglesia, y la religión en general, es un tema marginal en los estudios académicos y programas anticorrupción. La religión o los actores religiosos prácticamente no se mencionan en trabajos y deliberaciones de expertos al referirse a la lucha contra la corrupción en general o al rol de la sociedad civil en particular. Líderes religiosos siguen teniendo una muy limitada participación en los movimientos y deliberaciones globales sobre integridad y gobernabilidad.[4] De hecho, "el rol de las organizaciones religiosas está reducido, en el mejor de los casos, a un lugar sumergido como uno de los varios grupos de interés que podrían componer una sociedad civil activa".[5] Dentro del enfoque predominantemente institucionalista y tecnocrático, la iglesia queda

---

[4] Marshall, "Faith and Good Governance", 24.

[5] Alexander Jonathan Brown, "What is a National Integrity System: From Temple Blueprint to Hip-Pocket Guide", en *Promoting Integrity: Evaluation and Improving Public Integrity Institutions*, ed. Brian W. Head, Alexander Jonathan Brown, y Carmel Connors (Aldershot: Ashgate, 2008): 33-54, 45.

encajada como un subsector de la sociedad civil sin consideración alguna de cómo la fe religiosa podría motivar un cambio de la cultura. Su rol permanece instrumental y no intrínseco; las organizaciones religiosas son reconocidas en su rol humanitario y su misión social de protección de los enfermos, huérfanos y marginados, no obstante raramente se considera su papel en la formación de valores y actitudes.[6]

Pasemos ahora a considerar el rol de la iglesia en más detalle. Caben las siguientes preguntas clave:

- ¿Por qué considerar a la iglesia en el tema de la lucha contra la corrupción? ¿Qué factores podrían favorecer a que desempeñara un papel central?
- ¿Cuáles son los desafíos que tiene la iglesia en la lucha contra la corrupción? ¿Qué factores previenen o inhiben que sea un agente de transformación social?
- ¿Cuáles son las oportunidades que tiene la iglesia en la lucha contra la corrupción? ¿Qué puede o debe hacer?

¿Por qué la fe y la iglesia cristiana?

Destacamos tres factores que favorecen el considerar la participación de la iglesia como un actor principal en la lucha contra la corrupción:

1. Como vimos al comienzo de este capítulo, el alcance y la importancia de la fe cristiana en América Latina.
2. La justicia y la buena gobernabilidad como parte de la identidad cristiana y la misión integral de la iglesia.
3. El ejemplo y legado de reformas y cambios sociales históricos que han sido motivados e impulsados por la fe cristiana de líderes y creyentes.

La religión es una fuente importante, si no la más importante en algunas partes, de valores y normas internalizados en un gran número de sociedades.[7] La presencia y la importancia de la religión en la vida de las personas van en aumento en la mayor parte del mundo, en lugar de disminuir como sugería la teoría de la secularización. Fuera de Europa Occidental, "hay pocos indicios de que la religión esté perdiendo su

---

[6] Séverine Deneulin y Carole Rakodi, "Revisiting Religion: Development Studies Thirty Years On", *World Development* Vol. 39:1 (2011): 45-54, 49, doi:10.1016/j.worlddev.2010.05.007.

[7] Marshall, "Faith and Good Governance". (en cuanto llama a darle una mayor importancia a la religión como agente de reforma profunda de las normas sociales que propician la corrupción.)

influencia".[8] La religión continúa siendo una fuerza vital para la mayoría de la población mundial; en efecto, "es un aspecto clave en la vida de millones de personas y ejerce una influencia sobre sus acciones de formas diversas y abundantes (...). [Asimismo,] resulta fundamental para las personas al intentar darle un sentido y un significado a sus vidas; además, es una de las fuentes principales de moralidad y valores para la mayoría de la población mundial".[9]

En el caso de América Latina, el alcance y la importancia de la fe cristiana son muy significativos. Los dos cuadros siguientes nos muestran la afiliación religiosa y los indicadores de religiosidad.

Cuadro 1. Afiliación religiosa en América Latina[10]

	% Cristiano	% Católico	% Protestante	% Otro cristiano	% Otra religión	% Ninguna religión
Argentina	87	71	15	1	6	6
Bolivia	95	77	16	2	1	3
Brasil	88	61	26	1	4	7
Chile	83	64	17	2	6	11
Colombia	93	79	13	1	1	5
Costa Rica	88	62	25	1	1	8
República Dominicana	81	57	23	1	0	18
Ecuador	94	79	13	2	1	4
El Salvador	88	50	36	2	0	12
Guatemala	92	50	41	1	1	6
Honduras	88	46	41	1	2	9

---

[8] Francis Fukuyama, "Social Capital and Civil Society".

[9] Deneulin, "Revisiting Religion", 52. Ver también Francis Fukuyama, "Social Capital and Civil Society" (en cuanto sostiene que la religión es una fuente considerable de cambio cultural y capital social) y Justina Dugbazah, "The Relationships between Values, Religious Teaching and Development Concepts and Practices: A Preliminary Literature Review", (Religions and Development Research Programme Working Paper 33, University of Birmingham, 2009). ("la religión es una fuerza omnipresente en las sociedades de todas partes del mundo y puede ser un factor importante para promover el cambio y actuar como filtro para las decisiones individuales").

[10] Pew Research Center, Nov. 13, 2014, "Religion in Latin America: Widespread Change in a Historically Catholic Region". De acuerdo a la encuesta Pew Research, "cristiano" incluye toda persona que se identifica como católico, protestante, mormón o testigo de Jehová.

México	92	81	9	2	4	3
Nicaragua	91	50	40	1	2	6
Panamá	91	70	19	2	2	6
Paraguay	97	89	7	1	1	1
Perú	95	76	17	2	1	3
Uruguay	60	42	15	3	16	24
Venezuela	91	73	17	1	3	6

Cuadro 2. Religiosidad en América Latina[11]

	Argentina	Brasil	Chile	Colombia	México	Perú	Uruguay
¿Cuan seguido asiste a un servicio religioso? (% que lo hace una vez por semana o más)	20.0	49.9	23.5	48.3	46.2	39.7	12.3
Porcentaje de miembros activos de una iglesia y organización religiosa.	17.0	49.5	23.1	49.1	37.6	21.1	12.6
¿La iglesia brinda respuesta a los problemas morales? (% que respondió de modo afirmativo) *	35.2	60.6	46.9	66.2	55.1	54.2	39.2
¿La iglesia brinda respuesta a los problemas sociales? (% que respondió de	34.2	45.1	42.9	66.0	46.3	49.7	29.2

[11] World Values Survey Wave 6 2010-2014 Official Aggregate v.20150418. World Values Survey Association (www.worldvaluessurvey.org). Aggregate File Producer: Asep/JDS, Madrid Spain, disponible en http://www.worldvaluessurvey.org/WVSOnline.jsp.; World Values Survey Wave 5 2005-2008 Official Aggregate v.20140429. World Values Survey Association (www.worldvaluessurvey.org). Aggregate File Producer: Asep/JDS, Madrid Spain, disponible en http://www.worldvaluessurvey.org/WVSOnline.jsp.

modo afirmativo) *							
¿Cuan importante es Dios en su vida? (% que respondió que es muy importante)	28.4	87.5	41.1	85.1	79.7	60.5	25.9
¿La religión es muy importante en su vida? (% que respondió de modo afirmativo)	24.1	51.5	23.8	58.9	58.4	49.9	20.3
* Estas preguntas vienen del WVS Wave 5; el resto de las preguntas vienen del WVS Wave 6.							

En segundo lugar, la integridad pública y la justicia son parte del mandato bíblico y la misión integral de la iglesia. La corrupción niega las buenas nuevas de Dios quien es justicia.[12] La corrupción y la injusticia son temas que permean a través de todas las Escrituras. La voluntad de Dios por la justicia y la imparcialidad en las relaciones humanas se manifiesta en forma recurrente tanto en el Antiguo como en el Nuevo Testamento. Al respecto, hacemos algunas reflexiones muy breves dado que un análisis más profundo y teológico sobre el tema excede los límites de este libro.

Como afirma Gary Haugen, presidente de la ONG cristiana "International Justice Mission", en su libro *Good News about Injustice, A Witness of Courage in a Hurting World*,[13] las Escrituras nos enseñan cuatro verdades con respecto a la justicia:

1. Dios ama la justicia
2. Dios tiene compasión por aquéllos que sufren injusticias
3. Dios condena a aquéllos que cometen injusticias
4. Dios busca rescatar a aquéllos que sufren la injusticia.

Dios tiene pasión por la justicia, tal cual expresa el profeta Jeremías:

"Así ha dicho el Señor: 'No debe el sabio vanagloriarse por ser sabio, ni jactarse el valiente por ser valiente, ni presumir el rico por ser rico. Quien se quiera vanagloriar, que se vanaglorie de entenderme y conocerme. Porque yo soy el Señor, que hago misericordia, imparto justicia y hago valer el derecho en la tierra, porque estas cosas me complacen'".[14]

---

[13] Gary A. Haugen, *Good News about Injustice: A Witness of Courage in a Hurting World,* (Downers Grove: InterVarsity Press, 2009).

[13] Gary A. Haugen, *Good News about Injustice: A Witness of Courage in a Hurting World,* (Downers Grove: InterVarsity Press, 2009).

[14] Jeremías 9:23-24; 22:15-16, Reina Valera Contemporánea.

Dios también mantiene un odio santo hacia la injusticia, como lo declaran los Salmos:

"Dios es un juez justo, siempre enojado con la gente malvada...El Señor pone a prueba al hombre honrado, pero repudia al injusto y al violento; acarrea calamidades sobre el malvado, y le lanza fuego, azufre y un viento calcinante. El Señor es justo, y ama la justicia; el hombre honrado contemplará su rostro".[15]

La justicia se relaciona con el ejercicio de autoridad y de poder y "decir que Dios es un Dios de justicia es una manera de decir que a Dios le incumbe si aquellos que ejercen poder o autoridad sobre otras personas lo hacen de acuerdo a sus preceptos".[16] Hay injusticia cuando la autoridad o poder es mal usada de manera de privar a otros de lo que Dios les ha dado, como la vida, la dignidad y los frutos de su trabajo.

Dios tiene compasión por aquellos que sufren injusticias. Dios nos hace saber a través de todas las Escrituras que Él ve y escucha el sufrimiento de los oprimidos.[17] Dios condena a aquéllos que cometen injusticias. Dios odia la justicia en forma igual que la idolatría[18] y se indigna con la injusticia.[19] Por último, Dios desea que el opresor, el culpable, sea traído a la justicia.

La expulsión de los comerciantes del Templo, Valentin de Boulogne

[15] Salmos 7:11; 11:5-7, Reina Valera Contemporánea.
[16] Haugen, *Good News about Injustice,* 85.
[17] Éxodo 22:26-27; Salmos 9:9,12; 12:5; Lamentaciones 3:36; Santiago 5:4
[18] Ezequiel 22:25-31
[19] Isaías 59:2-3, 15-16; Jeremías 5:28-29; 21:12; Amos 2:6-7; Zacarías 7:9-12; Lucas11:42

La corrupción es una perversión de la justicia y una violación del amor a Dios y a nuestro prójimo. Las Escrituras son muy claras en cuanto a la corrupción. Los sobornos y el uso de influencia para asegurar resultados injustos son conductas inaceptables e inconsistentes con la voluntad de Dios. Varios textos bíblicos sustentan lo dicho:

- No recibirás soborno, porque el soborno ciega a los que ven con claridad y pervierte las palabras de los justos. (Éxodo 23:8, Reina Valera Actualizada)
- No tuerzas el derecho; no hagas distinción de personas ni aceptes soborno, porque el soborno ciega los ojos de los sabios y pervierte las palabras de los justos. (Deuteronomio 16:19, Reina Valera Actualizada)
- El impío toma soborno de su seno para pervertir las sendas del derecho. (Proverbios 17:23, Reina Valera Actualizada)
- Profundizaron su corrupción como en los días de Gabaa. Ahora se acordará Dios de su iniquidad y castigará su pecado. (Oseas 9:9, Reina Valera Actualizada)
- Porque yo conozco sus muchas rebeliones y sus grandes pecados: que hostilizan al justo, que toman soborno y que hacen perder su causa a los pobres en el tribunal. (Amos 5:12, Reina Valera Actualizada)
- Ciertamente la opresión entontece al sabio, y el soborno corrompe el corazón. (Eclesiastés 7:7, Reina Valera Actualizada)
- Han adiestrado sus manos para hacer el mal: el gobernante exige, el juez juzga por soborno y el poderoso habla según el antojo de su alma; y así lo retuercen. (Miqueas 7:3, Reina Valera Actualizada)

El líder cristiano internacional Joel Edwards enumera varias historias bíblicas que manifiestan el rechazo al comportamiento corrupto.[20] Entre ellas, el abuso de poder por parte del rey Ahab y su esposa Jezabel, a través de la manipulación de la justicia y testimonio falso de testigos, para apoderarse ilegalmente de la viña de Naboth y la correspondiente denuncia profética por parte del profeta Elías (1 Reyes 21); el accionar de Nehemías de acabar con la extorsión del pueblo de Judá por parte de sus nobles y oficiales y ordenar la restitución de los bienes adquiridos ilegalmente (Nehemías 5); la purificación del templo por Jesucristo, condenando la extorsión de los mercaderes (Marcos 11:15-19); el precepto de Jesucristo que es obligatorio pagar tributos a la autoridad estatal (Marcos 12:13-17); y

---

[20] Joel Edwards, "Corruption – A Biblical Reason to Repond", (European Coalition of Apostolic Leaders, noviembre 2013), accedido el 21 de marzo de 2017, http://europeancoalitionofapostolicleaders.eu/read/article/351541.

la manipulación de la justicia, los sobornos y el falso testimonio en el contexto de la crucifixión y resurrección de Jesucristo.

En tercer lugar, la fe cristiana ha inspirado y motivado transformaciones culturales y sociales a través de la historia. Tiene "una historia de cambiar percepciones y ha influenciado a gente alrededor del mundo", como lo demuestra recientemente en relación a las actitudes frente al SIDA y el estigma asociado con el mismo.[21] Reformas transcendentes de justicia social durante el siglo XIX, como la abolición de la esclavitud, la reforma carcelaria, los derechos de la mujer o la lucha contra el empleo de menores han sido motivadas e impulsadas en gran medida por la fe cristiana de creyentes. Sydney Ahlstrom, un historiador de la Universidad de Yale, afirma que no se puede entender el movimiento humanitario del siglo XIX en los Estados Unidos sin apreciar la conciencia colectiva y el compromiso social del cristianismo evangélico de la época.[22]

En relación al tema que nos ocupa, como lo han reconocido historiadores, politólogos, economistas y académicos de otras disciplinas, la Reforma protestante tuvo un impacto histórico significativo y determinante en la promoción de la buena gobernabilidad.[23] Existen distintos argumentos para explicar cómo el protestantismo facilitó y promovió el control de la corrupción. Algunos sostienen que en el protestantismo, a diferencia de otras tradiciones religiosas más jerárquicas, hay mayor tolerancia hacia el cuestionamiento de la autoridad y el disenso individual. No podemos ignorar que la protesta de Martín Lutero en contra de la corrupción del Vaticano y la venta de indulgencias fue un factor preponderante en el

---

[21] Marshall, "Faith and Good Governance", 26. Ver también los recursos disponibles en la página web de la Décima Tercera Conferencia Internacional de Anticorrupción en Atenas del 30 de Octubre al 2 Noviembre de 2008, accedido el 21 de marzo de 2017, http://13iacc.org.s3-website.eu-central-1.amazonaws.com/index.html.

[22] Sidney E. Alhstrom, *A Religious History of the American People* (New Haven: Yale University Press, 1972), 637-640, citado en Gary A. Haugen, *Good News about Injustice: A Witness of Courage in a Hurting World* (Downers Grove: InterVarsity Press, 2009), 77.

[23] Rafael La Porta, Florencio Lopez-de-Silanes, Andrei Shleifer, and Robert W. Vishnv, "The Quality of Government", *Journal of Law, Economics and Organization* Vol. 15.1 (1999): 222 – 279, doi:10.1093/jleo/15.1.222; David S. Landes, *The Wealth and Poverty of Nations* (New York: W.W. Norton, 1998); Seymour Martin Lipset y Gabriel Salman Lenz, "Corruption, Culture and Markets", en *Culture Matters: How Values Shape Human Progress*, ed. Lawrence E. Harrison y Samuel P. Huntington (New York: Basic Books, 2000): 112 – 24; Pellegrini, "Causes of Corruption"; Robert D. Putnam, *Making Democracy Work: Civic Traditions in Modern Italy* (Princeton: Princeton University Press, 1993); Treisman, "The Causes of Corruption"; Yaw M. Mensah, "An Analysis of the Effect of Culture and Religion on Perceived Corruption in a Global Context", *Journal of Business Ethics* 121.2 (2014): 255-282, doi:10.1007/s10551-013-1696-0.

origen del movimiento protestante. En sociedades donde predominan religiones jerárquicas, los reclamos a los políticos y funcionarios públicos pueden ser menos frecuentes que en las sociedades moldeadas por religiones más individualistas e igualitarias como el protestantismo. Otros sostienen que las sociedades protestantes enfatizan más la responsabilidad individual y la necesidad dc ser virtuoso. Esto influye en la manera en que las personas perciben sus lealtades a la familia y el nepotismo. También se sostiene que la separación de iglesia y Estado es más pronunciada en la tradición protestante y que esto ha facilitado el desarrollo de sociedades civiles más autónomas, activas y efectivas en el monitoreo y fiscalización del Estado.[24]

Francis Fukuyama, unos de los pensadores y autores en ciencia política más reconocidos mundialmente, afirma la importancia del factor religioso en la promoción de la buena gobernabilidad. Fukuyama contrasta y explica las diferencias entre los casos de Alemania, el Reino Unido y los Estados Unidos, por un lado, con los de Grecia e Italia, por el otro. Se pregunta el autor por qué el primer grupo de países ha sido más exitoso en lograr estados que son menos patrimoniales y personalistas y más imparciales y respetuosos de la legalidad. Si bien Fukuyama admite que no hay mecanismo automático que produzca gobiernos más honestos y modernos, él mismo sugiere que hay factores culturales, entre otros, que explican las diferencias en los resultados de los grupos de países. Existe una alta dosis de moralismo asociado con los movimientos sociales que produjeron gobiernos más honestos en Alemania, el Reino Unido y los Estados Unidos. En cada país ha habido líderes de los movimientos de reforma que fueron impulsados por su fe personal. Entre ellos menciona al Gran Elector Federico Guillermo I de Prusia, los puritanos en Inglaterra, desde antes de la Guerra Civil inglesa en el siglo XVII y de los reformadores de la era progresista en los Estados Unidos de fines del siglo XIX y principios del XX.[25]

Desafíos

Si bien existen fundamentos sólidos para que la iglesia tenga un rol protagónico en la lucha contra la corrupción, los desafíos que se presentan son enormes. Uno pensaría que una sociedad más religiosa debería exhibir un grado de moralidad pública más elevado que una sociedad menos

---

[24] Treisman, "The Causes of Corruption", 403, 427-428; Robert Dudley Woodberry y Timothy S. Shah, "The Pioneering Protestants", *Journal of Democracy* Vol. 15.2 (2004): 47-61, 57, doi:10.1353/jod.2004.0037.

[25] Fukuyama, *Political Order and Political Decay*, 198-207.

religiosa. Muchos asumen que en países donde la religión desempeña un rol esencial en la vida de la mayoría de las personas, los funcionarios públicos, así como otras personas, derivan sus principios éticos de la religión y esto influye en su tendencia a cometer actos corruptos. Sin embargo, si nos atenemos a cierta evidencia empírica en la literatura académica, esta presunción no se condice con la realidad. Si bien, como veremos más adelante, la evidencia empírica no es precisa, concluyente o categórica, hay indicios de que la religión, en general, y la religión cristiana en particular, tienen un impacto o efecto actual limitado en las actitudes y comportamientos relacionados con la moralidad pública y la corrupción.

En palabras simples, muchas sociedades con mayorías que se declaran cristianos son sociedades donde la corrupción es endémica.

Comencemos primeramente con la relación entre la religión en general y las actitudes personales hacia la corrupción. Existen algunos estudios recientes que evalúan a nivel individual la relación entre la religiosidad de la persona y su actitud frente a la corrupción. Estos estudios examinan las religiones más importantes, incluyendo el cristianismo, y demuestran en general que la religión, no importando cuál sea, no tiene una influencia significativa en las actitudes y comportamientos individuales de sus adeptos. Destacamos tres de los estudios más representativos y recientes.

El primero es el de Moamen Gouda y Sang-Min Park, investigadores del centro de economía institucional de Marburg, Alemania. Este estudio investiga la relación entre lo que los autores denominan "valores personales internalizados por la religión" (*"religiously-induced internalized values of individuals"*) y la aceptación moral de la corrupción.[26] Los investigadores utilizaron la información de la Encuesta Mundial de Valores (EMV) (*World Values Survey, WVS*) extraída de un total de 139.826 individuos provenientes de 78 países. La EMV es aplicada desde hace más de 30 años, va por su sexta versión y se ha realizado en 99 países (abarcando el 88 por ciento de la población mundial). La EMV busca determinar cómo el cambio social se explica a partir de los valores, las creencias y las motivaciones del ciudadano común.[27]

La hipótesis central del estudio es que los individuos con más alto nivel de religiosidad son menos proclives a aceptar la corrupción. Las religiones consideradas en el estudio son: judaísmo, catolicismo, protestantismo, islam, budismo, hinduismo y el cristianismo ortodoxo. La variable

[26] Moamen Gouda y Sang-Min Park, "Religious Loyalty and Acceptance of Corruption", *Jahrbücher für Nationalökonomie und Statistik* Vol. 235.2 (2015): 184-206, doi:10.1515/jbnst-2015-0206.

[27] Para mayor información, ver el World Values Survey en http://www.worldvaluessurvey.org/wvs.jsp.

"aceptación de la corrupción" se determina en base a las respuestas en la EMV que dan los encuestados a la pregunta sobre si se puede justificar o no que alguien acepte sobornos en el desempeño de sus funciones. En cuanto a la variable de "religiosidad", el estudio la mide en base a las respuestas relacionadas con las siguientes cuatro preguntas en la EMV: ¿Qué tan importante es la religión en su vida? En la actualidad, ¿con qué frecuencia asiste usted a servicios religiosos? Independientemente de si va o no a la iglesia, ¿diría que usted es una persona religiosa? ¿Qué tan importante es Dios en su vida?

Los resultados del estudio demuestran que "el efecto de la religiosidad en la aceptación de la corrupción es muy pequeña en magnitud".[28] Existe un nivel de religiosidad por debajo del cual la religión no solamente no reduce la aceptación de la corrupción sino que pareciera aumentarla. Es decir, sólo se reduce la aceptación de la corrupción en los casos que la religiosidad excede un nivel determinado en el individuo. El estudio no encuentra diferencias sistemáticas entre individuos de distintas religiones.

Los otros dos estudios empíricos son más cualitativos. El más importante de los dos es el de Heather Marquette, de la Universidad de Birmingham en Inglaterra.[29] Este estudio –que se realizó en Nigeria y la India– formó parte de un programa internacional de proyectos de investigación sobre la relación entre religión, desarrollo y el alivio de pobreza.[30] Consistió en entrevistas semi-estructuradas y *focus groups* involucrando a unas 240 personas. En la India la investigación se centró en las religiones del hinduísmo y el sijismo. En Nigeria abarcó el islam, la religión africana tradicional y el cristianismo.

Las personas entrevistadas incluyeron a líderes y miembros de organizaciones religiosas, personal de entidades públicas y empresas privadas, personal de ONGs, jóvenes, representantes de la prensa, académicos y profesionales trabajando en el diseño e implementación de programas anticorrupción.

Si bien Marquette destaca que las conclusiones del estudio no pueden generalizarse, concluye que el rol de las instituciones religiosas es bastante problemático. En líneas generales, la investigación demuestra que la religión puede tener algún impacto sobre las actitudes hacia la corrupción, pero muy poco sobre el comportamiento corrupto. El estudio destaca que ningún entrevistado expresó tolerancia o aceptación en relación a

---

[28] Gouda, "Religious Loyalty and Acceptance of Corruption", 195.

[29] Marquette, "'Finding God' or 'Moral Disengagement'".

[30] "Religions and Development (RaD)", University of Birmingham, accedido el 21 de marzo de 2017, http://www.birmingham.ac.uk/schools/government-society/departments/international-development/rad/index.aspx.

cualquiera de las formas de comportamiento corrupto. En efecto, los entrevistados condenaron fuertemente a todas las formas de corrupción (aunque el estudio no especifica a cuáles formas se refiere).

Al mismo tiempo, la mayoría de los entrevistados sostuvo que la gente considera la corrupción como algo normal. Está tan arraigada en el sistema que no incurrir en ella tiene poco sentido. Marquette concluye que la corrupción no es un problema de ética o moralidad personal sino de acción colectiva, en el sentido de que la corrupción está tan generalizada en la sociedad que, aunque la mayoría de los individuos la desaprueben moralmente y estén concientizados de sus consecuencias negativas para la sociedad, hay muy pocos dispuestos a luchar contra ella. No incurrir en corrupción es visto como algo ilógico y ridículo. Hay una difusión de la responsabilidad que atenúa o neutraliza las reservas o condicionamientos morales: "Si todos son responsables, nadie se siente realmente responsable… cualquier daño que se causa puede ser atribuido a otros".[31]

El tercer estudio es el realizado por dos investigadores nigerianos, Wale Adesina y Catherine Ajoke Oluyemo, en su propio país. Este estudio empírico, que solamente involucró entrevistas a jóvenes, demuestra que la religión, tanto cristiana como islámica, tiene poca influencia en el comportamiento corrupto de los consultados. Los autores del estudio notan que la corrupción está arraigada en la conciencia de los nigerianos de tal modo que no la consideran inmoral sino una forma de vida.[32]

No podemos negar que la evidencia mencionada es problemática y merece ser considerada en forma muy atenta y seria por los líderes religiosos sin importar el credo. No obstante, son estudios empíricos muy generales, que sólo ofrecen una primera aproximación, aunque muy atinada, al tema que nos ocupa. Se necesita ahondar mucho más profundo. La manera en que estos estudios conceptualizan y miden la religiosidad y la aceptación de la corrupción es muy limitada y discutible. Cuando se refieren a aceptación de la corrupción, pareciera que hacen referencia a la aceptación o tolerancia de actos de soborno y no de otras formas de corrupción como el favoritismo, el nepotismo, el uso de influencias, etc. Como ya hemos demostrado en los capítulos anteriores, los niveles de aceptación o legitimidad de la corrupción dependen del tipo de conducta corrupta. Hay ciertos actos de corrupción en los que se observa mayor permisividad que en otros.

La variable "religiosidad" se queda en un nivel superficial sin ahondar más detenidamente en distinciones más precisas entre tradiciones religiosas y, más significativamente, entre la religiosidad extrínseca e intrínseca de las

---

[31] Marquette, "'Finding God' or 'Moral Disengagement'", 13.
[32] Adesina, "Attitude, Perception and Practices of Male and Female Youth", 143.

personas en forma más profunda.[33] A su vez, se hacen presunciones demasiado simplistas en cuanto a cómo actúa la religión en la formación de actitudes de la persona. El estudio de Gouda y Park asume que la mayor religiosidad (según los parámetros del estudio) implica en todos los casos una mayor internalización de valores de integridad pública. Sin embargo, el hecho de que la persona se considere muy religiosa, que asista a servicios religiosos todas las semanas y que Dios sea muy importante en su vida, no se traduce en que tenga una mayor internalización de valores y normas contra la corrupción, aunque sí pueda tener internalizados otros valores de moralidad privada en mayor medida que personas con menor religiosidad o sin ella. Aquí pueden existir diferencias entre denominaciones cristianas que no son captadas por los estudios. No es suficiente que se diga que los textos religiosos (la Biblia para los cristianos) tienen preceptos acerca de la moralidad pública y contra la corrupción. Podemos tener mucha religiosidad, según los parámetros del estudio, pero no necesariamente valores internalizados, mediante la religión, de ética pública. Entonces debemos preguntarnos: ¿Por qué no hay internalización de estos valores de ética pública? ¿Qué está fallando?

Al no hacer distinciones más precisas, los estudios no ofrecen ninguna orientación, aunque sea preliminar, en cuanto a qué mecanismos y vías en cada denominación contribuyen o no a una mejor ética pública. ¿Cómo influyen las estructuras y modelos de ejercicio de autoridad en las distintas denominaciones? ¿Qué nivel de transparencia tienen? ¿Qué grado de apoyo, cuidado y rendición de cuentas existe entre los miembros? ¿Cuál es la prédica y la enseñanza sobre valores de ética pública (más allá de que existan textos bíblicos condenando el soborno y la imparcialidad)? ¿Se promueven valores de moralidad pública o la prédica y enseñanza se limita a la moralidad privada? ¿Hay énfasis en los sermones y estudios bíblicos sobre temas de ética pública? ¿Cuál es el sentido de misión y compromiso social de las distintas denominaciones? Éstas, y otras preguntas, deben considerarse al analizar el impacto de la fe religiosa y la iglesia en el campo de la ética pública.

Pasemos ahora a considerar la situación de la iglesia cristiana y la corrupción en América Latina que, desde ya, no es muy alentadora. Para

---

[33] Investigadores sociales de la religión distinguen entre dos categorías de religiosidad: intrínseca y extrínseca. La religiosidad intrínseca está orientada hacia Dios y se basa en creencias que trascienden la existencia de la persona. La religiosidad extrínseca está orientada hacia uno mismo y caracterizada por la observancia externa y no internalizada como una guía de actitudes y comportamientos. Patrick F. Fagan, "Why Religion Matters Even More: The Impact of Religious Practice on Social Stability", *Backgrounder* No. 1992 (2006), 15-16, accedido el 21 de marzo de 2017, http://research.policyarchive.org/11903.pdf.

comenzar, notamos que en un gran número de países coexisten elevados porcentajes de personas que profesan el cristianismo con altos niveles de corrupción.

***Cuadro 3**. El cristianismo y corrupción en América Latina*[34]

	% Cristiano	CPI 2016 *
Argentina	87	36
Bolivia	95	33
Brasil	88	40
Chile	83	66
Colombia	93	37
Costa Rica	88	58
República Dominicana	81	31
Ecuador	94	31
El Salvador	88	36
Guatemala	92	28
Haití	-	20
Honduras	88	30
México	92	30
Nicaragua	91	26
Panamá	91	38
Paraguay	97	30
Perú	95	35
Uruguay	60	71
Venezuela	91	17
* Marca de 0-Mayor corrupción, 100-Menor corrupción		

Como vemos, la corrupción es un problema muy serio en países latinoamericanos con mayorías cristianas, aun en aquéllos donde existe una creciente y significativa presencia de iglesias protestantes y evangélicas. Si

---

[34] Pew Research Center, Nov. 13, 2014, "Religion in Latin America: Widespread Change in a Historically Catholic Region"; Transparency International. "Corruption Perceptions Index 2016".

bien el protestantismo tuvo un impacto histórico en la buena gobernabilidad de países europeos y de Estados Unidos y Canadá, la relación entre el protestantismo y una mejor gobernabilidad no pareciera ser automática. El protestantismo, particularmente los evangélicos, ha crecido exponencialmente desde principios del siglo XX y en especial en las últimas décadas en América Latina. En el 1900, los evangélicos alcanzaban a unas 700 mil personas o sea un 1% de la población. Al 2010, ya llegaban a 91 millones de personas o sea un 16,8% de la población.[35] No obstante, el impacto en la reducción de la corrupción pareciera ser mínimo y definitivamente menor que para los países con tradición protestante más antigua.[36] Como sostienen algunos expertos, "la evidencia en África y Latinoamérica sugiere que el protestantismo no es una panacea. En los últimos 75 años, el protestantismo se ha diseminado rápidamente, frecuentemente entre grupos marginados, en aéreas afectadas desde hace tiempo por niveles altos de corrupción. Bajo estas circunstancias, se puede decir que algunos protestantes han imitado –más que opuesto– los patrones dominantes de conducta clientelista".[37]

Se puede argumentar que la religión es sólo un factor y que existen otros factores sociales e institucionales, como hemos visto en capítulos anteriores, que están muy arraigados y llevan mucho tiempo para cambiar. Nos dice Robert D. Woodberry, profesor de ciencia política de la Universidad Nacional de Singapur, que "cuando las personas se convierten a una nueva tradición religiosa, o dejan la religión por completo, no cambian automáticamente todas sus creencias y suposiciones; no cambian automáticamente sus expectativas e interpretaciones de otros; no cambian automáticamente las instituciones que gobiernan la sociedad. Estos cambios llevan tiempo y la cooperación de los demás".[38]

También podría ser que las iglesias y los líderes, incluyendo aquellos de denominaciones protestantes, no promueven, en su prédica, enseñanza y formas de ejercicio de autoridad, valores y conductas de buena gobernabilidad. Hay un alto nivel de religiosidad, pero con poca internalización de valores y comportamientos de moralidad pública. Hoy los países menos corruptos, como los de Europa del norte, son países de una tradición protestante histórica pero actualmente mayoritariamente

---

[35] Todd Michael Johnson, Kenneth R. Ross, and Sandra S. K. Lee, *Atlas of Global Christianity 1910-2010* (Edinburgh: Edinburgh University Press, 2009).; Patrick J. StG Johnstone, Robyn Johnstone, y Jason Mandryk, *Operation World* (Carlisle/Waynesboro: Paternoster Lifestyle/Paternoster USA, 2001).

[36] Robert Dudley Woodberry, "The Economic Consequences of Pentecostal Belief", *Society* Vol.44.1 (2006): 29-35, 32, doi:10.1007/BF02690465.

[37] Woodberry, "The Pioneering Protestants", 59-60.

[38] Woodberry, "The Economic Consequences of Pentecostal Belief", 29-30.

seculares. Estudios revelan que la presencia de protestantes más de 100 años atrás tiene más impacto en los niveles de corrupción actuales que el porcentaje presente de protestantes. Como ejemplo, viene bien el caso de los Países Bajos: el porcentaje de la población protestante en el 1900 (60 por ciento) tiene más relevancia con el nivel actual de la corrupción en dicho país –que es uno de los más bajos– que el porcentaje de la población protestante en el 2000 (27 por ciento). Por otro lado, países africanos y asiáticos donde el protestantismo pasó de ser prácticamente inexistente en 1900 a ser un segmento significativo o incluso mayoría en 2000 no muestran niveles más reducidos de corrupción.[39]

Dentro del contexto latinoamericano, tenemos dos estudios empíricos que nos ofrecen algunos datos preliminares y significativos sobre la influencia de la fe cristiana y la iglesia en las actitudes y comportamientos de las personas. En el primer estudio, Martin Allaby, médico e investigador británico, nos ofrece una investigación empírica sobre la actitud de los evangélicos frente a la corrupción.[40] Allaby condujo cuatro estudios de casos incluyendo uno en un país latinoamericano, Perú, y los tres restantes en los países de Filipinas, Kenia y Zambia. Cada uno de estos países tiene una mayoría absoluta de cristianos y elevados niveles de corrupción. En cada país, Allaby entrevistó a un grupo de personas clave acerca de cómo la iglesia evangélica contribuye a reducir la corrupción en el país respectivo. Con una metodología de entrevistas semiestructuradas, la investigación abarcó tres preguntas generales:

1. ¿En qué medida los evangélicos en cada país tienen una reputación de honestidad?
2. Si se percibe la corrupción como un problema serio dentro del sector evangélico, ¿cuáles son las causas, según la opinión de líderes evangélicos?
3. ¿En qué medida los líderes evangélicos en cada país creen que los evangélicos son efectivos en la lucha contra la corrupción, sea a través de la promoción de conductas honestas mediante la prédica en las iglesias, ocupando posiciones en los gobiernos y/o promoviendo un control social de la actividad gubernamental?

---

[39] Omer Gokcekus, "Is it Protestant Tradition or Current Protestant Population that Affects Corruption?", *Economics Letters* Vol. 99.1 (2008): 59-62, http://EconPapers.repec.org/RePEc:eee:ecolet:v:99:y:2008:i:1:p:59-62. Ver también: Charles M. North, Wafa Hakim Orman, y Carl R. Gwin, "Religion, Corruption, and the Rule of Law", *Journal of Money, Credit and Banking* Vol. 45.5 (2013): 757-779, doi:10.1111/jmcb.12024.

[40] Martin Allaby, *Inequality, Corruption and the Church: Challenges and Opportunities in the Global Church* (Eugene: Wipf and Stock Publishers, 2013).

En cada país, se entrevistó a cinco grupos distintos: líderes de iglesias evangélicas, denominaciones y asociaciones; evangélicos con posiciones de liderazgo como profesionales, empresarios o líderes en ONGs evangélicas que trabajan en temas de justicia social; representantes de ONGs seculares en el área de anticorrupción; personal superior en agencias gubernamentales con una responsabilidad en el control de la corrupción como las comisiones anticorrupción y las oficinas de auditores generales; y representantes de iglesias no evangélicas, particularmente la Iglesia católica.

Allaby encuentra que la reputación de honestidad de los evangélicos varía significativamente entre los cuatro países. Cuando los evangélicos están en minoría en la sociedad, la reputación es generalmente buena. Por el contrario, cuando representan el grupo religioso mayoritario, no lo es. En los casos de Kenia, donde los evangélicos superan el 50 por ciento de la población, y Zambia, donde representan el grupo religioso más numeroso con aproximadamente el 30 por ciento de la población, la reputación en general no es buena. Por el contario, en Perú y Filipinas, países de mayoría católica, la reputación de los evangélicos en general es mejor que la de otros grupos. Según Allaby, esta diferencia pareciera obedecer a la distinción hecha por sociólogos entre "iglesia" y "secta", donde esta última categoría se aplica a los grupos de cristianos que son minoría en la sociedad, con expectativas más altas de rectitud en su conducta social y en un estado de tensión mayor con la cultura mayoritaria del país.

No obstante esta diferencia percibida entre evangélicos en minoría o en mayoría, el estudio destaca la relatividad de esta diferencia y que los evangélicos aun en minoría participan de prácticas corruptas. Confirmando lo demostrado por los indicadores de religiosidad y corrupción, Allaby nota que el "efecto protestante" en la gobernabilidad es más fuerte en los países de tradición histórica protestante que en aquellos donde el protestantismo es más reciente. En el caso de Perú, donde los evangélicos representan aproximadamente un 15 por ciento de la población, el estudio revela que, según muchos de los líderes evangélicos entrevistados, el soborno es bastante común entre los evangélicos. Se observan también casos de expectativas y prácticas de favoritismo por parte de los evangélicos. Los entrevistados notaron que había poca diferencia en la calidad de la gobernabilidad cuando los evangélicos ocupaban posiciones de gobierno.

Los líderes evangélicos en Perú coincidieron en que en las iglesias evangélicas no hay prédica o enseñanzas sobre temas de corrupción. Por otro lado, afirmaron que no existe en el sector evangélico una conciencia de activismo social y rol profético. La lucha contra la corrupción no es percibida como parte de la misión de la iglesia. Como lo expresa un líder entrevistado en Perú: "La iglesia se focaliza en decir 'la corrupción es mala, aseguremos de no ser corruptos' pero no en decir 'luchemos contra la corrupción reinante'".[41] La iglesia no ha adoptado un rol profético en denunciar actos de corrupción. La movilización de los evangélicos para el mejor gobierno no está en su agenda. En este aspecto del rol social de la iglesia, los líderes evangélicos admiten deficiencias como consecuencia de una teología dualista (los cristianos solamente deben preocuparse por lo espiritual, no lo político).[42]

Cuenca, Ecuador

---

[41] Ibídem, 175.

[42] En cuanto a los otros tres países, el estudio muestra lo siguiente: en Filipinas, los evangélicos, que son minoría, son considerados generalmente más confiables que el resto de la población aunque muchos participan de actos de corrupción menor como el soborno a un policía para evitar una multa o el soborno para agilizar un trámite. En Kenia, los protestantes (incluyendo a evangélicos y pentecostales/carismáticos) son mayoría en el país. Los católicos representan poco más del 20 por ciento. A diferencia de Filipinas, hay un reconocimiento en que los evangélicos son más proclives a la corrupción que los católicos. Ejemplos de corrupción incluyen el nepotismo en el nombramiento de líderes religiosos y laicos, la evasión impositiva y la malversación de fondos. La experiencia de evangélicos en el gobierno no ha sido buena. En Zambia, los evangélicos y pentecostales/carismáticos representan aproximadamente el 40 por ciento de la población mientras que los católicos son el 33. Zambia tuvo un presidente evangélico, Frederick Chiluba, de 1991 a 2001. El presidente y varios de sus ministros incurrieron en corrupción mayor en forma escandalosa. La corrupción es más común en el sector evangélico pentecostal que en otros sectores religiosos. Los evangélicos, especialmente las nuevas iglesias pentecostales, tienen una reputación poco ejemplar.

En el segundo estudio, del cual he sido parte, la Universidad de Taylor (Indiana, Estados Unidos), en colaboración con la Universidad de Azuay (Cuenca, Ecuador), realizó la primera fase de una investigación empírica sobre la relación entre religiosidad y la actitud frente a la corrupción. Este estudio se llevó a cabo en la ciudad de Cuenca, Ecuador, entre 2013 y 2014 y consistió en dos partes: una cuantitativa (encuesta) y una cualitativa (entrevistas semiestructuradas).

La variable religiosidad se determinó según el grado de motivación religiosa intrínseca teniendo en cuenta la escala Hoge de motivación religiosa intrínseca (*Intrinsic Religious Motivation Scale).*[43] A continuación se transcribe la pregunta pertinente:

"Por favor marque el nivel de acuerdo con las siguientes afirmaciones, encerrando en un círculo la respuesta que mejor representa su opinión en este momento, basada en la siguiente escala.

1- Totalmente en desacuerdo
2- Moderadamente en desacuerdo
3- Ligeramente en desacuerdo
4- Ligeramente de acuerdo
5- Moderadamente de acuerdo
6- Fuertemente de acuerdo

1. Mi fe religiosa involucra todos los aspectos de mi vida.	1	2	3	4	5	6
2. Uno debería buscar la guía de Dios cuando toma una decisión importante en su vida.	1	2	3	4	5	6
3. En mi vida yo siento la presencia de lo Divino.	1	2	3	4	5	6
4. Mi fe religiosa a veces restringe mi actuar.	1	2	3	4	5	6
5. Nada es más importante para mí que servir a Dios como mejor entiendo.	1	2	3	4	5	6
6. Me esfuerzo mucho por llevar mi religión a todas las áreas de mi vida.	1	2	3	4	5	6
7. Mis creencias religiosas son lo que realmente sustentan todo mi enfoque a la vida.	1	2	3	4	5	6
8. No es tan importante lo que creo, siempre y cuando lleve una vida moral.	1	2	3	4	5	6
9. Aunque soy una persona religiosa, me niego a que consideraciones religiosas influyan en los asuntos de mi vida diaria.	1	2	3	4	5	6

43 Dean R. Hoge, "A Validated Intrinsic Religious Motivation Scale", *Journal for the Scientific Study of Religion*, Vol. 11.4 (1972): 369 – 376, doi:10.2307/1384677.

10. Aunque creo en mi religión, siento que hay cosas más importantes en la vida.	1	2	3	4	5	6
11. La Biblia guía mis decisiones éticas a diario.	1	2	3	4	5	6
12. Me comprometo con la Biblia día a día.	1	2	3	4	5	6

La actitud frente a la corrupción se determinó en base a las respuestas frente a 17 situaciones hipotéticas que reflejaban distintas formas de corrupción y distintos modos de comportamiento ético. A continuación se transcriben algunas de las situaciones hipotéticas:

"Por favor marque el nivel de acuerdo con las siguientes afirmaciones, encerrando en un círculo la respuesta que mejor representa su opinión en este momento, basada en la siguiente escala.

1 Definitivamente
2 Una alta probabilidad
3 Algo de probabilidad
4 Muy poca probabilidad
5 Nada de probabilidad

1. Imagínese que usted es el director de un departamento en el municipio de Cuenca. Para este año fiscal, el presupuesto tiene asignado recursos para remodelar y restaurar las oficinas de su departamento. Su hermana es dueña y opera una empresa que vende muebles de oficina. Hay muchas otras empresas que venden muebles en la ciudad. Hay poca probabilidad de que alguien controle los gastos realizados o se dé cuenta de la conexión de su hermana con la mueblería. ¿En qué medida está usted de acuerdo con estas afirmaciones?					
a. Compraría los muebles de mi hermana porque uno tiene que ayudar a la familia.	1	2	3	4	5
b. No le compraría a la compañía de mi hermana por existir un conflicto de intereses.	1	2	3	4	5
c. Decidiría a favor de la compañía de mi hermana; después de todo, sólo puede confiar en la calidad de los muebles que vienen de la familia o amigos.	1	2	3	4	5
d. Decidiría a favor de la compañía de mi hermana porque nadie cuestionaría esta decisión.	1	2	3	4	5

2. Está trabajando muy duro para asegurar votos para la elección. En una conversación informal con un individuo muy influyente y con muchas conexiones en la ciudad, usted se da cuenta de que él sólo apoyará su elección si usted acepta apoyar su proyecto de un centro comercial en la ciudad. Usted no está necesariamente de acuerdo con la iniciativa, pero no quiere prometer que será aprobado, aunque sabe que este apoyo es crucial. ¿En qué medida está usted de acuerdo con estas afirmaciones?					
a. Para ser exitoso en la política uno necesita tomar este tipo de compromisos, por lo tanto apoyaría el proyecto a cambio de su voto.	1	2	3	4	5

b. Lo apoyaría siempre y cuando lo pueda hacer de una manera que no pueda ser detectado que fue a cambio de su voto.	1	2	3	4	5
c. No lo apoyaría porque yo creo que mi integridad es más importante que su voto y una elección.	1	2	3	4	5
d. No lo apoyaría porque esto podría escaparse a los medios de comunicación y arruinar la posibilidad de ser elegido.	1	2	3	4	5

3. Imagínese que usted es dueño de un restaurante en la ciudad de Cuenca. El inspector de la Municipalidad vino hoy a inspeccionar las condiciones de salubridad y seguridad del restaurant. Encontró algunos defectos en el local del restaurante que le obligan a imponerle una multa. ¿En qué medida está usted de acuerdo con las siguientes afirmaciones?					
a. Le ofrecería dinero para que no imponga la multa, esto es lo que hace la gran mayoría de la gente.	1	2	3	4	5
b. Pago la multa porque el monto no es muy significativo.	1	2	3	4	5
c. Pago la multa porque esto es lo que hace la gran mayoría de la gente	1	2	3	4	5
d. Contactaría a un amigo influyente en la municipalidad para que me arregle el asunto y no tenga que pagar la multa.	1	2	3	4	5

La encuesta fue aplicada a 219 residentes de la ciudad de Cuenca, Ecuador. De los participantes, 100 eran hombres y 119 mujeres y las edades variaron desde los 15 años a los 74 años. En cuanto a afiliación religiosa, 161 (el 74 por ciento) eran católicos; 43 (el 20 por ciento), protestantes; y 15 (6 por ciento), no creyentes. Las entrevistas se realizaron con 40 personas (18 por ciento) del total de las encuestadas.

Los resultados iniciales de las encuestas, aunque no conclusivas, indican que la religiosidad en general no tiene un impacto significativo en el razonamiento ético de las personas, aunque aquéllos con religiosidad más intrínseca mostraron modos de comportamiento más éticos.

Las entrevistas proveyeron información complementaria y muy útil a la parte cuantitativa. Los entrevistados coincidieron en la seriedad del problema de la corrupción y su arraigo en la cultura y sociedad de Cuenca. En general describieron a la sociedad como permisiva e indiferente a la corrupción. Hay temor de denunciar la corrupción por miedo a represalias. No obstante, muchos expresaron que la corrupción en Cuenca no era tan grave como en otras partes de Ecuador.

Según las entrevistas, la forma de corrupción más frecuente en Cuenca es el favoritismo, que se expresa en distintas maneras y en todos los sectores. Dentro del sector Justicia, muchos entrevistados notaron parcialidad a favor de personas influyentes y políticos. El nepotismo es frecuente en la selección de personal público y es muy difícil conseguir un puesto de trabajo sin conexiones personales. Dentro del sector educativo, el plagio y la copia son generalizados.

o indiferente a los problemas sociales que la afectan. La iglesia debe ser una voz profética en la sociedad que exige justicia y buena gobernabilidad por parte de los gobiernos. Aquí se trata de "demandar" integridad ("advocacy").

La segunda área se refiere a una iglesia que "no es del mundo", es decir una iglesia que demuestra valores y conductas ejemplares en la ética y moralidad pública de los creyentes. Como expresa Joel Edwards, "sólo una iglesia transformada es probable que sea un agente de transformación. La luz brilla mejor cuando nuestras ventanas están limpias".[46] Aquí hablamos de "demostrar" integridad.

La iglesia que "está en el mundo"

El profeta Miqueas nos ofrece un modelo excelente de líder religioso que expone a los políticos, religiosos y a la sociedad entera de su tiempo para demandar integridad. Miqueas entendía claramente los efectos devastadores de la corrupción en la sociedad, especialmente entre los más pobres, y su violación de las normas sociales del Antiguo Testamento. El profeta vivió en una época en la que el poder y la riqueza estaban altamente concentrados en una élite corrupta. Los líderes en la sociedad abusaban de sus cargos y autoridad para provecho personal en detrimento de la comunidad.[47] Oprimían a los menos afortunados, exacerbando las inequidades sociales y socavando los cimientos para una sociedad justa y pacífica. La corrupción no solamente era un problema con la élite política y religiosa; prácticas fraudulentas estaban presentes en el sector privado. De hecho, el profeta condena la riqueza adquirida mediante prácticas comerciales deshonestas, tales como la defraudación a los clientes utilizando pesos y medidas falsos.[48]

En los tiempos de Miqueas (siglo VIII a.C.), la sociedad de Israel sufría de corrupción endémica. No solamente existía la corrupción menor, sino también la mayor. Había una total "captura del Estado" por los poderosos. Como nos dice Miqueas, "la gente es hábil para hacer el mal con sus manos. El funcionario exige dinero y se soborna al juez. Los líderes importantes hacen las leyes a su conveniencia y todas ellas se cumplen".[49] El engaño, el fraude y la deshonestidad estaban tan arraigados que era imposible confiar en nadie. Israel no tenía mucho capital social. Miqueas les advierte a los israelitas: "No creas en tu vecino, no confíes en tu amigo.

---

[46] Edwards, "A Biblical Reason to Respond".
[47] Miqueas 3:11
[48] Ídem; Miqueas 6:10.
[49] Miqueas 7:3, Palabra de Dios Para Todos.

Ten cuidado de lo que dices a tu esposa, incluso cuando la tengas abrazada".[50] Este nivel de desconfianza social es la que vemos y vivimos en muchas de nuestras comunidades y sociedades contemporáneas.

¿Cómo reaccionó Miqueas ante tal realidad abrumadora? El profeta no fue indiferente, sino que se preocupó por la decadencia moral de su nación. Estaba bien informado de la magnitud de la corrupción y sus efectos nocivos en la sociedad. Observó que la corrupción afectaba a todos los sectores de la sociedad. Miqueas expuso la corrupción y denunció la injusticia. Confrontó a los líderes políticos y religiosos corruptos. Entendió que Israel no podía prosperar a menos que la sociedad cambiara sus prácticas corruptas y opresivas.

Los Miqueas de hoy

Existen líderes y organizaciones cristianas que están actualmente ejerciendo una voz profética para denunciar la corrupción, con gran riesgo personal en muchos casos. Se destacan dos casos concretos: la campaña global "Exposed", de la red Miqueas, y la Asociación para una Sociedad Justa en Honduras.[51]

"Exposed" consistió en una acción para movilizar a cristianos alrededor del mundo para demandar que las iglesias, empresas y gobiernos adopten acciones prácticas y políticas para resistir la corrupción. La campaña fue lanzada en 2012 por una coalición integrada por, entre otros, el Desafío Miqueas, la Sociedad Bíblica Británica, la Sociedad Bíblica Americana, El Ejército de Salvación y la Alianza Mundial Evangélica. "Exposed" representó un hecho histórico al ser la primera vez que organizaciones y agencias cristianas se unían para denunciar la corrupción.

La campaña, que comprendió más de mil vigilias en cien países en 2013, culminó con una petición al grupo de países del G20 en su reunión de Brisbane, Australia, en noviembre de 2014. La petición llevó las firmas de aproximadamente 150 mil personas provenientes de 188 países. A su vez, una carta fue suscripta por 95 líderes internacionales cristianos que representaban una comunidad de creyentes de mil millones de personas. La petición y la carta requirieron que los líderes del G20 implementaran

---

[50] Miqueas 7:5, Palabra de Dios Para Todos.

[51] Para más detalle sobre métodos de demanda ("advocacy") de integridad, ver: Graham Gordon y Melissa Lawson, "Why advocate on governance and corruption?", (Tearfund, 2012), accedido el 21 de marzo de 2017, http://tilz.tearfund.org/~/media/Files/TILZ/Topics/Why_advocate_on_governance_and_corruption.pdf.

reformas al sistema financiero global para combatir la evasión impositiva y el lavado de dinero.[52]

La Asociación para una Sociedad Justa en Honduras (ASJ) es una asociación civil y cristiana creada en 1998. Actualmente sirve como la oficina nacional de Transparencia Internacional. Su visión es "ser un grupo de cristianos valientes y líderes en hacer que el sistema gubernamental funcione y sea justo para los más vulnerables de nuestra sociedad". Su misión es la de "trabajar con interés genuino por una sociedad donde prevalezca la justicia, especialmente para los más vulnerables, a través de una legislación justa, su aplicación equitativa y la participación de la iglesia, la sociedad y el Estado".[53]

La ASJ realiza investigaciones sobre corrupción, denuncia actos de corrupción y promueve reformas mediante propuestas prácticas y medidas legales. Sus iniciativas anticorrupción abarcan varios sectores incluyendo educación y salud. En el área de educación, realizó una investigación de la corrupción relacionada con el ausentismo de maestros y profesores. En base a dicha información, y a otros informes de la ASJ, se presionó para que el gobierno tomara medidas correctivas. Ello resultó en una reducción sustancial del ausentismo de profesores y maestros y una mejora significativa en el desempeño educativo de los alumnos. En el área de salud, la ASJ investigó y descubrió sobreprecios en la adquisición de medicinas por parte del gobierno y otros actos de corrupción. Estas investigaciones causaron una reforma completa del sistema de adquisiciones de medicamentos en Honduras con la participación de un ente independiente y auditorías sociales.

Por supuesto, el rol profético de la iglesia y sus líderes está íntimamente relacionado con, y afectado por, su propia credibilidad e integridad. Esto nos lleva a la segunda, y crucial, área de acción.

---

[52] Joel Edwards y Geoff Tunnicliffe, "Micah Challenge International: A voice of evangelical advocacy", *Lausanne Global Analysis* Vol. 4.2 (2015), accedido el 21 de marzo de 2017, https://www.lausanne.org/content/lga/2015-03/micah-challenge-international; "Holy Hands? - Joel Edwards Calls the Church to Participate in a Global Campaign Against Corruption", *World Evangelical Alliance*, 5 octubre 2012, accedido el 21 de marzo de 2017, http://worldea.org/news/4097/holy-hands-joel-edwards-calls-the-church-to-participate-in-a-global-campaign-against-corruption; World Evangelical Alliance, "Anti-Corruption Campaign EXPOSED Launches".

[53] "Quiénes Somos", *Asociación para una Sociedad Más Justa*, 2015, accedido el 21 de marzo de 2017, http://asjhonduras.com/webhn/sobre-nosotros/.

La iglesia que "no es del mundo"

La iglesia debe ser partícipe activa en demandar que haya transparencia y rendición de cuentas por parte de líderes políticos y funcionarios públicos. No obstante, como hemos visto en los capítulos anteriores, el énfasis de la fiscalización social se centra en normas, instituciones y procesos formales, no en un cambio profundo de valoración y actitud. Las normas, instituciones y procesos de buena gobernabilidad ofrecen sólo un marco, si bien muy necesario, que facilita la implementación de cambios de comportamiento. Sin embargo, si no hay un profundo cambio en aquellos valores y actitudes prevalentes que legitiman o toleran la corrupción, la estructura institucional y formal no será efectiva, e incluso puede ser objeto de abuso y manipulación.

La evidencia parece sugerir que las iglesias en general, tanto católicas como protestantes, no están formando o modelando valores de buena gobernabilidad. Como apunta el teólogo Yahya Wijaya, de Indonesia, los mensajes sobre ética social son menos explícitos en las iglesias. Si bien hay enseñanzas bíblicas contra la corrupción, los creyentes participan en prácticas corruptas y no siempre son conscientes de que estas prácticas sean inconsistentes con las enseñanzas de las Escrituras.[54] Como apunta el líder cristiano Joel Edwards, la primera labor de la iglesia en combatir la corrupción es tomar consciencia de que Dios no tolera la corrupción y que el tema es prácticamente ignorado en la reflexión teológica y la enseñanza bíblica.[55]

El abuso de autoridad y la confianza pública no son temas de la prédica, la enseñanza y el discipulado en las iglesias. La corrupción como causa profunda de injusticia social no es entendida ni vista como prioridad. Tal como lo reconocieron varios líderes religiosos y otros expertos, "las instituciones religiosas pueden ser ciegas a la importancia de la buena gobernabilidad. Las personas que se identifican como religiosas comprenden tres cuartos de la población mundial; de esta manera, constituyen la proporción más importante de las personas que ofrecen y reciben sobornos. Si la anticorrupción fuera incorporada en la ética de la religión, esto podría tener un impacto sobre el soborno; podríamos construir un consenso moral global para no aceptar el soborno".[56]

---

[54] Yahya Wijaya, "Constructing an Anti-Corruption Theology", *Exchange* Vol 43.3 (2014): 221-236, 223-224, doi:10.1163/1572543X-12341325.

[55] Edwards, "A Biblical Reason to Respond".

[56] Marshall, "Faith and Good Governance", 25-26. Ver también los recursos disponibles en la página web de la Décima Tercera Conferencia Internacional de Anticorrupción en Atenas del 30 de Octubre al 2 Noviembre del 2008.

Lo dicho no solamente se aplica a los sobornos sino también, y quizás en forma más importante según los contextos, a otras formas de corrupción que en muchos casos disfrutan de una mayor aceptación o legitimidad social. En nuestro medio latinoamericano hay conductas corruptas que son normalmente practicadas sin cuestionamiento ético, aun entre creyentes. Como ya hemos visto, el uso del "amiguismo", las influencias o "palancas" para sacar ventajas u obtener favores o beneficios no merecidos y/o evitar obligaciones, castigos o penas merecidas, el favoritismo en la asignación de beneficios y recursos, el uso de espacio público para fines privados, la evasión de impuestos o el pago por servicios públicos; la tolerancia de, y hasta admiración en algunos casos para, aquellos que se aprovechan de la confianza pública para fines personales son algunas de las muchas prácticas que socavan el bien común de la sociedad.

Entre las iniciativas de reforma interna y ética dentro de la iglesia, cabe mencionar los esfuerzos que está realizando la iglesia cristiana en la India. En su libro "Iglesias sin corrupción son posibles" ("Corruption-Free Churches are Possible"), el autor y profesor suizo Christoph Stückelberger destaca una serie de iniciativas concretas por parte de líderes e instituciones cristianas en la India.[57] Varios líderes religiosos de ese país admiten que allí la iglesia cristiana es tan corrupta como la sociedad en general. Como ejemplos, Stückelberger menciona varios casos de corrupción de líderes de iglesias incluyendo la compra de votos para cargos de obispo, pago de sobornos para obtener cargos en instituciones educativas e iglesias, malversación de fondos y de propiedades de las iglesias, pago de sobornos en la construcción de propiedades y represalias contra los denunciantes de actos corruptos. Frente a esta trágica y triste realidad, muchos líderes y organizaciones religiosas en la India se han unido para promover una reforma profunda en la gobernabilidad de las iglesias.[58]

---

[57] Stückelberger, "Corruption-Free Churches are Possible".

[58] Stückelberger, "Corruption-Free Churches are Possible", 73. Además de la India, el autor menciona otras iniciativas a nivel nacional e internacional. A nivel nacional, se destacan las de Tanzania, África del oeste y Camerún. La Iglesia Luterana Evangélica de Tanzania (ELCT) ha tomado medidas de mayor transparencia y fiscalización después de un escándalo de corrupción de malversación de fondos en un hospital de la ELCT que resultó en un juicio en los tribunales locales. En África del oeste, la Fraternidad de Concilios Cristianos e Iglesias ("Fellowship of Christian Councils and Churches in West Africa" [FECCIWA]) ha organizado una campaña de "corrupción cero" en sus escuelas. En Camerún, se aprobó el primer código de conducta para las iglesias. El código tiene disposiciones relativas a la publicación de estados financieros, procesos de decisión más democráticos, mayor separación de poderes y mejor protección a aquellos que denuncien actos corruptos. El código se viene implementando y han habido algunos resultados positivos.

Dentro de los esfuerzos realizados en la India, merece destacarse aquí la iniciativa llamada Operación Nehemías, un movimiento para fortalecer la transparencia, rendición de cuentas e integridad financiera en la iglesia cristiana de ese país. Como se ha documentado, la iglesia en la India ha padecido actos de corrupción muy serios de su liderazgo y que han sido motivo, en algunos casos, de acciones legales.[59] El movimiento fue iniciado y es liderado por un grupo de empresarios y profesionales con el deseo de servir a líderes e instituciones cristianas en la India. Este movimiento, que se originó en el 2012, comprende una serie de eventos, actividades y proyectos liderados por empresarios, jóvenes profesionales y otras personas que ofrecen su ayuda en forma voluntaria.

Operación Nehemías, como objetivo primario y esencial, busca facilitar una introspección y renovación ética por parte de los líderes de iglesias en relación a sus actitudes y prácticas de gobernabilidad, con énfasis en la integridad financiera. A esos efectos, el movimiento ha realizado foros anuales con líderes de todas las denominaciones y facilitado la movilización de grupos de oración y formación de grupos reducidos de líderes para apoyo y seguimiento. Entre otras actividades, Operación Nehemías ofrece educación y asistencia técnica a seminarios en la preparación de materiales sobre integridad, capacitación a iglesias en temas de transparencia y gobernabilidad y ayuda en la implementación de nuevos sistemas y procesos de gobernabilidad.[60]

Si la fe cristiana no se traduce en comportamientos éticos alternativos y ejemplares, y la iglesia no tiene rol profético, los líderes de la iglesia deben preguntarse el porqué de esta situación. Es imprescindible que los líderes evalúen críticamente la condición de los valores, actitudes y prácticas de gobernabilidad e integridad pública de los creyentes. A partir de que tomen conciencia de que sus actitudes y prácticas no se condicen con el mandato bíblico y con su identidad como cristianos, recién allí podrán lograr una renovación. En efecto, "las discrepancias entre (…) los valores religiosos y las prácticas cotidianas, pueden sugerir un potencial para la acción mediante la reinterpretación de textos o exhortando a que las prácticas y comportamientos sociales se aliñen con los valores religiosos. Este

[59] Ídem.

[60] "Operation Nehemiah", *Operation Nehemiah*, n.d., accedido el 21 de marzo de 2017, http://operation-nehemiah.org/.; Arpit Waghmare, "Integrity and Anti-Corruption Case Study", Lausanne Movement video, 20 junio 2013, accedido el 21 de marzo de 2017, https://www.lausanne.org/content/integrity-and-anti-corruption-case-study-lausanne-global-leadership-forum.

entendimiento (...) puede proveer una base o fundamento para claridad, liberación y empoderamiento".[61]

Como creyentes, tenemos una oportunidad, y una responsabilidad, de despertarnos a las consecuencias devastadoras de este pecado social y desafiarnos a un cambio radical.

[61] Deneulin, "Revisiting Religion", 51.

Capítulo Noveno
Conclusiones

Durante las páginas de este libro sostuve la necesidad de abordar el problema de la corrupción sistémica desde otro enfoque y con otras intervenciones que las habituales. Si bien, por décadas, los países en desarrollo –muchas veces en respuesta a demandas y presiones de los organismos internacionales– han implementado reformas institucionales con el fin de erradicar el flagelo de la corrupción, éstas no han dado el resultado esperado. El reportorio de intervenciones para combatir este problema se ha ido ampliando, desde medidas tecnocráticas que simplemente reducían la intervención del Estado, hasta reformas mucho más estructurales del sistema político y de las relaciones entre Estado, empresas y ciudadanos.

A pesar de los esfuerzos, es evidente que ha habido una falta de resultados satisfactorios y perdurables. Existe una brecha entre las reformas institucionales que se implementaron y la mejora social buscada; es decir, una mejor gobernabilidad. Esto se explica en gran parte a raíz de que los enfoques que han guiado las reformas han sido, más bien, estructurales y tecnocráticos.

Les propongo hacer un repaso de los puntos principales que hemos visto a lo largo del libro y que contribuyeron a alcanzar estas conclusiones:

Quizás uno de los primeros problemas que acarrea la lucha contra la corrupción es que no existe una definición uniforme y universal acerca de este problema. De todos modos, con ese nombre o con otro, se habla de ella desde hace tiempos inmemoriales: hay registros de este tipo de actitudes que datan de más de dos mil años. No importa cómo se la catalogue: corrupción mayor o menor, política o burocrática, legal o ilegal, personal o institucional, blanca, negra o gris, aislada o sistemática... las acepciones y definiciones son muchas y variadas, pero en esencia representa siempre un comportamiento que atañe un abuso de la confianza pública. Se puede expresar de diferentes modos, pero se trata siempre de un comportamiento que privilegia injustamente a algunos en detrimento de la comunidad o sociedad en su conjunto. La corrupción viola y pone en jaque a la imparcialidad, sello de la justicia. Y, por otra parte, afecta a todos alrededor del mundo. Casi nadie se salva.

No hay país o sociedad que esté exento de la corrupción, aunque su intensidad y generalización difieran en cada lugar. Para muchos pueblos, la corrupción es la norma. Se han llevado a cabo diferentes métodos para medir este problema, ya que conocer su dimensión en uno de los primeros pasos que permite a los investigadores, especialistas y responsables de implementar políticas públicas entender la magnitud del problema y ensayar posibles soluciones. De cualquier modo, los instrumentos de medición de la corrupción, aunque imperfectos, confirman las grandes diferencias que experimenta el fenómeno en cada país.

Sin embargo, y a pesar de que se trata de un problema muy antiguo, la corrupción irrumpió en la agenda global a partir de la década del '90. Antes no existía conciencia de que fuera un obstáculo importante para el desarrollo y el alivio de la pobreza. Al contrario, se argumentaba que era algo normal e inclusive útil para manejarse frente a la ineficiencia burocrática en muchos países. Pero eso ya quedó atrás y la lucha contra la corrupción se convirtió en bandera, tanto dentro de las fronteras de cada nación como a nivel internacional. Dejó de ser un tema tabú para pasar a ocupar un lugar central en la agenda global. Se han firmado convenios internacionales y se han implementado programas en prácticamente todos los países emergentes y en desarrollo.

Como verán, no estoy diciendo que no ha habido avances en la lucha contra la corrupción. Tanto algunos países de América Latina como los de otros lugares del mundo tienen ahora una gama diversa de herramientas legales, institucionales, administrativas y tecnológicas para combatirla. Existen nuevos instrumentos analíticos que permiten entender y medir mejor este fenómeno. Hay, evidentemente, una mayor conciencia del problema por parte del público y un aumento de las organizaciones de la sociedad civil dedicadas a promover la transparencia y la rendición de cuentas de los gobiernos. También se están viendo más casos de enjuiciamiento de políticos y empresarios de alto nivel. La sociedad civil ha logrado en algunos casos, a través de su monitoreo y control, reducir instancias de corrupción aunque no es claro que perduren los efectos en el tiempo. Evidentemente, los avances no son pocos.

No obstante, es indiscutible que estos avances no son suficientes, que el impacto es limitado y que se necesitan enfoques y esfuerzos alternativos, complementarios y más abarcadores. Porque la corrupción sigue entre nosotros.

Creo que, tras leer este libro, queda claro que la corrupción destruye todos los aspectos que conforman una sociedad. Es un cáncer que aumenta la pobreza y la inequidad, debilita la democracia y erosiona la paz social. La corrupción socava la confianza entre los miembros de una sociedad, inhibiendo la cooperación necesaria para el progreso y el desarrollo. La corrupción reconoce causas diversas que interactúan entre sí. Estas causas se dividen entre estructurales y socioculturales.

Las primeras son las que han suscitado la mayor atención en las reformas anticorrupción de las últimas décadas. Reformas que, en gran medida, fracasaron. Y eso se ha debido a que hacen faltan soluciones más integrales, que reconozcan que la corrupción es un problema que incluye pautas culturales y éticas que, para ser modificadas, necesitan de la internalizaciones de nuevos valores. Y no estoy solo en este camino: son muchos los autores que reconocen que las causas de la corrupción están más allá de lo institucional y estructural.

Pero, para no apelar solamente a la confianza que pueda inspirarles, les he contado las reformas institucionales que han llevado a cabo organismos internacionales, organizaciones no gubernamentales y hasta los propios gobiernos. Los programas de reforma se han centrado mayormente en cambios estructurales que no han tenido demasiado éxito. Estas reformas, sean de oferta o de demanda, no tuvieron mucho impacto en cambiar la cultura de corrupción prevalente en muchos países. Los instrumentos de intervención enfatizan los incentivos económicos y el monitoreo y control, y responden a lógicas y modelos que no tienen en cuenta adecuadamente los factores culturales y sociales. La gran mayoría de estas reformas, entonces, no han dado resultados positivos ya que requieren de valores y actitudes congruentes y que las respalden; es decir: una cultura de integridad, que asegure su funcionamiento efectivo.

Falta, todavía, mucho camino por recorrer. Son varias las sociedades, como la gran mayoría de las latinoamericanas, que operan con normas culturales y códigos morales que no resultan funcionales para el desarrollo y el progreso. Estas normas sociales de corrupción erosionan la confianza e impiden tanto cooperar eficazmente a nivel de la sociedad como lograr la realización de sus respectivos potenciales. Habitualmente, no se espera que los políticos y funcionarios públicos gobiernen para el bien general sino que la expectativa es que privilegien los favores a parientes, amigos y adeptos políticos.

Hay una colisión de valores y códigos morales en donde la lealtad al clan prevalece por sobre el concepto de buen ciudadano. Hay un conflicto entre la obligación de fidelidad personal y la obligación de hacer lo justo: cuando un pariente o amigo viola la ley, las obligaciones entran en colisión. La buena gobernabilidad y el estado de derecho se afianzan cuando la lealtad personal cede frente a las exigencias de la justicia, y ello contribuye a una confianza más generalizada.

Combatir la corrupción requiere internalizar un nuevo código ético, que fortalezca valores y normas sociales de universalismo e imparcialidad ya que estamos hablando de un fenómeno cultural y ético, aspectos marginados en las reformas tradicionales. El desafío, entonces, es alterar las normas sociales que son condescendientes con la corrupción. La pregunta clave es cómo hacerlo.

El enfoque que propongo reconoce, entonces, que los factores culturales, los valores y las normas sociales son condicionantes de gran importancia para lograr una reforma efectiva. Y estoy seguro de que el problema de la corrupción no es una cuestión entre buenos y malos, donde los primeros necesitan mayor control sobre los segundos. No es solamente una anomalía del marco institucional sino una cultura extendida al conjunto del tejido social. Hay una suerte de complicidad, explícita o implícita, de la sociedad toda. Aún así, cuando decimos que estamos frente a culturas de corrupción, no significa que afirmemos que se trata de una situación estática sin posibilidad de cambio.

Esta cultura de corrupción e ilegalidad, y los vicios de deshonestidad pública, se van impregnando e internalizando en muchos desde una temprana edad. En mi época escolar, situación que se mantiene hasta la actualidad, copiarse los deberes o hacer trampa en los exámenes, sin ningún reproche o reparo moral, eran comportamientos bastante habituales. El estudiante que se copiaba era el vivo, el astuto. El que no lo hacía era un tonto, un perdedor. E incluso aquel estudiante que no dejaba que los demás se copiaran de él era el mal amigo. Y como si esto fuera poco, muchos padres toleran este comportamiento y solo se molestan si su hijo es descubierto en su conducta poco ética, sin importarles la conducta en sí.

Esta misma discordancia entre lo ético o legal y la conducta social se manifestaba en muchas otras formas, como el uso de certificados médicos falsos para ausentarse de la escuela, el trato groseramente desigual al ir al médico o al hospital para aquellos pacientes con conexiones y el constante desprecio por las leyes de tránsito.

Los países con corrupción endémica se encuentran en una suerte de círculo vicioso o trampa social. La corrupción genera una desconfianza social que, a su vez, promueve mayor corrupción. Las reformas institucionales, por sí solas, no han podido romper con este círculo vicioso. Mi argumento es que los países latinoamericanos se encuentran en esta situación porque, en parte, la corrupción es aceptada o legitimada socialmente. No se trata solamente de un problema de expectativas sociales, donde los individuos participan de actos corruptos porque creen o esperan que las otras personas actuarán de esa forma y piensan que no les queda otra alternativa racional. Existe una falta de cultura de legalidad e integridad. Hay un choque de valores entre lealtad y justicia. Una cultura de legalidad alta y una baja corrupción requiere que la mayoría de la población asuma el respeto a la ley como una obligación moral, con un fuerte control interno frente a la ilegalidad. Una mayor internalización de normas contra la corrupción reduciría los casos corruptos y por ende crecerían las expectativas de cumplimiento de la ley, la honestidad pública y la presión social.

No existe una receta perfecta para lograr mayor integridad y legalidad. Mi propuesta es que la iglesia, como comunidad de creyentes, juegue un rol más protagónico en promover un cambio cultural en las normas de gobernabilidad. Mientras los factores y actores que elevaron el tema de la corrupción han sido varios y diversos, y provenientes de diferentes sectores, la iglesia y sus líderes no han sido protagonistas principales en este llamado movimiento contra la corrupción, a pesar de la profunda dimensión moral y social del fenómeno. Y no estamos hablando de una institución minoritaria. La fe cristiana tiene una fuerte presencia e influencia en toda América Latina: quienes la profesan en la región superan el 90 por ciento de la población de cada uno de los países. Esto nos lleva a considerar el importante rol que puede tener la iglesia como formadora de valores y voz profética, ya que tiene el potencial y la responsabilidad de demostrar y demandar integridad. La iglesia puede, y debería, establecer o renovar una mayor conciencia moral acerca de la corrupción y la responsabilidad de cada uno. La iglesia es capaz de contribuir a generar un cambio en las expectativas sociales y en la confianza social.

En los tiempos de Miqueas, la corrupción estaba arraigada en todos los sectores de la sociedad. Tal era la magnitud del flagelo, que nadie podía confiar en nadie. La corrupción destruyó la confianza social, a tal punto que –como hemos visto– el profeta exclamaba: "No creas en la palabra de tu prójimo ni confíes en ningún amigo; cuídate aun de lo que hables con tu esposa".[1] Sin confianza, no podía haber progreso ni desarrollo.

Pero Miqueas no se quedó de brazos cruzados. Se preocupó por la decadencia moral que afectaba a todos los sectores de la sociedad y decidió ocuparse del problema. Confrontó a los líderes políticos y religiosos corruptos. Entendió que no había posibilidades de prosperar a menos de que la sociedad cambiara sus prácticas corruptas y opresivas.

Como el profeta Miqueas, la iglesia debe despertarse a la realidad de una corrupción endémica, donde la participación y complicidad social es masiva, y las consecuencias devastadoras. Es el único camino que podría desembocar en lograr una sociedad más justa.

La fe y la iglesia tiene el potencial de poder contribuir a una transformación de valores y normas personales y sociales. ¡Líderes y creyentes en general, es hora de despertar y actuar!

---

[1] Miqueas 7:5 (Dios Habla Hoy, DHH)

Anexo 1
Corrupción y religión en América Latina

Este anexo incluye algunos datos básicos sobre la corrupción y la religión en los países latinoamericanos.[1]

[1] Las fuentes de los datos que se presentan en este anexo son las siguientes:
Corrupción: Transparency International. "Corruption Perceptions Index 2016". Transparency International, 2017. Accedido el 21 de marzo de 2017, https://issuu.com/transparencyinternational/docs/2016_cpireport_en?e=2496456/43483458.; Kaufmann, Daniel, y Aart Kraay. "Worldwide Governance Indicators". The World Bank Group. 2010. Accedido el 21 de marzo de 2017. http://info.worldbank.org/governance/wgi/index.aspx#reports.; World Justice Project, "Rule of Law Index 2016", Washington, D.C.: World Justice Project, 2016. Accedido el 21 de mayo de 2017, https://worldjusticeproject.org/sites/default/files/documents/RoLI_Final-Digital_0.pdf.
Religión: Con la excepción de Cuba y Haití, los datos sobre afiliación religiosa provienen de: Pew Research Center, 13 de Noviembre de 2014, "Religion in Latin America: Widespread Change in a Historically Catholic Region". Para Cuba y Haití los datos provienen de: Todd M. Johnson y Gina A. Zurlo, eds., World Christian Database, (Leiden/Boston: Brill, accedido el 21 de mayo de 2017); Los datos sobre compromiso religioso provienen de la encuesta de Corporación Latinobarómetro. "Análisis Online". *La Corporación Latinobarómetro.* Santiago, 2015. Accedido el 21 de marzo de 2017. http://www.latinobarometro.org/latOnline.jsp. Dicha encuesta no abarca a Cuba y Haití.

[2] El Índice de Estado de Derecho incluye, a efectos de la posición regional, los países de América Latina y el Caribe.

La mayoría de los entrevistados coinciden en que la religión y la iglesia deberían tener un papel muy importante en la reducción de la corrupción. Sin embargo, sienten, particularmente los católicos, que la iglesia no forma en valores bíblicos y que la misma ha perdido influencia y credibilidad.

Oportunidades

Aunque los desafíos son considerables, la iglesia, a través de sus líderes, instituciones y miembros, puede, y debe, ser parte más fundamental de la solución. Proponer que la iglesia deba tener un rol más preponderante en fortalecer la ética pública no supone decir que las personas creyentes sean necesariamente más éticas o tengan más interés en cuestiones éticas. La investigadora Heather Marquette opina que el creciente llamado a que se utilice la religión para combatir la corrupción se basa en el "mito" (según sus propias palabras) de que la religiosidad en una sociedad está asociada a menor corrupción. Entre otros argumentos, Marquette destaca que los estudios cuantitativos sobre religión y corrupción son contradictorios y no concluyentes, que niveles de alta religiosidad en América Latina y Filipinas coexisten con niveles altos de corrupción, que los países europeos menos corruptos son mayoritariamente seculares y además se refiere a los resultados de su propio estudio en Nigeria e India, que ya mencionamos.[44] Sin entrar en una discusión sobre la evidencia empírica que cita y analiza Marquette, el argumento de este libro no se basa en que la iglesia cristiana en general, sus líderes y miembros, exhiban actualmente una mayor integridad o ética pública que la población no creyente, aunque pueda haber diferencias en el caso de algunos grupos o denominaciones. Nuestro argumento se basa en que la iglesia no es estática y sin posibilidad de cambio interno e influencia positiva externa, sino que es dinámica con un potencial de transformación social y cultural.

Decir que la iglesia es dinámica, con potencial de cambio, no implica caer en simplificaciones y pensar que la religión podría ser una solución mágica para el problema de la corrupción. No podemos aislar la religión y la iglesia del contexto político, social y económico en que opera. Esto nos obliga a tener mucha cautela al considerar el potencial de la religión para transformar comportamientos muy arraigados en las sociedades.

"Como iglesia debemos ser "sal y luz" en nuestras comunidades y sociedades.[45] Esto implica dos áreas de acción, íntimamente relacionadas entre sí, en las cuales líderes y creyentes deben luchar contra la corrupción. La primera involucra el rol de la iglesia que está "en el mundo" y no aislada

---

[44] Marquette, "'Finding God' or 'Moral Disengagement'", 14-15.

[45] Mateo 5:13-16

Argentina

Índice de Percepción de la Corrupción Transparencia Internacional, 2016	Puntuación: 36	Posición: 95
Control de Corrupción Indicadores de Gobernabilidad Global, 2015	Puntuación: -0.59	Posición: 33%
Ausencia de Corrupción Índice de Estado de Derecho, 2016	Puntuación: 0.51	Posición regional: 15

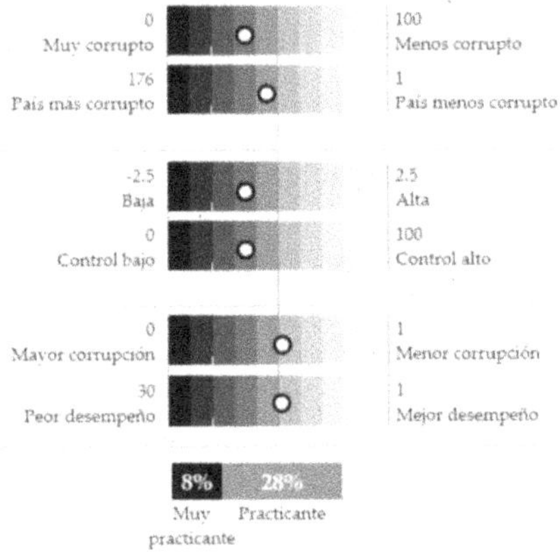

Cristiano	**87%**
Católico	71%
Protestante	15%
Otro cristiano	1%
Otra religión	6%
Ninguna religión	6%

Compromiso religioso

Bolivia

Índice de Percepción de la Corrupción Transparencia Internacional, 2016	Puntuación: 33	Posición: 113
Control de Corrupción Indicadores de Gobernabilidad Global, 2015	Puntuación: -0.68	Posición: 28%
Ausencia de Corrupción Índice de Estado de Derecho, 2016	Puntuación: 0.29	Posición regional: 29

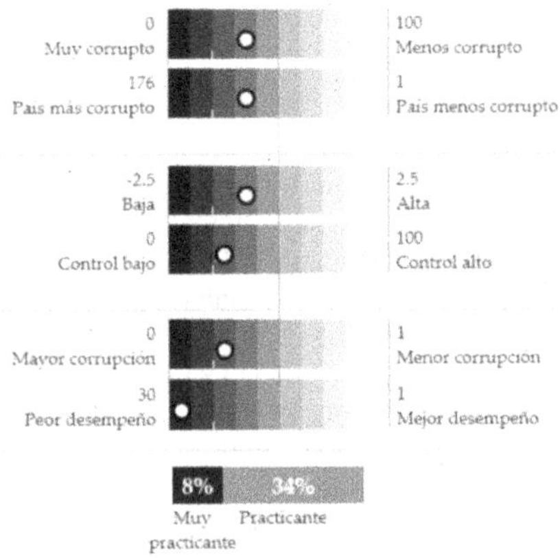

Cristiano	**95%**
Católico	77%
Protestante	16%
Otro cristiano	2%
Otra religión	1%
Ninguna religión	3%

Compromiso religioso

Brasil

Índice de Percepción de la Corrupción
Transparencia Internacional, 2016

Puntuación: 40
Posición: 79

Control de Corrupción
Indicadores de Gobernabilidad Global, 2015

Puntuación: -0.43
Posición: 41%

Ausencia de Corrupción
Índice de Estado de Derecho, 2016

Puntuación: 0.45
Posición regional: 18

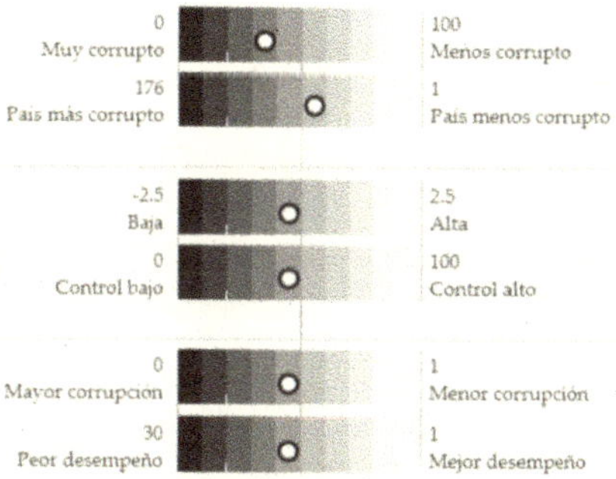

Cristiano	**88%**
Católico	61%
Protestante	26%
Otro cristiano	1%
Otra religión	4%
Ninguna religión	7%

Compromiso religioso

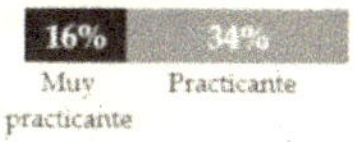

Chile

Índice de Percepción de la Corrupción
Transparencia Internacional, 2016

Puntuación: 66
Posición: 24

Control de Corrupción
Indicadores de Gobernabilidad Global, 2015

Puntuación: 1.26
Posición: 88%

Ausencia de Corrupción
Índice de Estado de Derecho, 2016

Puntuación: 0.7
Posición regional: 3

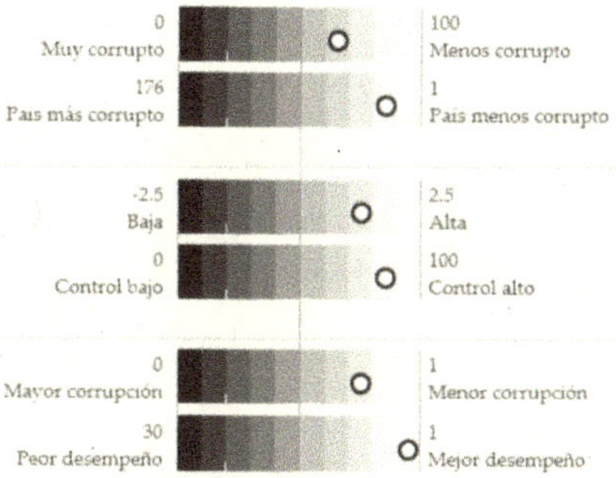

Cristiano	**83%**
Católico	64%
Protestante	17%
Otro cristiano	2%
Otra religión	6%
Ninguna religión	11%

Compromiso religioso

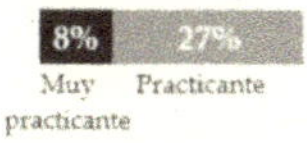

Colombia

Índice de Percepción de la Corrupción Transparencia Internacional, 2016	Puntuación: 37	
	Posición: 90	
Control de Corrupción Indicadores de Gobernabilidad Global, 2015	Puntuación: -0.29	
	Posición: 49%	
Ausencia de Corrupción Índice de Estado de Derecho, 2016	Puntuación: 0.41	
	Posición regional: 22	

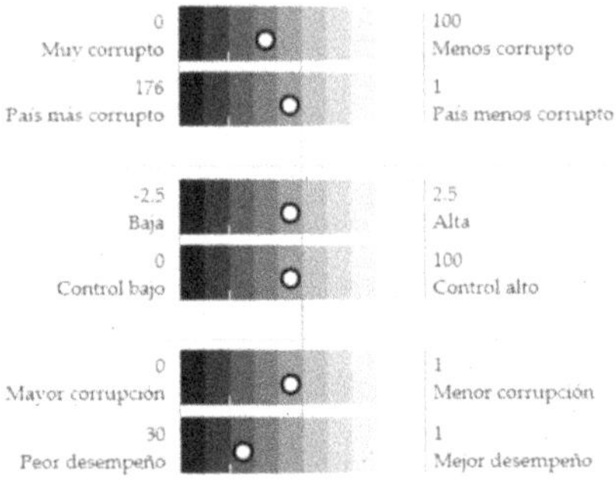

Cristiano	**93%**
Católico	79%
Protestante	13%
Otro cristiano	1%
Otra religión	1%
Ninguna religión	5%

Compromiso religioso

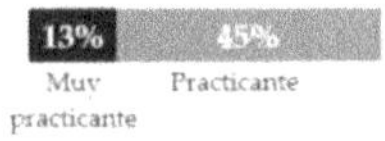

Costa Rica

Índice de Percepción de la Corrupción Transparencia Internacional, 2016	Puntuación: 58	
	Posición: 41	
Control de Corrupción Indicadores de Gobernabilidad Global, 2015	Puntuación: 0.71	
	Posición: 75%	
Ausencia de Corrupción Índice de Estado de Derecho, 2016	Puntuación: 0.69	
	Posición, regional: 5	

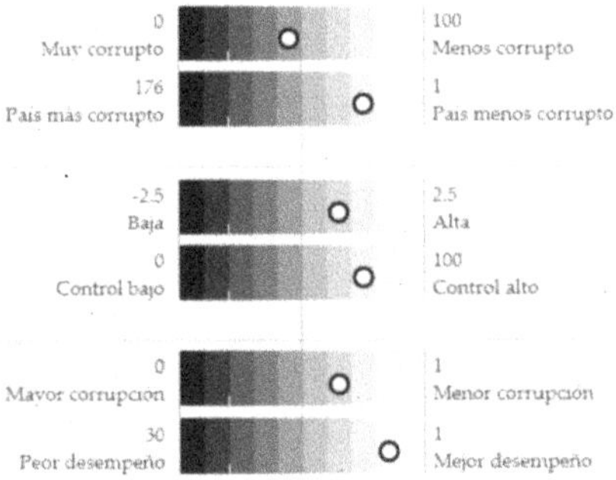

Cristiano	**88%**
Católico	62%
Protestante	25%
Otro cristiano	1%
Otra religión	1%
Ninguna religión	8%

Compromiso religioso

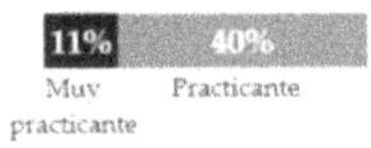

Cuba

Índice de Percepción de la Corrupción
Transparencia Internacional, 2016

Puntuación: 47

Posición: 60

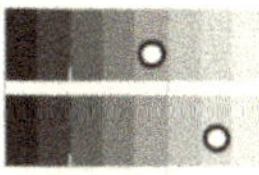

Control de Corrupción
Indicadores de Gobernabilidad Global, 2015

Puntuación: 0.07

Posición: 61%

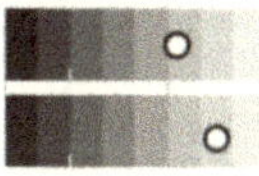

Cristiano	**61%**
Católico	53%
Protestante	4%
Otro cristiano	4%

Ecuador

Índice de Percepción de la Corrupción
Transparencia Internacional, 2016

Puntuación: 31

Posición: 120

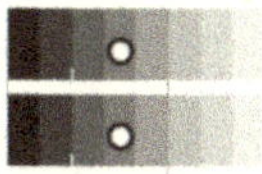

Control de Corrupción
Indicadores de Gobernabilidad Global, 2015

Puntuación: -0.65

Posición: 29%

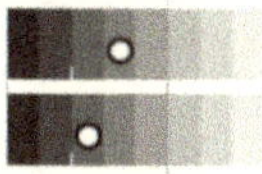

Ausencia de Corrupción
Índice de Estado de Derecho, 2016

Puntuación: 0.42

Posición regional: 21

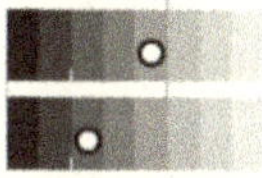

Cristiano	**94%**
Católico	79%
Protestante	13%
Otro cristiano	2%
Otra religión	1%
Ninguna religión	4%

Compromiso religioso

El Salvador

Índice de Percepción de la Corrupción
Transparencia Internacional, 2016
Puntuación: 36
Posición: 95

Control de Corrupción
Indicadores de Gobernabilidad Global, 2015
Puntuación: -0.43
Posición: 41%

Ausencia de Corrupción
Índice de Estado de Derecho, 2016
Puntuación: 0.42
Posición regional: 20

Cristiano	**88%**
Católico	50%
Protestante	36%
Otro cristiano	2%
Otra religión	0%
Ninguna religión	12%

Compromiso religioso

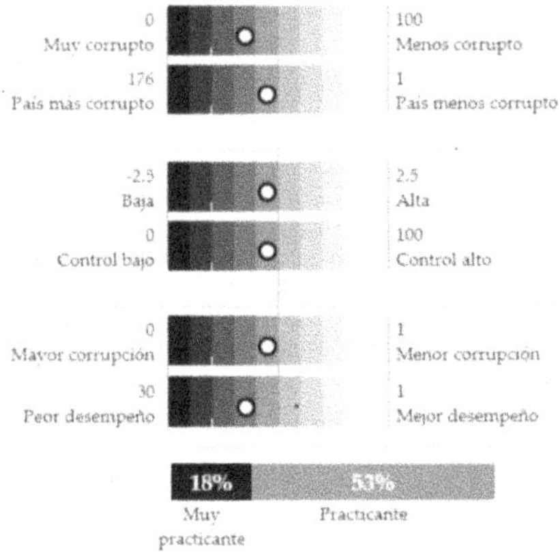

Guatemala

Índice de Percepción de la Corrupción
Transparencia Internacional, 2016
Puntuación: 28
Posición: 136

Control de Corrupción
Indicadores de Gobernabilidad Global, 2015
Puntuación: -0.71
Posición: 26%

Ausencia de Corrupción
Índice de Estado de Derecho, 2016
Puntuación: 0.34
Posición regional: 27

Cristiano	**92%**
Católico	50%
Protestante	41%
Otro cristiano	1%
Otra religión	1%
Ninguna religión	6%

Compromiso religioso

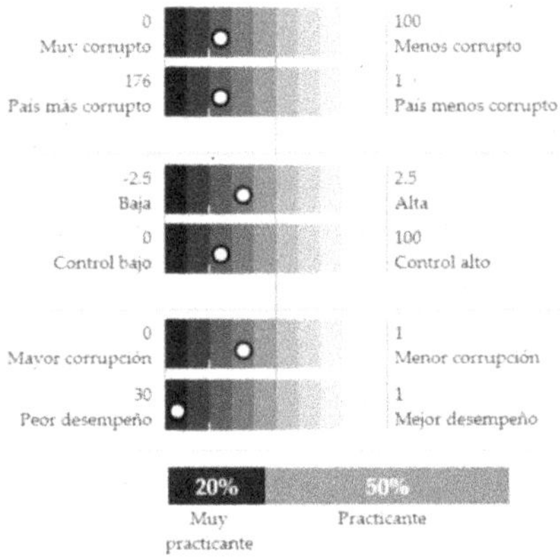

Haití

Índice de Percepción de la Corrupción Transparencia Internacional, 2016	Puntuación: 20	0 Muy corrupto	100 Menos corrupto
	Posición: 159	176 País más corrupto	1 País menos corrupto
Control de Corrupción Indicadores de Gobernabilidad Global, 2015	Puntuación: -1.26	-2.5 Baja	2.5 Alta
	Posición: 9%	0 Control bajo	100 Control alto

Cristiano	**94%**
Católico	66%
Protestante	22%
Otro cristiano	6%

Honduras

Índice de Percepción de la Corrupción Transparencia Internacional, 2016	Puntuación: 30	0 Muy corrupto	100 Menos corrupto
	Posición: 123	176 País más corrupto	1 País menos corrupto
Control de Corrupción Indicadores de Gobernabilidad Global, 2015	Puntuación: -0.57	-2.5 Baja	2.5 Alta
	Posición: 35%	0 Control bajo	100 Control alto
Ausencia de Corrupción Índice de Estado de Derecho, 2016	Puntuación: 0.36	0 Mayor corrupción	1 Menor corrupción
	Posición regional: 25	30 Peor desempeño	1 Mejor desempeño

Cristiano	**88%**
Católico	46%
Protestante	41%
Otro cristiano	1%
Otra religión	2%
Ninguna religión	9%

Compromiso religioso: 18% Muy practicante; 42% Practicante

México

Índice de Percepción de la Corrupción Transparencia Internacional, 2016	Puntuación: 30 Posición: 123
Control de Corrupción Indicadores de Gobernabilidad Global, 2015	Puntuación: -0.74 Posición: 25%
Ausencia de Corrupción Índice de Estado de Derecho, 2016	Puntuación: 0.32 Posición regional: 28

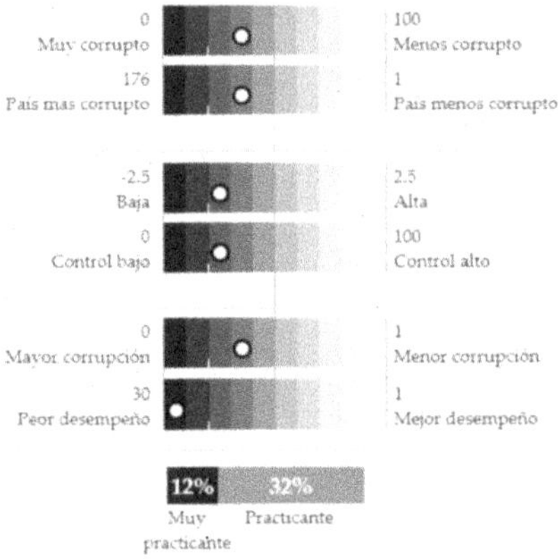

Cristiano	**92%**
Católico	81%
Protestante	9%
Otro cristiano	2%
Otra religión	4%
Ninguna religión	3%

Compromiso religioso

Nicaragua

Índice de Percepción de la Corrupción Transparencia Internacional, 2016	Puntuación: 26 Posición: 145
Control de Corrupción Indicadores de Gobernabilidad Global, 2015	Puntuación: -0.87 Posición: 19%
Ausencia de Corrupción Índice de Estado de Derecho, 2016	Puntuación: 0.37 Posición regional: 23

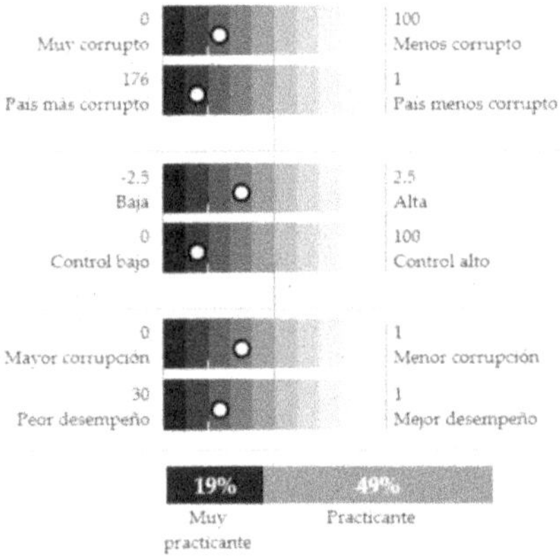

Cristiano	**91%**
Católico	50%
Protestante	40%
Otro cristiano	1%
Otra religión	2%
Ninguna religión	6%

Compromiso religioso

Panamá

Indicador		Escala (mín.)	Escala (máx.)
Índice de Percepción de la Corrupción Transparencia Internacional, 2016	Puntuación: 38	0 Muy corrupto	100 Menos corrupto
	Posición: 87	176 País más corrupto	1 País menos corrupto
Control de Corrupción Indicadores de Gobernabilidad Global, 2015	Puntuación: -0.34	-2.5 Baja	2.5 Alta
	Posición: 47%	0 Control bajo	100 Control alto
Ausencia de Corrupción Índice de Estado de Derecho, 2016	Puntuación: 0.45	0 Mayor corrupción	1 Menor corrupción
	Posición regional: 19	30 Peor desempeño	1 Mejor desempeño

Cristiano	**91%**
Católico	70%
Protestante	19%
Otro cristiano	2%
Otra religión	2%
Ninguna religión	6%

Compromiso religioso: 13% Muy practicante; 49% Practicante

Paraguay

Indicador		Escala (mín.)	Escala (máx.)
Índice de Percepción de la Corrupción Transparencia Internacional, 2016	Puntuación: 30	0 Muy corrupto	100 Menos corrupto
	Posición: 123	176 País más corrupto	1 País menos corrupto
Control de Corrupción Indicadores de Gobernabilidad Global, 2015	Puntuación: -0.94	-2.5 Baja	2.5 Alta
	Posición: 16%	0 Control bajo	100 Control alto

Cristiano	**97%**
Católico	89%
Protestante	7%
Otro cristiano	1%
Otra religión	1%
Ninguna religión	1%

Compromiso religioso: 17% Muy practicante; 42% Practicante

Perú

Índice de Percepción de la Corrupción
Transparencia Internacional, 2016

Puntuación: 35
Posición: 101

Control de Corrupción
Indicadores de Gobernabilidad Global, 2015

Puntuación: -0.6
Posición: 32%

Ausencia de Corrupción
Índice de Estado de Derecho, 2016

Puntuación: 0.36
Posición regional: 24

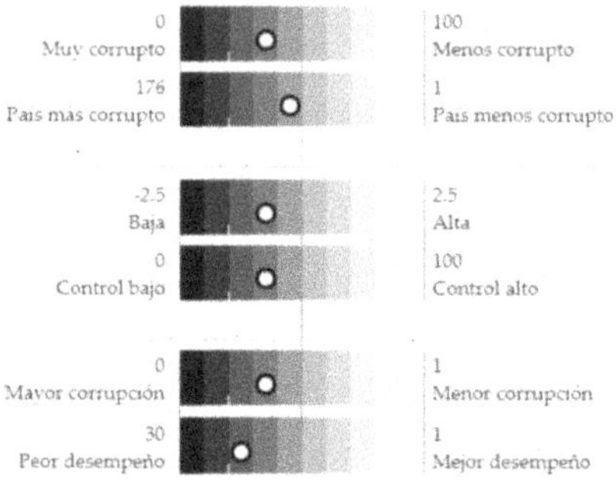

Cristiano	**95%**
Católico	76%
Protestante	17%
Otro cristiano	2%
Otra religión	1%
Ninguna religión	3%

Compromiso religioso

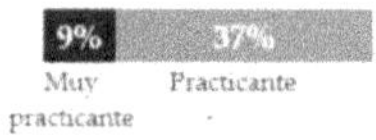

República Dominicana

Índice de Percepción de la Corrupción
Transparencia Internacional, 2016

Puntuación: 31
Posición: 120

Control de Corrupción
Indicadores de Gobernabilidad Global, 2015

Puntuación: -0.77
Posición: 22%

Ausencia de Corrupción
Índice de Estado de Derecho, 2016

Puntuación: 0.34
Posición regional: 26

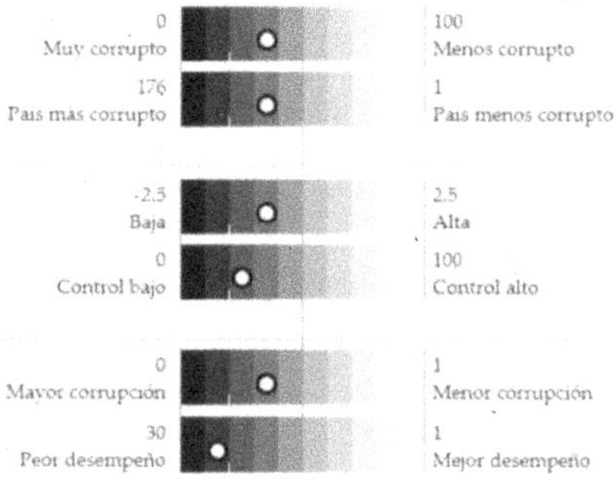

Cristiano	**81%**
Católico	57%
Protestante	23%
Otro cristiano	1%
Otra religión	0%
Ninguna religión	18%

Compromiso religioso

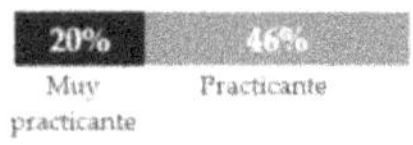

Uruguay

Índice de Percepción de la Corrupción
Transparencia Internacional, 2016
Puntuación: 71
Posición: 21

Control de Corrupción
Indicadores de Gobernabilidad Global, 2015
Puntuación: 1.3
Posición: 89%

Ausencia de Corrupción
Índice de Estado de Derecho, 2016
Puntuación: 0.77
Posición regional: 1

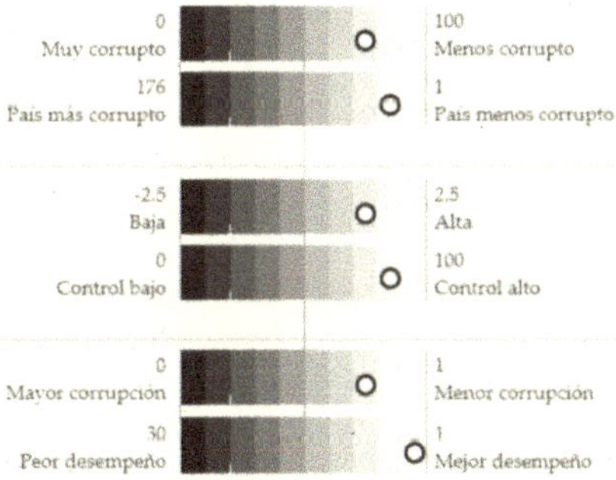

Cristiano	**60%**
Católico	42%
Protestante	15%
Otro cristiano	3%
Otra religión	16%
Ninguna religión	24%

Compromiso religioso

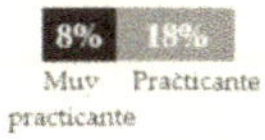

Venezuela

Índice de Percepción de la Corrupción
Transparencia Internacional, 2016
Puntuación: 17
Posición: 166

Control de Corrupción
Indicadores de Gobernabilidad Global, 2015
Puntuación: -1.33
Posición: 6%

Ausencia de Corrupción
Índice de Estado de Derecho, 2016
Puntuación: 0.25
Posición regional: 30

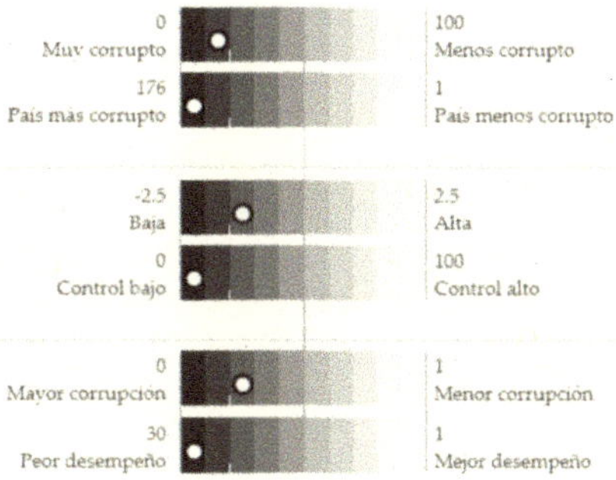

Cristiano	**91%**
Católico	73%
Protestante	17%
Otro cristiano	1%
Otra religión	3%
Ninguna religión	6%

Compromiso religioso

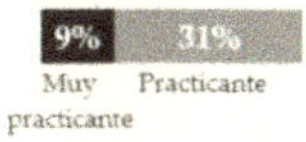

Anexo 2
Proyectos de anticorrupción en América Latina

Este anexo incluye una lista selectiva de proyectos anticorrupción o que incluyen componentes de anticorrupción en países latinoamericanos.[1] En su gran mayoría, los proyectos seleccionados incluyen componentes de anticorrupción. Los proyectos son financiados por alguna de las siguientes tres agencias de desarrollo internacionales (Agencia): el Banco Mundial (BM), la Agencia de los Estados Unidos para el Desarrollo Internacional (USAID) y el Banco Interamericano de Desarrollo (BID). Los montos de los proyectos listados (Monto) son el total de los préstamos o donaciones otorgados por la agencia respectiva para el proyecto, y no el monto exclusivamente destinado a los componentes anticorrupción.

[1] Banco Interamericano de Desarrollo, "El Fondo de Transparencia", accedido el 12 de mayo de 2017, http://www.iadb.org/es/temas/transparencia/apoyo-a-los-paises/fondo-fiduciario-para-actividades-contra-la-corrupcion-aaf,1194.html; Banco Interamericano de Desarrollo, "Detalles de Proyectos", accedido el 12 de mayo de 2017, http://www.iadb.org/es/proyectos/project-details,1301.html?Country=&Sector=&Status=&query=corrupcion; Banco Mundial, "Projects", filtrado por región de Latino América y por tema de "Other accountability/anti-corruption", accedido el 12 de mayo de 2017, projects.worldbank.org; IDB, "Strengthening Transparency and Accountability for Improved Governance", Inter-American Development Bank, Washington, D.C., 2012, accedido el 12 de mayo de 2017, https://publications.iadb.org/bitstream/handle/11319/665/Strengthening%20Transparency%20and%20Accountability%20for%20Improved%20Governance%2cFortaleciendo%20la%20transparencia%20y%20la%20rendici%C3%B3n%20de%20cuentas%20para%20un%20mejor%20gobierno.pdf?sequence=2&isAllowed=y; USAID, "USAID Anticorruption Projects Database", accedido el 12 de mayo de 2017, https://www.usaid.gov/data/dataset/b2cd92f6-e8bb-447b-9720-510222a80d0b.

País	Nombre de Proyecto	Agencia	Monto (en dólares estadounidenses)	Fecha de aprobación
Argentina	National Pension Administration TA (Asistencia Tecnica para la Administracion de la Seguridad Social)	BM	20.000.000	1997
	Sustainable Fisheries Management (Gerenciamiento de la Pesca Sostenible)	BM	$ 5.000.000	2000
	Institutional Strengthening - ANSES II TA (Asistencia Técnica II para el Fortalecimiento Institucional del ANSES)	BM	$ 25.000.000	2005
	Promoviendo Transparencia en la Asignación de Subsidios	BID	$ 120.000	2009
Bolivia	Public Financial Management (Gerenciamiento de las Finanzas Públicas)	BM	$ 11.300.000	1991
	Financial Decentralization & Accountability (Descentralización y Fiscalización Financiera)	BM	$ 15.000.000	1997
	Institutional Reform (Reforma Institucional)	BM	$ 32.000.000	1999

	Municipal Strengthening Activity (Fortalecimiento de la Actividad Municipal)	USAID	$ 20.000.000	2008
	Gobierno Abierto al Servicio de la Ciudadanía	BID	$ 500.000	2015
Chile	Public Sector Management (Gerenciamiento del Sector Público)	BM	$ 17.200.000	1991
	Fomento a la Responsabilidad Ambiental en el Congreso de Chile	BID	$ 130.000	2011
	Transparencia y Eficiencia en el Uso de Recursos en Materia Educativa	BID	$ 190.000	2014
	Fortalecimiento de la Capacidad Institucional en Materia de Probidad	BID	$ 400.000	2016
Colombia	Financial Markets Development (Desarrollo de los Mercados Financieros)	BM	$ 15.000.000	1997
	Justice Reform and Modernization Program (Programa de Reforma y Modernización Judicial)	USAID	$ 14.000.000	2006
	Regional Governance Consolidation (Consolidación de la Gobernabilidad Regional)	USAID	$ 23.837.559	2007

	Access to Justice (Acceso a la Justicia)	USAID	$ 14.000.000	2010
	Royalties Management (Gerenciamiento de Regalías)	USAID	$ 4.300.000	2011
	Construcción de Capacidades y Conocimiento sobre el Acceso a la Información Pública	BID	$ 320.000	2011
	Programa para el Fortalecimiento del Sistema de Inversión Pública	BID	$ 8.000.000	2013
	Fortalecimiento del Ministerio de Minas y Energía para la Gestión de Información	BID	$ 500.000	2013
	Fortalecimiento Institucional de la Contraloría General de la República	BID	$ 300.000	2015
	Programa para el Fortalecimiento Institucional del Sector Minero Energético	BID	$ 30.000.000	2015
Ecuador	Programa Para Combatir la Corrupción	BID	$ 30.000	1993
	Decentralization and Democratic Local Governance (Decentralización y Democratización de la Gobernabilidad Local)	USAID	$ 11.359.000	2001

	"Sí, se puede! Anti-Corruption - Ecuador"	USAID	$ 3.600.000	2003
	Institutional Reform (Reforma Institucional)	BM	$ 20.000.000	2004
	Transparencia en los Recursos de las Industrias Extractivas	BID	$ 440.000	2009
El Salvador	Public Sector Modernization TA (Asistencia Técnica para la Modernización del Sector Público)	BM	$ 24.000.000	1996
	Transparency and Governance Program (Programa de Transparencia y Gobernabilidad)	USAID	$ 5.400.000	2005
	Strengthening Democracy, Improving the Justice System (Fortalecimiento de la Democracia y Mejora del Sistema Judicial)	USAID	$ 8.500.000	2008
	Democracy Strengthening Program (Programa de Fortalecimiento de la Democracia)	USAID	$ 7.900.000	2009

	Fiscal Policy and Expenditure Management Program (Programa de Política Fiscal y Gerenciamiento de Gastos)	USAID	$ 7.600.000	2011
	Institucionalización de la Transparencia y Acceso a la Información	BID	$ 350.000	2011
Guatemala	Integrated Financial Management II (Gerencaimiento Integral Financiero II)	BM	$ 15.700.000	1997
	Apoyo a Contraloría Para Anticorrupción	BID	$ 150.000	1997
	Judicial Reform (Reforma Judicial)	BM	$ 33.000.000	1998
	Integrated Financial Management III – TA (Asistencia Técnica para el Gerenciamiento Integral Financiero II)	BM	$ 29.750.000	2002
	Apoyo a la Comisión Nacional Para la Transparencia	BID	$ 150.000	2002
	Transparency and Anticorruption Program (Programa de Transparencia y Anticorrupción)	USAID	$ 4.800.000	2005

	Decentralization and Local Governance Program (Programa de Descentralización y Gobernabilidad Local)	USAID	$ 5.500.000	2005
	Dutch Grant for the Support to the General Auditor's Office (Donación Holandesa para el Apoyo a la Oficina del Auditor General)	BM	$ 2.240.000	2009
	Local Government (Gobierno Local)	USAID	$ 6.000.000	2009
	Project Against Violence & Impunity (Proyecto Contra la Violencia y la Impunidad)	USAID	$ 7.100.000	2009
	Promotion of Public Participation in the Public Financial Management Oversight (Promoción de la Participación Pública en el Monitoreo de la Administración Financiera Pública)	BM	$ 400.000	2010
Haití	Governance TA (Asistencia Técnica para la Gobernabilidad)	BM	$ 2.000.000	2005

	Economic Governance Reform (Reforma de la Gobernabilidad Económica)	BM	$ 61.000.000	2005
	Economic Governance TA II (Asistencia Técnica para la Gobernabilidad Económica II)	BM	$ 2.000.000	2006
	Economic Governance Reform II (Reforma de la Gobernabilidad Económica II)	BM	$ 23.000.000	2007
Honduras	Economic and Financial Management (Gerenciamiento Económico y Financiero)	BM	$ 19.000.000	2000
	Apoyo al Consejo Nacional Anticorrupción	BID	$ 80.000	2001
	Greater Transparency and Accountability of Government (Mayor Transparencia y Fiscalización del Gobierno)	USAID	$ 4.616.373	2004
	Rule of Law Strengthening (Fortalecimiento de la Legalidad)	USAID	$ 4.200.000	2004

México	Greater Transparency and Accountability of Governments (Mayor Transparencia y Fiscalización del Gobierno)	USAID	$ 9.000.000	2003
	Justice and Security (Justicia y Seguridad)	USAID	$ 44.100.000	2009
	Plan Nacional de Rendición de Cuentas, Transparencia y Combate a la Corrupción	BID	$ 340.000	2010
Nicaragua	Economic Management TA (Asistencia Técnica para el Gerenciamiento Económico)	BM	$ 20.900.000	2000
	Strengthened Rule of Law and Respect for Human Rights (Fortalecimiento de la Legalidad y Respeto a los Derechos Humanos)	USAID	$ 11.805.310	2005
	Anti-Corruption, Transparency & Accountability (Anticorrupción, Transparencia y Fiscalización)	USAID	$ 9.700.000	2005
	Institutional Strengthening (Fortalecimiento Institucional)	USAID	$ 5.500.000	2008

	Human and Institutional Capacity Development (Desarrollo de la Capacidad Humana e Institucional)	USAID	$ 4.100.000	2010
Panamá	Transparency and Accountability (Transparencia y Fiscalización)	USAID	$ 4.500.000	2005
Paraguay	Fight Against Corruption and Impunity (Lucha contra la Corrupción y la Impunidad)	USAID	$ 34.600.000	2006
	Beneficiaries Empowered to Ensure Social Accountability (Empoderamiento de Beneficiarios para asegurar el Control Social)	BM	$ 600.000	2014
	Fortalecimiento de la Gestión y Evaluación de Proyectos en la Secretaría Nacional	BID	$ 310.000	2015
Perú	Pro-Decentralization Program (Programa de Descentralización)	USAID	$ 20.000.000	2003
	Anticorruption Program (Programa de Anticorrupción)	USAID	$ 19.892.786	2008

	Decentralization for More Effective and Accountable Local Government (Decentralización para una Gobernabilidad Local más Efectiva y Responsable)	USAID	$ 10.600.000	2008
	Justice Services Improvement II (Mejora de los Servicios Judiciales II)	BM	$ 20.000.000	2010
	Decentralization Program III (Programa de Descentralización III)	USAID	$ 14.967.126	2012
	Promoting Justice and Integrity in Public Administration (Promoviendo la Justica y la Integridad en la Administración Pública)	USAID	$ 4.464.906	2013
República Dominicana	Apoyo al Programa Anticorrupción	BID	$ 140.000	1996
	Consolidation and Expansion of Opportunities for Citizen Participation and Political Culture (Consolidación y Expansión de la Oportunidades para Participación Ciudadana y Cultura Política)	USAID	$ 6.500.000	2002

Strengthened Rule of Law and Respect for Human Rights, and Enhanced Public Sector Anticorruption Systems (Fortalecimiento de la Legalidad y Respeto a los Derechos Humanos y Mejora de Sistemas de Anticorrupción del Sector Público)	USAID	$ 9.500.000	2003
Transparency and Citizen Action (Transparencia y Acción Ciudadana)	USAID	$ 2.900.000	2006
Access to Information and Downward Accountability (Acceso a la Información y Control Social)	BM	$ 510.000	2007
Transparency and Accountability (Transparencia y Fiscalización)	USAID	$ 5.400.000	2008
Promoting Modernization Reforms with the Justice Sector (Promoviendo Reformas de Modernización en el Sector Judicial)	USAID	$ 5.000.000	2008
Performance and Accountability of Social Sectors (Desempeño y Fiscalización de los Sectores Sociales)	BM	$ 70.000.000	2011

Uruguay	Apoyo para establecimiento de Gestión por Resultados Administración Nacional Edu	BID	$ 500.000	2013
	Laboratorio de Innovación en Gobierno Abierto	BID	$ 350.000	2015
Regional	Convención Interamericana contra la Corrupción	BID	$ 110.000	1998
	Estudios de Corrupción en el Sector Salud	BID	$ 30.000	2001
	Apoyo a la Consolidación de Mecanismos de Información para el Fomento de la Transparencia y la Protección de Usuarios en los Servicios Financieros de la Región	BID	$ 390.000	2010
	Fortalecimiento de la Capacidad Institucional – Programa de Académicos Invitados	BID	$ 600.000	2011
	Fortaleciendo de la Gobernanza en las Industrias Extractivas	BID	$ 1.000.000	2011
	Mejorar la Transparencia de Registros de Tierra para el Planeamiento Urbano	BID	$ 370.000	2014

Promoción de Transparencia y Sostenibilidad en Industrias Extractivas	BID	$ 780.000	2014
Mejorando la Calidad del Gasto Público	BID	$ 540.000	2014
Fortalecimiento de la Eficiencia del Gasto Público	BID	$ 200.000	2014
Mejorando la Comparabilidad de Indicadores en Gobernanza Fiscal e Institucional	BID	$ 480.000	2015
Programa de Estímulo para el Uso de Herramientas de Datos Abiertos	BID	$ 200.000	2015
Innovaciones para Mejorar la Transparencia y Eficiencia de los Sistemas de Inversión Pública	BID	$ 750.000	2016
Fortalecimiento de la Transparencia e Integridad en los Países del triángulo Norte	BID	$ 600.000	2016
Transparencia y Gestión de Información en el Sector de Agua y Saneamiento	BID	$ 1.000.000	2016

Índice Onomástico

Bibliografía

Adesina, Wale, y Catherine Ajoke Oluyemo. "Attitude, Perception and Practices of Male and Female Youth in Regard to Corruption in Nigeria: Implication for Development". En *Book of Proceedings: 2° International Conference on Human and Social Sciences* Vol. 7, editado por Antonello Biagini, Giovanna Motta, Andrea Carteny, Alessandro Vagnini, 143-150, 143, 144, 147. ICHSS, Tirana, 2012. http://citeseerx.ist.psu.edu/viewdoc/download?doi=10.1.1.463.4946&rep=rep1&type=pdf.

Adeyemi, O. O., S. T. Akindele, O. A. Aluko, y B. Agesin. "Institutionalizing the Culture of Accountability in Local Government Administration in Nigeria". *African Journal of Political Science and International Relations*, Vol. 6.4 (2012): 81 – 91. doi:10.5897/AJPSIR11.127.

Alhstrom, Sidney E. *A Religious History of the American People.* New Haven: Yale University Press, 1972. Citado en Gary A. Haugen. *Good News about Injustice: A Witness of Courage in a Hurting World.* Downers Grove: InterVarsity Press, 2009.

Allaby, Martin. *Inequality, Corruption and the Church: Challenges and Opportunities in the Global Church.* Eugene: Wipf and Stock Publishers, 2013.

Alonso, José Antonio. "Corrupción y Calidad Institucional en América Latina." Anuario Iberoamericano, Real Instituto Elcano (2012): 44-63. Accedido el 21 de marzo de 2017. http://www19.iadb.org/intal/intalcdi/PE/2012/10978.pdf.

Ambraseys, Nicholas, y Roger Bilham. "Corruption Kills." *Nature* 469, no. 7329 (2011): 153-155.

"Anti-Corruption Campaign EXPOSED Launches on Thursday, Aiming at Mobilizing 100 Million Christians." *World Evangelical Alliance.* 10 octubre 2012. Accedido el 21 de marzo de 2017. http://worldea.org/news/4099/anti-corruption-campaign-exposed-launches-in-london-on-thursday-aiming-at-mobilizing-100-million-christians-by-october-2013.

Avetisyan, Meri, y Varsenik Khachatryan. "Nepotism at Schools in Armenia: A Cultural Perspective". Edmond J. Safra Working Papers No. 51, Harvard University, 2014.

Azfar, Omar. "Corruption and the Delivery of Health and Education Services". En F*ighting Corruption in Developing Countries: Strategies and Analysis*, editado por Bertram I. Spector, 181-212. Bloomfield: Kumarian Press, 2005.

Banco Interamericano del Desarrollo. "Proposal for the Action Plan to Support the Countries in Their Efforts to Fight Corruption and Foster Transparency". PAACT, GN-2540, Banco Interamericano del Desarrollo, noviembre 2009. Accedido 21 de marzo de 2017. http://idbdocs.iadb.org/wsdocs/getdocument.aspx?docnum=35008954.

Banerjee, Abhijit, Sendhil Mullainathan, y Rema Hanna. "Corruption". NBER Working Paper Series No 17968, National Bureau of Economic Research, 2012. Accedido el 21 de marzo de 2017. http://www.nber.org/papers/w17968.pdf.

Banuri, Sheheryar, y Catherine Eckel. "Experiments in Culture and Corruption: A Review". En *New Advances in Experimental Research on Corruption,* editado por Danila Serra y Leonard Wantchekon, 51 – 76. Somerville: Emerald Group Publishing, 2012.

Barr, Abigail, y Danila Serra. "Corruption and Culture: An Experimental Analysis". *Journal of Public Economics* 94.11/12 (2010): 862 – 869.

Begovic, Boris. "Corrupción: Conceptos, tipos, causas y consecuencias". *Centro para la apertura y el desarrollo de América Latina*, Año III No. 26 (2005). Accedido el 21 de marzo de 2017. http://www.cadal.org/documentos/documento_26.pdf.

Basabe-Serrano, Santiago. "Instituciones informales: discusión conceptual y evidencia empírica en el caso ecuatoriano". En *Cultura de la legalidad en Iberoamérica: desafíos y experiencias 1ª ed.*, editado por Isabel Wences, Rosa Conde, y Adrián Bonilla, 219-240. San José: FLACSO, 2014.

Blind, Peride K. "Perspectives on Corruption Metrics". Prepared for the Workshop on Engaging Citizens to Counter Corruption for Better Public Service Delivery and Achievement of the Millennium Development Goals, Marrakesh, 2011. Accedido el 21 de marzo de 2017. http://unpan1.un.org/intradoc/groups/public/documents/un-dpadm/unpan047377.pdf.

Blundo, Giorgio, y Jean-Pierre Olivier de Sardan. *Everyday Corruption and the State: Citizens & Public Officials in Africa*. London/New York: Zed Books, 2006.

Bracking, Sarah, ed. *Corruption and Development: The Anti-Corruption Campaigns*. Basingstoke: Palgrave Macmillan, 2007.

Brown, Alexander Jonathan. "What is a National Integrity System: From Temple Blueprint to Hip-Pocket Guide". En *Promoting Integrity: Evaluation and Improving Public Integrity Institutions*, editado por Brian W. Head, Alexander Jonathan Brown, y Carmel Connors, 33-54. Aldershot: Ashgate, 2008.

Brown, Ed, y Jonathan Cloke. "Neoliberal Reform, Governance and Corruption in the South: Assessing the International Anti-Corruption Crusade". *Antipode* Vol. 36.2 (2004): 272 – 294. doi:10.1111/j.1467-8330.2004.00406.x.

Burki, Shahid J., y Guillermo E. Perry. "Beyond the Washington Consensus: Institutions Matter". World Bank Latin American and Carribean Studies, Washington, D.C., 1998. Accedido el 21 de marzo de 2017. http://documents.worldbank.org/curated/en/556471468265784712/pdf/multi-page.pdf.

Cameron, Charles M. "Judicial Independence: How Can You Tell It When You See It? And, Who Cares?". En *Judicial Independence at the Crossroads: An Interdisciplinary Approach*, editado por Stephen B. Burbank y Barry Friedman, 134-47. Thousand Oaks: Sage Publications, 2002.

Carothers, Thomas, ed. *Promoting the Rule of Law Abroad: In Search of Knowledge*. Washington, D.C.: Carnegie Endowment for International Peace, 2006.

Cetina, Camilo. "Corrupción: Medición del problema y los problemas en su medición". Diálogos sobre la Transparencia - Policy Paper #1, 2016. Accedido el 21 de marzo de 2017. http://www.anticorrupcion.gov.co/Documents/Publicaciones/medicion-de-corrupcion-2016.pdf.

Chêne, Marie. "Measuring International Trends in Corruption". U4 Expert Answer, U4 Helpdesk Transparency International, 2009. Accedido el 21 de marzo de 2017. http://www.u4.no/publications/measuring-international-trends-in-corruption/.

Chhibber, Ajay. "Governance and Anti-Corruption: Ways to Enhance the World Bank's Impact". *IEG Evaluation Brief No. 2,* Washington, D.C., World Bank, 2006. Accedido el 21 de marzo de 2017. http://documents.worldbank.org/curated/en/646781468330980665/pdf/538570BRI0IEG01Box345632B001PUBLIC1.pdf.

Clark, Jeffrey A. "Building on Quicksand: The Collapse of the World Bank's Judicial Reform Project in Peru". New York: Lawyers Committee for Human Rights, 2000. Accedido el 21 de marzo de 2017.

https://pdfs.semanticscholar.org/3b7b/33841d1c96300b06bcb0f3c3ca02200aacab.pdf.

Claros, Augosto Lopez. "Removing Impediments to Sustainable Economic Development: The Case of Corruption". Documento de Trabajo No. 6704, World Bank, 2013.

Connelly, Brian S., y Deniz S. Ones. "The Personality of Corruption: A National-Level Analysis". *Cross-Cultural Research* 42.4 (2008): 353-385. doi:10.1177/1069397108321904.

Corporación Latinobarómetro. "Análisis Online". *La Corporación Latinobarómetro.* Santiago, 2015. Accedido el 21 de marzo de 2017. http://www.latinobarometro.org/latOnline.jsp.

Corporación Latinobarómetro. "Informe 2010". *La Corporación Latinobarómetro.* Santiago, 2010. Accedido el 21 de marzo de 2017. http://www.latinobarometro.org/documentos/LATBD_INFORME_LATINOBAROMETRO_2010.pdf.

Corporación Latinobarómetro. "Latinobarómetro: Opinión Pública Latinoamericana". *La Corporación Latinobarómetro.* Santiago, 2017. Accedido el 21 de marzo de 2017. http://www.latinobarometro.org/lat.jsp.

"Corruption Tops the List as the World's Most Important Problem According to WIN/Gallup International's Annual Poll". *WIN/Gallup International.* 28 febrero 2014. Accedido el 21 de marzo de 2017. http://www.gallup-international.bg/en/Publications/71-Publications/181-Corruption-Tops-the-List-as-the-World%E2%80%99s-Most-Important-Problem-According-to-WIN-Gallup-International%E2%80%99s-Annual-Poll.

Cuadrado, Reyes Calderón, y José Luis Álvarez Arce. "The Complexity of Corruption: Nature and Ethical Suggestions". Facultad de Ciencias Económicas y Empresariales Universidad de Navarra, Working Paper no. 05/06, 2005.

Dakolias, Maria. "A Strategy for Judicial Reform: The Experience in Latin America". *Virginia Journal of International Law* Vol. 36.1 (1995): 167-232.

DeBacker, Jason M., Bradley T. Heim, y Ahn Tran. "Importing Corruption Culture from Overseas: Evidence from Corporate Tax Evasion in the United States". NBER Working Paper No 17770, 2012. doi:10.3386/w17770.

de Ferranti, David, Justin Jacinto, Anthony J. Ody, y Graeme Ramshaw. *A New Framework for Analysis and Action.* Washington, D.C.: Brookings Institution Press, 2009.

Deneulin, Séverine, y Carole Rakodi. "Revisiting Religion: Development Studies Thirty Years On". *World Development* Vol. 39:1 (2011): 45-54. doi:10.1016/j.worlddev.2010.05.007.

DeShazo, Peter, y Juan Enrique Vargas. "Judicial Reform in Latin America: An Assessment". Policy Papers on the Americas Volume XVII Study 2, Center for Strategic and International Studies Americas Program, Washington, D.C., 2006. Accedido el 21 de marzo de 2017. http://siteresources.worldbank.org/INTLAWJUSTINST/Resources/0609_latin_judicial_reform.pdf.

de Sousa, Luís. "Anti-Corruption Agencies: Between Empowerment and Irrelevance". *Crime, Law and Social Change* Vol. 53.1 (2011): 5 – 22. doi:10.1007/s10611-009-9211-3.

Diccionario de la lengua Española. "Corromper". *Real Academia Española*, 2014. Accedido en http://dle.rae.es/?id=AzzkG49.

Diccionario de la lengua Española. " Corrupción". *Real Academia Española*, 2014. Accedido en http://dle.rae.es/?id=B0dY4l3.

Dimant, Eugen. "The Nature of Corruption: An Interdisciplinary Perspective". *Economics* Economics Discussion Papers No. 2013-59 (2013).

Dimant, Eugen, y Thorben Schulte. "The Nature of Corruption: An Interdisciplinary Perspective". *German LJ* 17, 2016.

Dodek, Adam, y Lorne Sossin, ed., *Judicial Independence in Context.* Toronto: Irwin Law, 2010.

Doig, Alan, David Watt, y Robert Williams. "Why Do Developing Country Anti-Corruption Commissions Fail to Deal with Corruption? Understanding the Three Dilemmas of Organizational Development, Performance Expectation, and Donor and Government Cycle". *Public Administration and Development* Vol. 27.3 (2007): 251 – 259. doi:10.1002/pad.452.

Donoso, Juan Carlos. "A Means to an End: Judicial Independence, Corruption and the Rule of Law in Latin America". Ph.D. Dissertation, Vanderbilt University, 2009. Accedido el 21 de marzo de 2017. http://etd.library.vanderbilt.edu/available/etd-07152009-154311/unrestricted/donoso.pdf.

Dugbazah, Justina. "The Relationships between Values, Religious Teaching and Development Concepts and Practices: A Preliminary Literature Review". Religions and Development Research Programme Working Paper 33, University of Birmingham, 2009.

Edwards, Joel. "Corruption – A Biblical Reason to Repond". European Coalition of Apostolic Leaders, noviembre 2013. Accedido el 21 de marzo de 2017. http://europeancoalitionofapostolicleaders.eu/read/article/351541.

Edwards, Joel, y Geoff Tunnicliffe. "Micah Challenge International: A voice of evangelical advocacy". *Lausanne Global Analysis* Vol. 4.2 (2015). Accedido el 21 de marzo de 2017. https://www.lausanne.org/content/lga/2015-03/micah-challenge-international.

Eigen, Peter. "A Coalition to Combat Corruption: TI, EITI and Civil Society". En *Corruption, Global Security, and World Order,* editado por Robert. I. Rotberg, 416-429. Washington, D.C.: Brookings Institution Press, 2009.

Etounga-Manguelle, Daniel. "Does Africa Need a Cultural Adjustment Program?". En *Culture Matters: How Values Shape Human Progress*, editado por Lawrence E. Harrison y Samuel P. Huntington, 65-79. New York: Basic Books, 2000.

"EXPOSED - shining a light on corruption". *Micah Challenge.* 08 diciembre 2011. Accedido el 21 de marzo de 2017. http://www.micahnetwork.org/news/exposed-shining-light-corruption.

"EXPOSED 2013: Historic Launch of Global Christian Response to Corruption". *World Evangelical Alliance.* 12 octubre 2012. Accedido el 21 de marzo de 2017. http://www.worldea.org/news/4101/exposed-2013-historic-launch-of-global-christian-response-to-corruption.

Fagan, Patrick F. "Why Religion Matters Even More: The Impact of Religious Practice on Social Stability". *Backgrounder* No. 1992 (2006): 15-16. Accedido el 21 de marzo de 2017. http://research.policyarchive.org/11903.pdf.

Feld, Lars P., y Stefan Voigt. "Economic Growth and Judicial Independence: Cross Country Evidence Using a New Set of Indicators". *European Journal of Political Economy* Vol. 19.3 (2003): 497-527.

Ferreyra-Orozco, Gabriel. "Understanding Corruption in a State Supreme Court in Central Mexico: An Ethnographic Approach". *Human Organization* Vol. 69.3 (2010): 242-251. doi: 10.17730/humo.69.3.g378078k2686m38j.

Fisman, Raymond, y Edward Miguel. "Cultures of Corruption: Evidence from Diplomatic Parking Tickets". NBER Working Paper No. 12312, 2006. doi:10.3386/w17770.

Fjeldstad, Odd-Helge, y Jan Isaksen. "Anti-Corruption Reforms: Challenges, Effects and Limits of World Bank Support. Background Paper to Public Sector Reform: What Works and Why?". IEG Evaluation of World Bank Support, World Bank, Washington, D.C., 2008.

Fukuyama, Francis. *The Origins of Political Order: From Prehuman Times to the French Revolution*. New York: Macmillan, 2011.

Fukuyama, Francis. *Political Order and Political Decay: From the Industrial Revolution to the Globalization of Democracy*. New York: Macmillan, 2014.

Fukuyama, Francis. "Social Capital and Civil Society". Elaborado para su presentación en la Conferencia del FMI sobre las Reformas de Segunda Generación, Washington, D.C., 1 octubre 1999. Accedido el 21 de marzo de 2017. http://www.imf.org/external/pubs/ft/seminar/1999/reforms/fukuyama.htm.

Gardiner, John. "Defining Corruption". En *Political Corruption: Concept and Contexts 3ª edición*, editado por Arnold J. Heidenheimer y Michael Johnston, 25-40. New Brunswick, NJ: Transaction Publishers, 2002.

Gault, David Arellano, Jesús Fidel Hernández Galicia, y Walter Lepore. "Corrupción sistémica: límites y desafíos de las agencias anticorrupción. El caso de la Oficina Anticorrupción de Argentina". *Revista del CLAD Reforma y Democracia* No. 61 (2015): 75-106.

Garoupa, Nuno, y Tom Ginsburg. "Guarding the Guardians: Judicial Councils and Judicial Independence". *American Journal of Comparative Law* Vol. 57.1 (2009): 103-134.

Gaventa, John, y Rosemary McGee. "The Impact of Transparency and Accountability Initiatives". *Development Policy Review* Vol. 31.s1 (2013). doi:10.1111/dpr.12017.

Gbadamosi, Gbolahan, y Moshood Bello. "Profiling Corruption Perception in Nigeria: Role of Religion and Gender". En *Business Strategies and Technological Innovations for Sustainable Development: Creating Global Prosperity for Humanity*, editado por Nejdet Delener, Leonora Fuxman, F. Victor Lu, Anna Putnova, y Luis Eduardo Rivera-Solis, 440-447. Global Business and Technology Association (GBATA) Eleventh International Conference Readings Book, Prague, 2009. Accedido el 21 de marzo de 2017. http://gbata.org/wp-content/uploads/2013/06/GBATA_2009_Readings_Book.pdf.

Gebel, Anja C. "Human Nature and Morality in the Anti-Corruption Discourse of Transparency International". *Public Administration and Development* Vol. 32.1 (2012): 109-128. doi:10.1002/pad.1604.

Gibbons, Kenneth M. "Toward an Attitudinal Definition of Corruption". En *Political Corruption: A Handbook*, editado por Arnold J. Heidenheimer, Michael Johnston, y Victor T. Le Vine, 165-172. New Brunswick, NJ: Transaction Publishers, 1989.

Gong, Ting, y Shiru Wang. "Indicators and Implications of Zero Tolerance of Corruption: The Case of Hong Kong". *Social Indicators Research* Vol. 112.3 (2013): 569-586.

González de Asís, Maria. "Anticorruption Reform in Rule of Law Programs". World Bank Institute, Washington, D.C., 2006. Accedido el 21 de marzo de 2017. http://web.worldbank.org/archive/website01006/WEB/IMAGES/ANTICORR.PDF.

Gordon, Graham, y Melissa Lawson. "Why advocate on governance and corruption?". Tearfund, 2012. Accedido el 21 de marzo de 2017. http://tilz.tearfund.org/~/media/Files/TILZ/Topics/Why_advocate_on_governance_and_corruption.pdf.

Gorta, Angela, y Suzie Forell. "Layers of Decision: Linking Social Definitions of Corruption and Willingness to Take Action". *Crime, Law and Social Change* 23, no. 4 (1995): 315-343.

Gouda, Moamen, y Sang-Min Park. "Religious Loyalty and Acceptance of Corruption". *Jahrbücher für Nationalökonomie und Statistik* Vol. 235.2 (2015): 184-206. doi:10.1515/jbnst-2015-0206.

Graycar, Adam, y Tim Prenzler. *Understanding and Preventing Corruption.* Basingstoke: Palgrave Macmillan, 2013. doi: 10.1057/9781137335098.

GTZ. "Mainstreaming Anti-Corruption". GTZ, Eschborn, 2004.

GTZ y Goethe-Institut. "Cultural Aspects of Corruption". Reports from Regional Round Tables in Asia, Eschborn, 2006. Accedido el 21 de marzo de 2017. http://agriwaterpedia.info/images/6/67/GIZ,_Goethe-Institut_e.V._(2006)_Cultural_Aspects_of_Corruption.pdf.

Golub, Stephen. "The 'Other 90 Per Cent': How NGOs Combat Corruption in Non-Judicial Justice Systems". En *Global Corruption Report 2007: Corruption in Judicial Systems,* Transparency International, 129-137. New York: Cambridge University Press, 2007.

Gupta, Sanjeev, Hamid Davoodi, y Rosa Alonso-Terme. "Does Corruption Affect Income Inequality and Poverty?". *Economics of Governance* Vol. 3 (2002): 23 – 45. doi:10.1007/s101010100039.

Hammergren, Linn. "Fighting Judicial Corruption: A Comparative Perspective from Latin America". En *Global Corruption Report 2007: Corruption in Judicial Systems,* Transparency International, 139-146. New York: Cambridge University Press, 2007.

Hanna, Rema, Sarah Bishop, Sara Nadel, Gabe Scheffler, y Katherine Durlacher. "The Effectiveness of Anti-Corruption Policy: What Has Worked, What Hasn't, and What We Don't Know: A Systematic Review". EPPI-Centre Report No. 1909, 2011.

Harrison, Lawrence E. *Jews, Confucians and Protestants: Cultural Capital and the End of Multiculturalism.* Lanham: Rowman & Littlefield Publishers, 2013.

Harrison Lawrence E., y Samuel P. Huntington, ed. *Culture Matters: How Values Shape Human Progress.* New York: Basic Books, 2000.

Haugen, Gary A. *Good News about Injustice: A Witness of Courage in a Hurting World.* Downers Grove: InterVarsity Press, 2009.

Hayo, Bernd, y Stefan Voigt. "Explaining De Facto Judicial Independence". *International Review of Law and Economics* Vol. 27.3 (2007): 269-290.

Heidenheimer, Arnold J. "The Context of Analysis". En *Political Corruption: Readings in Comparative Analysis*, editado por Arnold J. Heidenheimer. New Brunswick: Cornell University Press, 1970.

Heidenheimer, Arnold J. *Political Corruption: Readings in Comparative Analysis*, editado por Arnold J. Heidenheimer. New Brunswick: Cornell University Press, 1970.

Heidenheimer, Arnold J., Michael Johnston, y Victor T. Le Vine, ed. *Political Corruption: A Handbook.* New Brunswick, NJ: Transaction Publishers, 1989.

Heller, Nathaniel. "Defining and Measuring Corruption: Where We Have Come from, Where We Are Now and What Matters for the Future". En *Corruption, Global Security, and World Order,* editado por Robert I. Rotberg, 47-65. Washington, D.C.: Brookings Institution Press, 2009.

Helmke, Gretchen, y Steven Levitsky. "Informal Institutions and Comparative Politics: A Research Agenda". *Perspectives on Politics* Vol. 2, No. 4 (2004): 725-740. Accedido el 21 de marzo de 2017. http://www.jstor.org/stable/3688540.

Henderson, Keith. "Global Lessons and Best Practices: Fighting Corruption and Promoting the Rule of Law through Transparency, Openness and Judicial Independence". International Foundation for Electoral Systems Rule of Law White Paper Series, Chengdu, 2005.

Hoge, Dean R. "A Validated Intrinsic Religious Motivation Scale". *Journal for the Scientific Study of Religion*, Vol. 11.4 (1972): 369 – 376. doi:10.2307/1384677.

Holmes, Leslie. *Corruption: A Very Short Introduction* Vol. 426. Oxford: Oxford University Press, 2015.

"Holy Hands? - Joel Edwards Calls the Church to Participate in a Global Campaign Against Corruption". *World Evangelical Alliance*. 5 octubre 2012. Accedido el 21 de marzo de 2017. http://worldea.org/news/4097/holy-hands-joel-edwards-calls-the-church-to-participate-in-a-global-campaign-against-corruption.

Hughes, Patricia. "The Significance of Public Pressure on Judicial Independence". En *Judicial Independence in Context*, editado por Adam Dodek y Lorne Sossin, 259-294. Toronto: Irwin Law, 2010.

Hurtado, Osvaldo. *Las Costumbres de Los Ecuatorianos*. Barcelona: Editorial Planeta, 2007.

Hurtado, Osvaldo. *Portrait of a Nation: Culture and Progress in Ecuador*. Lanham: Madison Books, 2010.

Hussman, Karen. "Enfrentar la Corrupción en el Sector de la Salud". *U4 Issue* no. 2 (2013). Accedido el 21 de marzo de 2017. http://www.u4.no/publications-2-es-ES/enfrentar-la-corrupcion-en-el-sector-de-la-salud/downloadasset/3009.

Husted, Bryan W. "Wealth, Culture, and Corruption". *Journal of International Business Studies* 30.2 (1999): 339-359.

Inter-American Convention Against Corruption (B-58). Marzo 29, 1996. Senate Treaty Document 105-39. Accedido en http://www.oas.org/juridico/english/treaties/b-58.html

ITAD y LDP. "Joint Evaluation of Support to Anti-Corruption Efforts: 2002 – 2009". Norad Evaluation Report, Norwegian Agency for Development Cooperation, Oslo, 2011. Accedido el 21 de marzo de 2017. https://www.norad.no/globalassets/import-2162015-80434-am/www.norad.no-ny/filarkiv/vedlegg-til-publikasjoner/joint-evaluation-of-support-to-anti-corruption-efforts-2002-2009.pdf.

Jain, Aravind K. "Corruption: A Review". *Journal of Economic Surveys* Vol. 15, no. 1 (2001): 71-121.

Johnson, Todd M., y Gina A. Zurlo, eds. *World Christian Database*. Leiden/Boston: Brill. Accedido septiembre 2013.

Johnson, Todd Michael, Kenneth R. Ross, y Sandra S. K. Lee. *Atlas of Global Christianity 1910-2010*. Edinburgh: Edinburgh University Press, 2009.

Johnsøn, Jesper. "Theories of Change in Anti-Corruption Work: A Tool for Programme Design and Evaluation". *U4 Issue* no. 6 (2012). Accedido el 21 de marzo de 2017. http://issuu.com/cmi-norway/docs/u4issue-2012-06-theories-of-change/1?e=0.

Johnsøn, Jesper, Nils Taxell, y Dominik Zaum. "Mapping Evidence Gaps in Anti-Corruption: Assessing the State of the Operationally Relevant Evidence on Donors' Actions and Approaches to Reducing Corruption". *U4 Anti-Corruption Resource Center* no. 7 (2012).

Johnston, Michael. "The Search for Definitions: The Vitality of Politics and the Issue of Corruption". *International Social Science Journal* 48, no. 149 (1996): 321-335.

Johnston, Michael. *Syndromes of Corruption: Wealth, Power, and Democracy*. New York: Cambridge University Press, 2005.

Johnstone, Patrick J. StG, Robyn Johnstone, y Jason Mandryk. *Operation World*. Carlisle/Waynesboro: Paternoster Lifestyle/Paternoster USA, 2001.

Judge, William Q., D. Brian McNatt, y Weichu Xu. "The Antecedents and Effects of National Corruption: A Meta-Analysis". *Journal of World Business* Vol. 46.1 (2011): 93 – 103.

Kaufmann, Daniel, y Aart Kraay. "Worldwide Governance Indicators". *The World Bank Group.* 2016. Accedido el 21 de marzo de 2017. http://info.worldbank.org/governance/wgi/index.aspx#home.

Kaufmann, Daniel, y Aart Kraay. "Worldwide Governance Indicators". *The World Bank Group.* 2010. Accedido el 21 de marzo de 2017. http://info.worldbank.org/governance/wgi/index.aspx#reports.

Kaufmann, Daniel, Aart Kraay, y Massimo Mastruzzi. "Governance Matters VII: Aggregate and Individual Governance Indicators 1996-2007". World Bank Policy Research Working Paper 4654, Washington D.C., 2008. Accedido el 21 de marzo de 2017. https://openknowledge.worldbank.org/handle/10986/6870.

Kaufmann, Daniel, Aart Kraay, y Massimo Mastruzzi. "Measuring governance using cross-country perceptions data". En *International handbook on the economics of corruption,* editado por Susan Rose-Ackerman. Cheltenham: Edward Elgar Publishing, 2007.

Kaufmann, Daniel, y Pedro C. Vicente. "Legal Corruption". *Economics & Politics* Vol. 23.2 (2011): 195-219. Accedido el 21 de marzo de 2017. https://mpra.ub.uni-muenchen.de/8186/1/MPRA_paper_8186.pdf.

Kleinfeld, Rachel. *Advancing the Rule of Law Abroad: Next Generation Reform.* Carnegie Endowment for International Peace, 2012.

Klitgaard, Robert. *Controlling Corruption.* Berkeley: University of California Press, 1988.

Kolstad, Ivar, Verena Fritz, y Tam O'Neil. "Working Paper 3: Corruption, Anti-Corruption Efforts and Aid: Do Donors Have the Right Approach?". Research project (RP-05-GG) of the Advisory Board for Irish Aid, London, 2008. Accedido el 21 de marzo de 2017. https://www.odi.org/sites/odi.org.uk/files/odi-assets/publications-opinion-files/2267.pdf.

Kumar, C. Raj. "Corruption, Development and Good Governance: Challenges for Promoting Access to Justice in Asia". *Michigan State Journal of International Law* 16 (2007): 476.

Kurkchiyan, Marina. "Judicial Corruption in the Context of Legal Culture". En *Global Corruption Report 2007: Corruption in Judicial Systems*, Transparency International, 99-107. New York: Cambridge University Press, 2007.

Lambsdorff, Johann Graf. "Behavioral and Experimental Economics as a Guidance to Anticorruption". En *New Advances in Experimental Research on Corruption,* editado por Danila Serra y Leonard Wantchekon, 279-300. Somerville: Emerald Group Publishing Limited, 2012.

Lambsdorff, Johann Graf. "Corruption in Empirical Research: A Review". Transparency International Working Paper, 1999. Accedido el 21 de marzo de 2017. https://www.researchgate.net/profile/Johann_Lambsdorff/publication/220011287_Corruption_in_Empirical_Research_A_Review/links/00b4952722c1744928000000.pdf.

Landes, David S. *The Wealth and Poverty of Nations.* New York: W.W. Norton, 1998.

La Porta, Rafael, Florencio Lopez-de-Silanes, Andrei Shleifer, y Robert W. Vishnv. "The Quality of Government". *Journal of Law, Economics and Organization* Vol. 15.1 (1999): 222 – 279. doi:10.1093/jleo/15.1.222.

Larmour, Peter. "Corruption and the Concept of 'Culture': Evidence from the Pacific Islands". *Crime, Law and Social Change* Vol. 49.3 (2008): 225 – 239.

Larraín, Claudio O. "Corrupción y modernización del Estado". Banco Interamericano de Desarrollo, 2000.

Laver, Roberto. "The World Bank and Judicial Reform: Overcoming 'Blind Spots' in the Approach to Judicial Independence". *Duke Journal of Comparative & International Law* Vol. 22.2 (2012): 183-238.

Lessig, Lawrence. *Republic, Lost: How Money Corrupts Congress--and a Plan to Stop It.* New York: Twelve, 2011.

Leys, Colin. "What Is the Problem about Corruption?". En *Political Corruption: Concept and Contexts 3ª edición,* editado por Arnold J. Heidenheimer y Michael Johnston, 25-40, 41-57, 59-73. New Brunswick, NJ: Transaction Publishers, 2002.

Lindsey, Timothy, y Howard W. Dick, eds. *Corruption in Asia: Rethinking the Governance Paradigm.* Leichhardt: The Federation Press, 2002.

Lipset, Seymour Martin, y Gabriel Salman Lenz. "Corruption, Culture and Markets". En *Culture Matters: How Values Shape Human Progress*, editado por Lawrence E. Harrison y Samuel P. Huntington, 112 – 124. New York: Basic Books, 2000.

Llanos, Mariana. "Acción estratégica y cultura de la informalidad: la reforma judicial en Argentina". En *Cultura de la legalidad en Iberoamérica: desafíos y experiencias 1ª edición*, editado por Isabel Wences, Rosa Conde, y Adrián Bonilla, 277-296. San José: FLACSO, 2014.

Marshall, Katherine, y Marisa Van Saanen. "Faith and Good Governance: Towards Strengthening Global Coalitions". Berkley Center Reports, Berkley Center for Religion, Peace, and World Affairs, Washington, D.C., 2009. Accedido el 21 de marzo de 2017. https://s3.amazonaws.com/berkley-center/090117FaithGoodGovernanceTowardsStrengtheningGlobalCoalitions.pdf.

Marquette, Heather. "'Finding God' or 'Moral Disengagement' in the Fight against Corruption in Developing Countries? Evidence from India and Nigeria". *Public Administration and Development* Vol. 32.1 (2012): 11-26. doi: 10.1002/pad.1605.

Mensah, Yaw M. "An Analysis of the Effect of Culture and Religion on Perceived Corruption in a Global Context". *Journal of Business Ethics* Vol. 121.2 (2014): 255-282. doi:10.1007/s10551-013-1696-0.

Montaner, Carlos Alberto. "Culture and the Behavior of Elites in Latin America". En *Culture Matters: How Values Shape Human Progress*, editado por Lawrence E. Harrison y Samuel P. Huntington. New York: Basic Books, 2000.

Mungiu-Pippidi, Alina. "Becoming Denmark: Historical Paths to Control of Corruption". *APSA 2013 Annual Meeting Paper.* 2013.

Naciones Unidas, Oficina de las Naciones Unidas Contra la Droga y el Delito. "Convención de las Naciones Unidas Contra la Corrupción". Tratado de las Naciones Unidas, 2004. Accedido el 21 de marzo de 2017. http://www.unodc.org/unodc/en/corruption/tools_and_publications/UN-convention-against-corruption.html.

Noonan, Jr., John T. *Bribes.* New York: Macmillan, 1984.

North, Charles M., Wafa Hakim Orman, y Carl R. Gwin. "Religion, Corruption, and the Rule of Law". *Journal of Money, Credit and Banking* Vol. 45.5 (2013): 757-779. doi:10.1111/jmcb.12024.

Nye, Joseph S. "Corruption and Political Development: A Cost-Benefit Analysis". *American Political Science Review* 61 (1967): 412-427.

O'Byrne, Sarah. "There is Nothing More Important Than Corruption: The Rise and Implementation of a New Development Idea". Dissertation, Johns Hopkins University, Baltimore. Enero de 2012. UMI Dissertation Publishing (No. 3525138).

Ochulor, Chinenye Leo. "Ethical and Moral Implications of Corruption/Corruption: D'Implications éthiques et morales". *Canadian Social Science* Vol. 7.5 (2011): 223-224. doi:10.3968/J.css.1923669720110705.231.

OECD. "Convention on Combating Bribery of Foreign Public Officials in International Business Transactions and Related Documents". OECD Publishing, 2011. Accedido el 21 de marzo de 2017. http://www.oecd.org/daf/anti-bribery/ConvCombatBribery_ENG.pdf.

Olken, Benjamin A., Rohini Pande, Iqbal Dhaliwal, Raluca Dragusanu, y Cristobal Marshall. "Governance Review Paper". Governance Initiative Review Paper, J-PAL Governance Initiative Abdul Latif Jameel Poverty Action Lab, 2011. Accedido el 21 de marzo de 2017. https://www.povertyactionlab.org/sites/default/files/documents/J-PAL_GI-ReviewPaper_vMay-2011.pdf.

Olken, Benjamin A., Rohini Pande, Iqbal Dhaliwal, Raluca Dragusanu, y Cristobal Marshall. "Governance Review Paper". Governance Initiative Review Paper, J-PAL Governance Initiative Abdul Latif Jameel Poverty Action Lab, 2013. Accedido el 21 de marzo de 2017. https://www.povertyactionlab.org/sites/default/files/publications/J-PAL%20GI%20-%20Governance%20Review%20Paper%20v%20October%202013.pdf.

Omurgonulsen, Ugur, y M. Kemal Oktem. "Towards an Understanding of the Cultural Pillars of Ethical Administration in Turkey: A Qualitative Research Endeavour". Conferencia Anual de la EGPA, Milan, 2006. Accedido el 21 de marzo de 2017. https://www.law.kuleuven.be/integriteit/egpa/previous-egpa-conferences/milan-2006/omurgunulson.pdf.

"Operation Nehemiah". *Operation Nehemiah*, n.d. Accedido el 21 de marzo de 2017. http://operation-nehemiah.org/.

Pellegrini, Lorenzo, y Reyer Gerlagh. "Causes of Corruption: A Survey of Cross-Country Analyses and Extended Results". *Economics of Governance* Vol. 9.3 (2008): 245 – 263.

Pepys, Mary Noel. "Corruption within the Judiciary: Causes and Remedies". En *Global Corruption Report 2007: Corruption in Judicial Systems,* Transparency International, 3-10. New York: Cambridge University Press, 2007.

Pepys, Mary Noel. "Justice System". En *Fighting Corruption in Developing Countries: Strategies and Analysis*, editado por Bertram I. Spector. Bloomfield: Kumarian Press, 2005.

Persson, Anna, Bo Rothstein, y Jan Teorell. "The Failure of Anti-Corruption Policies: A Theoretical Mischaracterization of the Problem". University of Gothenberg QoG Working Paper Series 19, 2010. Accedido el 21 de marzo de 2017. http://www.qog.pol.gu.se/digitalAssets/1350/1350163_2010_19_persson_rothstein_teorell.pdf.

Persson, Anna, Bo Rothstein, y Jan Teorell. "Why Anticorruption Reforms Fail: Systemic Corruption as a Collective Action Problem". *Governance* Vol. 26.3 (2013): 449-471.

Pew Research Center, 13 de noviembre de 2014, "Religion in Latin America: Widespread Change in a Historically Catholic Region".

Philp, Mark. "Conceptualizing Political Corruption". En *Political Corruption: Concept and Contexts 3ª edición,* editado por Arnold J. Heidenheimer y Michael Johnston, 41-57. New Brunswick: Transaction Publishers, 2002.

Philp, Mark. "Defining Political Corruption". En *Political Corruption*, editado por Paul Heywood, 20-46. Oxford: Blackwell, 1997.

Pichel, Miguel Pérez. "Papa Francisco pide combatir la corrupción y promover los derechos humanos". *ACI Prensa.* 16 diciembre 2007. Accedido el 21 de marzo de 2017. https://www.aciprensa.com/noticias/papa-francisco-pide-combatir-la-corrupcion-y-promover-los-derechos-humanos-61787/.

Pope, Jeremy. "Libro de consulta 2000". Sourcebook de Transparencia Internacional, Londres, 2000. Accedido en http://www.tm.org.mx.

Popkin, Margaret. "Esfuerzos para Aumentar la Independencia e Imparcialidad Judicial en América Latina". *Sistemas Judiciales* no. 4 (2002): 47-61. Accedido el 21 de marzo de 2017. http://www.sistemasjudiciales.org/content/jud/archivos/revpdf/28.pdf.

Putnam, Robert D. *Making Democracy Work: Civic Traditions in Modern Italy.* Princeton: Princeton University Press, 1993.

"Quiénes Somos". *Asociación para una Sociedad Más Justa.* 2015. Accedido el 21 de marzo de 2017. http://asjhonduras.com/webhn/sobre-nosotros/.

Recanatini, Francesca. "Voices of the Misgoverned and Misruled: An Empirical Diagnostic Study on Governance, Rule of Law and Corruption for Peru". World Bank Institute, Washington, D.C., 2001. Accedido el 21 de marzo de 2017. http://siteresources.worldbank.org/INTANTICORRUPTION/Resources/383901-1317672198081/peru_voicesreport.pdf.

"Religions and Development (RaD)". University of Birmingham. Accedido el 21 de marzo de 2017. http://www.birmingham.ac.uk/schools/government-society/departments/international-development/rad/index.aspx.

Renato Raffaele Cardinal Martino y Giampaolo Crepaldi. *Nota del consejo pontificio «Justicia y paz»: La lucha contra la corrupción.* Sitio del Vaticano, 21 de septiembre de 2006, sec. 5. Accedido el 21 de marzo de 2017. http://www.vatican.va/roman_curia/pontifical_councils/justpeace/documents/rc_pc_justpeace_doc_20060921_lotta-corruzione_sp.html.

Ríos-Figueroa, Julio, y Jeffrey K. Staton. "An Evaluation of Cross-National Measures of Judicial Independence". *Journal of Law, Economics and Organization* Vol. 30.1 (2012): 104-137. doi:10.1093/jleo/ews029.

Ríos-Figueroa, Julio, y Jeffery K. Staton. "Unpacking the Rule of Law: A Review of Judicial Independence Measures". 4th Annual Conference on Empirical Legal Studies Paper, CELS, 2009. doi:10.2139/ssrn.1434234.

Salazar, Katya, y Jacqueline de Gramont. "Civil Society's Role in Combating Judicial Corruption in Central America". En *Global Corruption Report 2007: Corruption in Judicial Systems,* Transparency International, 115-120. New York: Cambridge University Press, 2007.

Sanyal, Rajib N. y Subarna K. Samanta. "Corruption Across Countries: The Cultural and Economic Factors". *Business & Professional Ethics Journal* Vol. 21.1 (2012): 21-46. doi:10.2307/27801269.

Scott, James C. *Comparative Political Corruption.* Englewood Cliffs: Prentice-Hall, 1972.

Sequeira, Sandra. "Advances in Measuring Corruption". *New Advances in Experimental Research on Corruption,* editado por Danila Serra and Leonard Wantchekon. Somerville: Emerald Publishing, 2012.

Sheng, Yap Kioe. "What is Good Governance?". United Nations Economic and Social Commission for Asia and the Pacific, n.d. Accedido el 21 de marzo de 2017. http://www.unescap.org/sites/default/files/good-governance.pdf.

Shetreet, Shimon, y Christopher Forsyth, ed. *The Culture of Judicial Independence: Conceptual Foundations and Practical Challenge.* Leiden: Martinus Nijhoff Publishers, 2012.

Shihata, Ibrahim F. I. "Legal Framework for Development: The World Bank's Role in Legal and Judicial Reform". En *Judicial Reform in Latin America and the Caribbean: Proceedings of a World Bank Conference*, editado por Malcom Rowat, Waleed H. Malik, y Maria Dakolias, 13-15. World Bank Technical Paper Number 280, Washington, D.C., 1996. Accedido el 21 de marzo de 2017. http://documents.worldbank.org/curated/en/490731468772466693/pdf/multi-page.pdf.

Smith, Daniel Jordan. *A Culture of Corruption: Everyday Deception and Popular Discontent in Nigeria.* Princeton: Princeton University Press, 2007.

Spector, Bertram I. ed. *Fighting Corruption in Developing Countries: Strategies and Analysis.* Bloomfield: Kumarian Press, 2005.

Stephenson, Matthew C. "When the Devil Turns...The Political Foundations of Independent Judicial Review". *Journal of Legal Studies* Vol. 32.1 (2003): 59-89.

Stückelberger, Christoph. "Corruption-Free Churches are Possible: Experiences, Values, Solutions". Globethics.net Focus Vol. 2, Geneva, 2010.

Stückelberger, Christoph. "Fighting Corruption. An Urgent task for Aid Agencies, Missionary Societies and Churches". *Impulse* no. 5e, 1999.

Svensson, Jakob. "Eight Questions about Corruption". *Journal of Economic Perspectives* Vol. 19.3 (2005): 19-42. Accedido el 21 de marzo de 2017. http://kie.vse.cz/wp-content/uploads/Svensson-2005.pdf.

Szeftel, Morris. "Misunderstanding African Politics: Corruption and the Governance Agenda". *Review of African Political Economy* 25.76 (1998): 221-240. doi:10.1080/03056249808704311.

Rose-Ackerman, Susan. *Corruption and Government: Causes, Consequences, and Reform.* New York: Cambridge University Press, 1999.

Smith, Daniel Jordan. "The Paradoxes of Popular Participation in Corruption in Nigeria". En *Corruption, Global Security, and World Order,* editado por Robert. I. Rotberg, 283-309. Washington, D.C.: Brookings Institution Press, 2009.

Tanzi, Vito. "Corruption around the World: Causes, Consequences, Scope and Cures". *IMF Staff Papers* Vol. 45.4 (1998): 559-594.

Tavits, Margit. "Why Do People Engage in Corruption? The Case of Estonia". *Social Forces* Vol. 88.3 (2010): 1257 – 1279. doi:10.1353/sof.0.0288.

Thompson, Dennis F. *Ethics in Congress: From Individual Corruption to Institutional Corruption.* Washington D.C: Brookings Institution, 1995.

Thomson, Dennis F. "Mediated Corruption: The Case of the Keating Five". *American Political Science Review* 87 (1993): 369-381.

Thompson, Dennis F. "Two Concepts of Corruption". Edmond J. Safra Working Papers no. 16, Harvard University, 2013.

Tovar, Evangelina Tapia, y Genaro Zalpa. "La corrupción a la luz de los dichos y refranes". *Relaciones* 126, 2011.

Transparencia Internacional. "Guía de lenguaje claro sobre la lucha contra la corrupción". Transparency International Tools, 2009. Accedido el 21 de marzo de 2017. https://www.transparency.org/whatwedo/publication/guia_de_lenguaje_claro_sobre_lucha_contra_la_corrupcion.

Transparency International. "Annex 3 – NIS Indicators and Foundations". National Integrity System, Transparency International, 2012. Accedido el 21 de marzo de 2017. http://www.transparency.org/files/content/nis/NISIndicatorsFoundations_EN.pdf.

Transparency International. "Global Corruption Barometer 2013: Report". *Transparency International*, 2013. Accedido el 21 de marzo de 2017. http://www.transparency.org/gcb2013/report.

Transparency International. *Global Corruption Report 2007: Corruption in Judicial Systems*. New York: Cambridge University Press, 2007.

Transparency International. "Corruption Perceptions Index 2016". *Transparency International*, 2017. Accedido el 21 de marzo de 2017. https://issuu.com/transparencyinternational/docs/2016_cpireport_en?e=2496456/43483458.

Transparency International. "Corruption Perceptions Index 2016: Full Source Description". *Transparency International*, 2017. Accedido el 21 de marzo de 2017. http://files.transparency.org/content/download/2056/13236/file/CPI_2016_SourceDescriptionDocument_EN.pdf.

Transparency International. "Las empresas de dos gigantes económicos emergentes, China y Rusia, son las más propensas a pagar sobornos en el extranjero". Transparency International, Londres, 2011. Accedido el 21 de marzo de 2017. http://webantigua.transparencia.org.es/indices_fuentes_de_soborno/indice_de_fuentes_de_soborno_2011/aspectos_mas_destacados__ifs_2011.pdf.

Transparency International. "Poverty and Corruption". TI Documento de Trabajo # 02/2008, Transparency International, 2008. Accedido el 21 de marzo de 2017. http://www.transparency.ch/de/PDF_files/Divers/Poverty_and_Corruption__2008__-_WP.pdf.

Transparency International. "Report on the Transparency International Global Corruption Barometer 2007". Transparency International Report, Berlin, 2007. Accedido el 21 de marzo de 2017. http://files.transparency.org/content/download/1980/12932/file/2007_GCB_EN.pdf.

Transparency International España. "BGC 2013". *Transparency International*, n.d. Accedido el 21 de marzo de 2017. http://transparencia.org.es/bgc-2013/.

Treisman, Daniel. "The Causes of Corruption: A Cross-National Study". *Journal of Public Economics* Vol. 76.3 (2000): 399 – 457.

Truex, Rory. "Corruption, Attitudes, and Education: Survey Evidence from Nepal". *World Development* Vol. 39.7 (2011): 1133-1142. doi:10.1016/j.worlddev.2010.11.003.

Trujillo, Ana María Arjona. "La corrupción política: Una revisión de la literatura". Documento de Trabajo 02-14, Departamento de Economía en la Universidad Carlos III de Madrid, 2002.

U4, "The Basics of Anti-Corruption". Anti-Corruption Resource Centre, n.d. Accedido el 21 de marzo de 2017. http://www.u4.no/articles/the-basics-of-anti-corruption/#3.

Underkuffler, Laura S. "Defining Corruption: Implications for Action". En *Corruption, Global Security, and World Order*, editado por Robert I. Rotberg, 27-46. Washington, D.C.: Brookings Institution Press, 2009.

United Nations Development Programme. "A Users' Guide to Measuring Corruption". United Nations, 2008. Acceder en http://www.undp.org/content/dam/aplaws/publication/en/publications/democratic-governance/dg-publications-for-website/a-users-guide-to-measuring-corruption/users_guide_measuring_corruption.pdf.

United Nations Development Programme. "Governance Indicators: A Users' Guide, Second Edition". United Nations, 2006. Acceder en http://gaportal.org/sites/default/files/undp_users_guide_online_version.pdf.

United Nations Development Programme. "UNDP Framework on Corruption and Development: Anti-Corruption Guidance Note". New York: United Nations, 2008.

Accedido el 21 de marzo de 2017. http://www.pogar.org/publications/ac/books/guidancenote08-e.pdf.
USAID. "USAID Anticorruption Strategy". Washington, D.C., 2005. Accedido el 21 de marzo de 2017. https://www.usaid.gov/sites/default/files/documents/1868/200mbo.pdf.
Uslaner, Eric M. "Corruption and Inequality". UNUWIDER Research Paper No. 2006/34, United Nations University, 2006.
Uslaner, Eric M. *Corruption, Inequality, and the Rule of Law: The Bulging Pocket Makes the Easy Life.* New York: Cambridge University Press, 2010.
Uslaner, Eric M., y Bo Rothstein. "Mass Education, State-Building and Equality: Searching for the Roots of Corruption". The Quality of Government Institute Working Paper Series 5, Department of Political Science at University of Gothenburg, Gothenberg, julio 2012.
Valencia, Milton J. "3 guilty in probation corruption case". *The Boston Globe.* 24 julio 2014. Accedido el 21 de marzo de 2017. http://www.bostonglobe.com/metro/2014/07/24/jurors-deliberating-for-seventh-day-corruption-trial-probation-chief-john-brien/GVxm7KQARiid2cxFyKxuXP/story.html.
Valencia, Milton J. "Disgraced DiMasi is given 8 years". *The Boston Globe.* 10 septiembre 2011. Accedido el 21 de marzo de 2017. http://www.boston.com/news/politics/articles/2011/09/10/former_house_speaker_salvatore_dimasi_sentenced_to_8_years/?page=2.
Ver Licht, Amir N., Chanan Goldschmidt, y Shalom H. Schwartz. "Culture Rules: The Foundations of the Rule of Law and Other Norms of Governance". Interdisciplinary Center Herzliya, Israel. 24 diciembre 2002. Accedido el 21 de marzo de 2017. http://dev3.cepr.org/meets/wkcn/7/756/papers/licht.pdf.
Ver Licht, Amir N. Chanan Goldschmidt, y Shalom H. Schwartz. "Culture Rules: The Foundations of the Rule of Law and Other Norms of Governance". *Journal of Comparative Economics* Vol. 35.4 (2007): 659-688. doi:10.1016/j.jce.2007.09.001.
Ver Sööt, Mari-Liis, y Kadri Rootalu. "Institutional Trust and Opinions of Corruption". *Public Administration and Development* Vol. 32.1 (2012): 82-95.
Waghmare, Arpit. "Integrity and Anti-Corruption Case Study". Lausanne Movement video. 20 junio 2013. Accedido el 21 de marzo de 2017. https://www.lausanne.org/content/integrity-and-anti-corruption-case-study-lausanne-global-leadership-forum.
Wallack, Todd. "Methuen police preferred applicants who wouldn't arrest colleagues". *The Boston Globe.* 14 julio 2015. Accedido el 21 de marzo de 2017. https://www.bostonglobe.com/metro/2015/07/14/methuen-police-gave-preference-those-who-wouldn-arrest-fellow-officers/huMZ5URc4PeOdSReNmYDzK/story.html.
Warren, Mark. "What Does Corruption Mean in a Democracy?". *American Journal of Political Science* Vol. 48.2 (2004): 328-43.
"WCC calls churches to speak against corruption". *World Council of Churches.* 20 agosto 2013. Accedido el 21 de marzo de 2017. https://www.oikoumene.org/en/press-centre/news/wcc-calls-churches-to-speak-against-corruption.
Wedel, Janine R. "Rethinking Corruption in an Age of Uncertainty". *Annual Review of Law and Social Science* Vol. 8.1 (2012): 453-498.

"What is Corruption?". Transparency International, 2016. Accedido el 21 de marzo de 2017. http://www.transparency.org/what-is-corruption/.

"Where next for Avaaz in 2014? Setting the agenda". *Avaaz: the World in Action,* n.d. Accedido el 21 de marzo de 2017. https://secure.avaaz.org/en/poll_results_2014/?slideshow.

Wijaya, Yahya. "Constructing an Anti-Corruption Theology". *Exchange* Vol. 43.3 (2014): 221-236. doi:10.1163/1572543X-12341325.

Wolf, Sebastian, y Diana Schmidt-Pfister. "Between Corruption, Integration, and Culture: The Politics of International Anti-Corruption". *Schriftenreihe des Arbeitskreises Europäische Integration, International Anti-Corruption Regimes in Europe* Vol. 70 (2011): 13-22. Accedido el 21 de marzo de 2017. http://www.nomosshop.de/_assets/downloads/9783832958466_lese01.pdf.

Wolfensohn, James D. "Población y Desarrollo". Discurso ante la Junta de Gobernadores, Washington, D.C., 1 octubre 1996. Accedido el 21 de marzo de 2017. https://openknowledge.worldbank.org/bitstream/handle/10986/25081/16138sp.pdf?sequence=6&isAllowed=y.

Woodberry, Robert Dudley. "The Economic Consequences of Pentecostal Belief". *Society* Vol. 44.1 (2006): 29-35. doi:10.1007/BF02690465.

Woodberry, Robert Dudley, y Timothy S. Shah. "The Pioneering Protestants". *Journal of Democracy* Vol. 15.2 (2004): 47-61. doi:10.1353/jod.2004.0037.

World Bank. "Anti-corruption". World Bank Brief, 2016. Accedido el 21 de marzo de 2017. http://www.worldbank.org/en/topic/governance/brief/anti-corruption.

World Bank. "Anticorruption in Transition: A Contribution to the Policy Debate". World Bank Report, Washington, D.C., 2000. Accedido el 21 de marzo de 2017. http://siteresources.worldbank.org/INTWBIGOVANTCOR/Resources/contribution.pdf.

World Bank. "Convenio constitutivo del BIRF". Grupo del Banco Mundial, Washington, D.C., 16 febrero 1989. Artículo IV Sección 10. Accedido el 21 de marzo de 2017. http://go.worldbank.org/03MBEH9RA0.

World Bank. "The Costs of Corruption". Feature Stories, 2004. Accedido el 21 de marzo de 2017. http://go.worldbank.org/LJA29GHA80.

World Bank. "Country-Level Engagement on Governance and Anticorruption: An Evaluation of the 2007 Strategy and Implementation Plan". Independent Evaluation Group Report, World Bank, 2011. Accedido el 21 de marzo de 2017. https://ieg.worldbankgroup.org/Data/Evaluation/files/gac_eval.pdf.

World Bank. "Helping Countries Combat Corruption: Progress at the World Bank since 1997". World Bank, Washington, D.C., 2000.

World Bank. "Helping Countries Combat Corruption: The Role of the World Bank". Poverty Reduction and Economic Management, World Bank, Washington, D.C., septiembre 1997. Accedido el 21 de marzo de 2017. http://www1.worldbank.org/publicsector/anticorrupt/corruptn/corrptn.pdf.

World Bank. "Implementation Completion and Results Report (IBRD-44010) on a Loan in the Amount of US$33.00 Million Equivalent to the Republic of Guatemala for a Judicial Reform Project". World Bank Report No. ICR0000623, Washington, D.C., 2008. Accedido el 21 de marzo de 2017. http://documents.worldbank.org/curated/en/757351468282583850/pdf/ICR6230Box03341IC010disclosed081261.pdf.

World Bank. "Mainstreaming Anticorruption Activities in World Bank Assistance: A Review of Progress since 1997". World Bank, Washington, D.C., 2004.

World Bank. "Legal and Judicial Reform: Strategic Directions". World Bank Working Paper, Washington, D.C., 2003. Accedido el 21 de marzo de 2017.

http://documents.worldbank.org/curated/en/2003/01/2629017/legal-judicial-reform-strategic-directions.

World Bank. "Making Services Work for Poor People". World Development Report, Washington, D.C., 2004.

World Bank. "Public Sector Reform: What Works and Why?". IEG Evaluation of World Bank Support, World Bank, Washington, D.C., 2008. Accedido el 21 de marzo de 2017. http://siteresources.worldbank.org/EXTPUBSECREF/Resources/psr_eval.pdf.

World Bank. "The State in a Changing World". World Development Report, Oxford University Press, 1997. Accedido el 21 de marzo de 2017. http://documents.worldbank.org/curated/en/518341468315316376/pdf/173000REPLACEMENT0WDR01997.pdf.

World Bank. "Strengthening Governance: Tackling Corruption – The World Bank Group's Updated Strategy and Implementation Plan". World Bank, Washington, D.C., 6 marzo 2012. Accedido el 21 de marzo de 2017. http://siteresources.worldbank.org/PUBLICSECTORANDGOVERNANCE/Resources/285741-1326816182754/GACStrategyImplementationPlan.pdf.

World Bank. "Strengthening World Bank Group Engagement on Governance and Anticorruption: Main Report". World Bank, Washington D.C., 21 marzo 2007. Accedido el 21 de marzo de 2017. http://documents.worldbank.org/curated/en/426381468340863478/Main-Report.

World Bank. "Sub-Saharan Africa: From Crisis to Sustainable Growth". A Long-Term Perspective Study Stock #11349, World Bank, Washington, D.C., 1989. Accedido el 21 de marzo de 2017. http://documents.worldbank.org/curated/en/498241468742846138/pdf/multi0page.pdf.

World Evangelical Alliance. "Evangelicals Shine a Light on Corruption at the G20 Summit in Brisbane". Press release, 14 noviembre 2014. Accedido el 21 de marzo de 2017. http://www.worldea.org/news/4494/evangelicals-shine-a-light-on-corruption-at-the-g20-summit-in-brisbane.

World Values Survey Wave 5 2005-2008 Official Aggregate v.20140429. World Values Survey Association (www.worldvaluessurvey.org). Aggregate File Producer: Asep/JDS, Madrid Spain, disponible en http://www.wvsevsdb.com/wvs/WVSAnalizeSample.jsp.

Wrong, Michaela. *It's Our Turn to Eat: The story of a Kenyan Whistle-Blower*. New York: HarperCollins Publishers, 2009.

Zalpa, Genaro, Evangelina Tapia Tovar, y Jorge Reyes Martínez. "'El que a buen árbol se arrima...' intercambio de favores y corrupción". *Cultura representaciones sociales* Vol. 9.17 (2014): 149-176. Accedido el 21 de marzo de 2017. http://www.scielo.org.mx/pdf/crs/v9n17/v9n17a5.pdf.